KB200759

내게 힘을 주는 교회

내게 힘을 주는 교회

기 도 하 는 교 회 가 강 하 다 l **한홍**

규장

프롤로그

살아 있는 **교회가 나를** 살게 한다

"아, 저런저런! 불쌍해서 어쩌나….”

그날 저는 내셔널지오그래픽 채널에서 아프리카 세렝게티 초원의 약육강식의 현장을 생생한 다큐멘터리로 방영해주는 것을 보고 있었습니다. 사자인지 표범인지 기억은 잘 나지 않지만 먹잇감을 사냥하는 장면이었습니다. 영화 〈라이언 킹〉에도 나온 적 있는 솟과의 포유류 누(wildebeest) 한 마리를 맹수가 노리고 있었습니다.

원래 누는 이동할 때 수만 마리가 함께 이동하고, 보통 때도 최소 20-50마리 정도가 무리를 이루어 다니기 때문에 맹수가 공격하기가 쉽지 않습니다. 그런데 그날따라 어린 누 한 마리가 호기심이 생겼는지 아니면 반항심이 발동했는지 무리로부터 멀리 떨어져 이곳저곳을 뛰어다니고 있었습니다.

카메라는 오래전부터 이 누 떼를 따라온 맹수를 놓치지 않고 클로즈업하고 있었습니다. 해설자는 무리로부터 떨어져 나온 누의 모습을 보면서 이제 곧 맹수가 놓치지 않고 공격할 것이라고 말했습니다. 그리고 그 말이 떨어지기가 무섭게 맹수는 가엾은 누를 번개같이 덮치고 말았습니다.

해설자의 그다음 말이 저의 뇌리에 오래 남았습니다.

"저 누들이 사람 말을 알아들을 수 있다면 꼭 말해주고 싶군요. 절대 무리로부터 떨어지면 안 된단다. 이때까지 내가 이 프로그램을 진행하면서 단 한 번도 무리로부터 떨어진 누를 맹수가 놔두는 것을 본 적이 없단다."

그 이야기를 듣는 제 머릿속에 '교회와 성도의 관계도 저렇지 않을까' 하는 생각이 번개처럼 스쳤습니다.

내가 살기 위해 교회가 살아야 한다

요즘은 개인주의 성향이 너무 만연해서 신앙생활도 자기중심적으로 하려는 경향이 짙은 것 같습니다. 해외 출장도 잦아지고, 주말이면 가족 여행이나 여가 활동을 즐기려는 사람들이 많아지면서 주일에 굳이 지역 교회에 출석하지 않고도 예배할 수 있는 방법을 찾는 이들이 늘어나고 있습니다.

이런 사람들은 현대 IT 기술의 발달에 쾌재를 부를 것입니다. 이제 케이블 TV나 인터넷 사이트, 유튜브 같은 동영상 제공 플랫폼 등을 통해 국내외 뛰어난 설교자들의 설교를 언제 어디서든 들을 수 있게 되었기 때문입니다.

또 어떤 이유에서인지 다니던 교회에서 상처를 받고 이 교회 저 교회 떠다니다가 마침내 마음을 접고 교회를 안 다니기 시작한 '가나안 성도'들도 갈수록 늘어가는 것 같습니다. 그들은 "예수는 좋지만 교회는 싫다"고 말합니다. 이전에 목회자나 다른 성도들에게서 받았던 상처 때문에 또다시 다른 교회에 속하는 것이 영 내키지 않습니다.

특히 프라이버시를 중요하게 생각하는 젊은 세대들은 괜히 교회 공동체에 속해 자신과 가정의 시시콜콜한 문제를 남에게 오픈하는 것을 꺼립니다. 용기를 내어 교회에 다닌다 해도 자기가 눈에 띄지 않을 만한 큰 교회에 가서 등록도 하지 않은 채 조용히 예배만 드리고, 예배가 끝나면 사람들의 눈을 피해 바람처럼 사라집니다.

오늘날 많은 크리스천이 신앙은 개인이 하나님과 직접 교제하는 것이지 꼭 교회 공동체에 속할 필요는 없다고 생각하는 듯합니다. 게다가 신앙을 통해 얻고자 하는 관심사 역시 '어떻게 하면 믿음으로 나의 상처를 치유 받을 수 있을까, 어떻게 하면 믿음으로 나의 가능성을 극대화할 수 있을까' 정도의 개인적인 차원에 초점이 맞춰져 있는 것 같습니다. 그러다 보니 신앙생활은 개인적으로 하면 되고, 교회 공동체에는 속하지 않는 편이 오히려 안전하다고 생각하는 이들이 많아지고 있습니다.

그러나 결코 그렇지 않습니다. 무리에서 떨어져 나오는 순간 그대로 맹수의 공격 대상이 되어버리는 아프리카의 누처럼, 교회 공동체에서 떨어져 나온 성도는 자신도 모르게 마귀의 무서운 공격에 그대로 노출되고 맙니다. 그래서 교부 터툴리안이나 어거스틴, 칼빈 같은 영적 거장들은 "하나님을 아버지라 부르는 사람은 교회를 어머니로 여겨야 한다"라고까지 말한 것입니다.

구원받은 성도와 교회는 공동 운명체입니다. 우리를 구원하신 주님이 친히 교회의 머리가 되시며, 그분께서 우리를 교회에 속하게 하셨습니다. 교회를 통해 하늘의 은혜를 누리도록 하신 것입니다. 그러므로 교회가 살아야 내가 살고, 그럴 때 내가 속한 가정과 일터에도 그 생기가 흘러들게 되는 것입니다.

교회가 살아나야 합니다. 교회가 영적으로 죽어 있으면 나와 내 가정도 결코 행복할 수 없습니다. 교회는 노아의 방주와 같아서 교회 안에 있으면 세상의 사나운 파도로부터 보호받을 수 있지만, 교회 밖으로 혼자 나와 작은 보트에 몸을 싣고 살아남으려 하면 자그마한 파도에도 금방 휩쓸려버립니다. 그러니 내가 살기 위해서라도 교회가 살아야 하는 것입니다. 살아 있는 교회는 내게 힘을 줍니다.

살아 있는 교회의 힘

교회가 살려면 기도하는 수밖에 없습니다. 내게 힘을 주는 교회는 불같이 기도하는 교회입니다. 고(故) 김현승 시인은 "가을에는 기도하게 하소서"라고 했는데, 사실 기도는 가을에만 하는 것이 아닙니다. 사시 사철 항상 해야 하는 것입니다. 기도는 하나님께 내 운명을 맡기는 것입니다. 시시각각 하늘의 핫라인에 접속하여 하나님과 대화하는 것입니다. 기도하면 하나님의 임재를 가깝게 느낄 수 있습니다.

> 우리 하나님 여호와께서 우리가 그에게 기도할 때마다 우리에게 가까이하심과 같이 그 신이 가까이함을 얻은 큰 나라가 어디 있느냐 신 4:7

기도를 많이 하면 하나님을 닮아갑니다. 하나님과 계속 대화하면 하나님만 생각하게 되고, 하나님이 원하시는 것을 나도 원하게 되며, 하나님이 싫어하시는 것은 나도 싫어하게 됩니다. 그래서 기도를 많이 하는 사람에게서는 하나님의 향기가 납니다. 그의 말과 행동과 얼굴에서 하나님의 체취가 느껴집니다. 강한 자 앞에서 기죽지 않고, 시련을 당해도 감사가 넘치며, 늘 기쁨과 평화가 충만합니다. 기도는 그렇게 엄청난 축복입니다.

하나님이 받으시는 최고의 제사는 기도입니다. 성경은 "쉬지 말고 기도하라"고 했습니다. 하나님의 마음을 이해하고 하늘의 능력을 다운로드하려면 한순간도 기도의 줄을 놓으면 안 됩니다. 특히 고난 중에 있는 자녀가 드리는 기도를 하나님께서는 매우 귀하게 여기십니다. 그렇다면 더더욱 요즘 기도 안 해도 되는 사람은 하나도 없을 것입니다.

우리가 하나님께 드릴 수 있는 최고의 제물 역시 기도입니다. 예배를 위해서, 예배 전에, 예배 중에, 예배 후에 우리는 끊임없이 기도해야 합니다. 뜨겁고 진실하게, 간절한 마음으로 영혼을 쏟아놓는 기도를 해야 합니다. 예배의 파워는 기도의 파워입니다. 저는 한국교회의 모든 성도가 기도의 동지가 되기를 바랍니다. 다 함께 손잡고 기도하는 불같은 기도 네트워크가 되길 바랍니다.

만민이 기도하는 집

주님의 몸 된 교회가 어떤 곳이어야 하는지를 가장 명백히 밝혀놓으신 말씀은 이사야서 56장 7절입니다.

> 내가 곧 그들을 나의 성산으로 인도하여 기도하는 내 집에서 그들을 기쁘게 할 것이며 그들의 번제와 희생을 나의 제단에서 기꺼이 받게 되리니 이는 내 집은 만민이 기도하는 집이라 일컬음이 될 것임이라 사 56:7

이 말씀 안에 '교회는 기도하는 내 집'이란 말이 두 번이나 반복됩니다. 이보다 더 명쾌하게 교회의 본분을 정리할 수 있을까요! 교회는 성경을 가르치는 곳이지만, 학교가 아닙니다. 교회는 기독교에 근간한 교육 사업을 진행하고 병원을 지원할 수는 있지만, 교회의 본질은 교육 사업이나 의료 사업을 하는 것이 아닙니다. 교회는 가난한 이웃을 돕지만, 구제 사업을 주목적으로 하는 NGO 단체가 아닙니다. 교회는 상처 입고 버림받은 영혼들이 주님 앞에 나와 함께 기도하는 곳입니다!

저는 한국교회가 다른 그 무엇보다 기도에 최우선순위를 두게 되기를 바랍니다. 기도를 다른 많은 프로그램과 함께 병행하는 정도가 아니라, 기도 안에서 모든 프로그램이 돌아가야 합니다. 준비되고 탄생하는 순간부터 기도로 만들어져야 하고, 진행되는 내내 기도와 함께 가야 하며, 마무리도 기도로 해야 합니다. 교회가 기도할 때 하나님은 비로소 하늘 문을 여시고 성령의 임재를 부어주실 것입니다.

오늘날 많은 교회가 일도 많이 하고 회의도 많이 하는데 능력이 없는 것은 기도하지 않기 때문입니다. 교회에 말이 많고 은혜가 없다면 그것은 기도하지 않기 때문입니다. 교회가 분열되고 시끄러운 것 역시 서로 손잡고 함께 기도하지 않기 때문입니다.

부흥의 열쇠는 목숨 걸고 드리는 기도에 있습니다. 교회에 열정과 기쁨이 없는 것도 비판과 불평만 뜨겁고 기도는 차갑게 식어버렸기 때문입니다. 그래서 2천 년 전이나 지금이나 교회가 살아나기 위한 길은 오직 기도의 불길이 회복되는 것뿐입니다.

예수님은 신약에서 "내 집은 만민이 기도하는 집"이라는 이사야서의 말씀을 인용하셨습니다. 누가복음 19장에서 예수님은, 유월절을 지키기 위해 예루살렘 성전에 몰려든 사람들을 상대로 폭리를 취하는 장사치들과 그들에게 뒷돈을 받고 이런 행위를 눈감아주는 종교자들의 불의를 보고 분노하셨습니다. 그들이 장사하는 상을 둘러 엎으시고, 그들을 모두 쫓아내셨습니다. 그러면서 예수님은 성전을 "내 집"이라고 하셨으며, 이 집을 "너희들이 강도의 소굴로 만들었다"라고 하셨습니다.

사실 주님은 다른 곳에서는 이렇게 격한 감정을 표출하신 적이 거의 없습니다. 그러나 성전을 상업주의로 더럽히는 광경 앞에서는 불같이 화를 내셨습니다. 그만큼 주님은 '교회의 거룩'을 중요하게 생각하신다는 뜻입니다.

그때나 지금이나 교회가 세상의 돈과 명예, 권력과 인기, 인간적인 방법에 물들어 타락하면 예수님의 진노의 회초리를 맞게 됩니다. 교회가 거룩할 때 능력이 있고, 능력이 있어야 마귀를 물리치고 하나님의 역사를 이룰 수 있습니다.

그렇다면 어떤 교회가 거룩한 교회이고, 어떤 교회가 거룩하지 않은 교회입니까? 여러 기준이 있겠지만 가장 중요한 기준 중 하나가 바로 기도입니다. 기도로 가득 찬 교회인가 아닌가가 하나님 보시기에 거룩한 교회인가 아닌가를 가릅니다.

예수님 당시, 성전이 왜 상업주의가 판치는 강도의 소굴이 되었습니까? 많은 이유가 있었겠지만, 무엇보다도 교회에서 영적 지도자들과 성도들의 기도가 사라지면서 모든 문제가 시작되었을 것입니다. 기도하면 많은 문제가 사라지지만, 기도하지 않으면 많은 문제가 생깁니다.

교회는 주님의 집입니다. 주님이 주인이시고, 주님이 다스리십니다. 그러므로 교회의 우선순위도 주님이 정하십니다. 교회는 주님이 가장 기뻐하시는 일, 가장 원하시는 일인 기도를 가장 먼저, 가장 뜨겁게, 가장 지속적으로 해야 합니다. 모든 것을 다 잘할 수 없다면 가장 먼저 기도에 올인하십시오. 차라리 사역은 약간 흐트러질지언정 기도는 마음을 다해 해야 합니다.

교회가 기도해야 순결해지고 거룩해집니다. 교회가 기도해야 마귀가 떠나가고 하나님의 임재가 충만해집니다. 예배 형식은 좀 서툴고 실수가 있어도 괜찮습니다. 찬양대의 음정 박자가 좀 틀려도 괜찮습니다. 그러나 무엇과도 타협할 수 없는 것은 교회가 함께 기도하는 것입니다.

하나님이 원하시는 것은 성도들이 모두 힘을 합쳐 상한 심령으로 기도하는 것입니다. 가슴을 치며 "주여, 나는 죄인입니다"라고 기도하는 한 영혼 한 영혼의 회개의 눈물을 주님이 기뻐 받으십니다. 주님의 마음을 기쁘게 해드리면 영적 적조가 걷히고 하늘의 은혜가 교회를 충만히 덮게 됩니다.

기도하는 교회는 위기를 넘어선다

저는 한국의 모든 교회에 본격적인 기도의 불이 붙길 바랍니다. 특히 영적 지도자들은 성도들을 위해 뜨겁게 중보기도해야 합니다. 믿음이 강한 자들은 "믿음이 약한 자의 약점을 담당"(롬 15:1)해야 한다고 했는데, 그 첫 번째 단추가 믿음이 약한 자들을 위해 중보기도하는 것입니다. 목회자와 장로님들은 특히 자기가 맡은 공동체와 사역팀에 속한 성도들의 이름을 부르며 날마다 기도해야 합니다. 소그룹 리더들은 구성원들의 이름을, 주일학교 선생님은 학생들의 이름을 부르며 기도해야 합니다. 영적 리더가 자기 관할에 있는 사람들을 위해 기도하지 않는 것은 심각한 직무유기입니다.

성도들도 영적 지도자들을 위해 기도해야 합니다. 한국교회 목회자들을 위해 성도들이 기도해주기를 바랍니다. 목회자에 대한 비판을 줄이고 그들을 불쌍히 여기며 기도하는 시간을 늘려주기 바랍니다. 목회자도 연약한 죄인이기에 부족한 점이 많을 것입니다. 최선을 다하지만, 외롭고 지칠 때가 많습니다. 그런 목회자들이 유혹에 빠지지 않고 기쁨으로 사역을 감당할 수 있으려면 성도들이 항상 기도의 보호막을 쳐주어야 합니다. 목회자들뿐 아니라 장로님, 소그룹 리더, 주일학교 선생님들을 위해 항상 기도해주기 바랍니다. 영적 지도자들은 성도들의 중보기도를 먹고 살아갑니다.

우리는 기회만 되면 서로 함께 모여 짝기도를 하고, 그룹기도를 해야 합니다. 꼭 목회자에게만 안수기도 받으려 하지 말고 성도들끼리 마음을 다해 서로를 위해 기도해주면 하나님이 역사하실 것입니다. 저는 교회 곳곳에서 성도들이 서로 손잡고 기도하는 장면을 더 많이 보고 싶습니다. 모든 구역 예배는 기도 모임이 되어야 합니다. 교회의 모든 양육 프로그램에는 기도가 필수사항으로 들어가야 합니다. 교회에서 모이는 크고 작은 모든 모임이나 회의의 시작과 마무리를 반드시 기도로 하기 바랍니다.

몇 년 전, 새로운교회가 어려운 위기를 뚫고 나오면서 저는 교회 당회와 운영위원회, 교역자 회의 석상에서 우리 교회의 모든 회의 운영 지침을 선포했습니다. 그것은 "회의는 짧게! 기도는 길게!"입니다.

회의하기 전, 중요한 결정과 예민한 결정을 앞두고 회의 참가자들 모두가 뜨겁게 합심기도를 해야 합니다. 의견이 분열되고 마음이 상한 채로 회의를 계속해선 안 됩니다. 그럴 때는 언제든지 회의를 중단하고 함께 기도로 들어가야 합니다. 어떤 회의도 두 시간 이상 하지 않는 방향으로 하고, 정 상황이 여의치 않으면 중간에 휴식을 취하고 열심히 기도한 다음에 다시 회의를 해보십시오. 그러면 모든 지각에 뛰어나신 하나님의 평강이 회의하는 가운데 우리의 마음과 생각을 지키실 것입니다.

한국교회가 모진 겨울을 지나고 있다고 해도 쉬지 않고 기도하는 교회는 모든 어려움을 이겨내고 반드시 성장할 것입니다. 기도하는 교회와 성도들은 다 기도와 말씀으로 그리스도의 군대로 거듭나서 한국교회 전체에 새로운 활력을 불어넣을 것이며, 바로 그것이 다음세대의 부흥을 준비하는 발판이 될 줄 믿습니다. 주님이 우리에게 그런 부흥의 은혜를 주시길 기도합니다.

우리는 모두 사도행전적 교회를 꿈꿔야 합니다. 사도행전적 교회는 기도하는 교회입니다. 성도에게 기도는 생명줄과도 같습니다. 어떤 힘든 상황에 처해도 기도의 줄을 놓지 않으면 살 수 있습니다. 기도를 통해서 우리는 하늘의 능력을 다운로드받습니다. 하나님은 기도하는 사람의 곁에 서서 그 기도를 들으시고 은혜를 베푸십니다.

초대교회 성도들은 모이면 항상 함께 기도했는데, 이런 합심기도는 오순절 성령 강림 사건 때부터 시작된 교회의 기도 패턴입니다. 성도들이 다 합심하여 기도하자 오순절 날 성령이 불처럼 바람처럼 임하셨고, 그 힘으로 이 땅에 교회가 태어날 수 있었습니다. 교회가 분열되면 가장 먼저 기도가 분열되어 무력해지고, 그렇게 되면 교회의 영적 능력은 사그라듭니다. 그래서 주님은 우리가 하나 되게 해달라고 그토록 간절히 기도하신 것입니다.

또한 거꾸로 말하면 진정한 교회의 연합은 기도를 통해서 옵니다. 교회 안에 관계가 부서져 있다면, 팀워크가 무너져 있다면 함께 울면서 기도하십시오. 회복이 임할 것입니다. 진짜 하나 되는 교회는 분위기 좋은 교회가 아니라 함께 기도하는 교회입니다.

사도행전 2장을 보면 예루살렘교회 성도들은 "오로지 기도하기를 힘썼다"고 했습니다. 이 말은 포기하지 않고 지속적으로, 끝까지 기도했다는 말입니다. 기도는 쉬지 말고 해야 합니다. 다들 기도를 하긴 하는데 충분히 하진 않습니다. 기도가 충분히 쌓여야 합니다. 영적 혈이 뚫릴 때까지 기도해야 합니다. 사람이 숨을 쉬어야 살듯이 교회는 기도해야 살아납니다.

하나님의 군대가 부흥을 체험하며 전진할 때, 사탄은 끊임없이 우리를 공격할 것입니다. 분열과 시기와 우울증과 폭력과 음란과 열등감의 화살들을 계속 쏘아댈 것입니다. 그럴수록 하나님의 자녀들은 손을 들고 합심으로 기도하며 이에 맞서야 합니다. 살아 있는 기도가 울려 퍼지기 시작하면 영적 전쟁의 향방이 바뀌게 됩니다. 기도할 때 하나님의 영이 우리를 지키는 보호막을 둘러쳐주시고, 담대히 적의 대열을 무너뜨리는 능력도 주십니다.

기도할 때 부어진 놀라운 은혜

새로운교회는 2016년부터 새해가 되면 '신년 40일 특별새벽기도'를 드렸습니다. 올해로 3년째입니다. 매해 전 교인의 3분의 1에 달하는 인원이 매서운 겨울 추위를 뚫고 새벽 미명에 달려나와 본당을 가득 채우고 불같이 기도하는데, 그 광경을 볼 때 느끼는 감동은 상상을 초월합니다.

특히, 집이 너무 멀어서 교회에 나오기 힘든 분들을 위해 마련한 7개의 지역 스테이션에서 생방송으로 함께 특새를 진행하고 있는데, 그곳에서도 본당 이상의 뜨거운 은혜와 감동이 넘치고 하나님과의 깊은 교제가 이루어지고 있다고 하니 얼마나 가슴 벅차고 기쁜지 모릅니다.

외국으로 며칠 출장을 간 어떤 성도 부부는 운전하고 가다가 생방송으로 예배에 참여하기 위해 차를 세우고는 길가의 맥도날드에 들어가 와이파이로 접속하여 예배에 참여했다고 합니다. 부모님을 따라 매일 특새에 나오는 코흘리개 꼬마들의 모습은 또 얼마나 기특한지, 가슴이 찡합니다. 잠 많고 할 일 많은 대학생, 청년들도 서로 질세라 정말 많은 인원이 40일 개근을 했습니다.

저는 외부 강사를 초빙하지 않고 날마다 혼신의 힘을 다해 메시지를 전했습니다. 무슨 힘으로 그렇게 했는지 모르겠습니다. 정말 초자연적인 성령의 능력이 저를 붙들어주셨다고밖에 설명할 길이 없습니다. 설교할 때 제 입에서 말이 나가는 것이 아니라 불이 나가는 것이 느껴졌습니다. 성령 받은 베드로의 입술에 담아주셨던 능력의 말씀이 부족한 죄인인 제 입술에도 부어진 것입니다.

설교 후 찬양팀의 지원을 받으며 기도 인도를 하는데, 너무나 엄청난 하나님의 임재가 느껴져서 숨도 제대로 쉴 수가 없고 눈물만 흘러내렸습니다. 나중에 성도들의 간증을 들으니 멀리서 손을 펴고 안수했는데도 그 분들 역시 온몸으로 성령의 불이 전류처럼 흐르는 것을 느꼈다고 합니다.

매일매일 그날의 만나와 같은 특별한 은혜가 있었지만, "불을 내리는 기도"라는 제목의 설교를 하던 날은 설교 제목 그대로 성령의 불이 성도 모두에게 크게 임한 날이었습니다. 설교 후반부부터 가슴에서 울컥하는 것이 느껴졌고, 설교 후 기도를 인도할 때 예배당을 운행하시는 성령님의 움직임을 몇 번씩 느꼈습니다. 몸을 움직일 수 없을 정도로 엄청나게 쏟아 부어주시는 성령의 임재가 예배당 안에 꽉 찼습니다.

축도 후에도 주님의 임재가 너무나 충만하여 사방에서 성도들이 울음과 방언을 터뜨리며 기도하고 있었고, 그때 제 마음속에 "저들을 위해 기도해주어라"라는 강한 하나님의 음성이 전해졌습니다. 그래서 다시 마이크를 잡고 기도를 인도하며 부목사님들에게는 예배당을 다니며 안수기도를 해드리게 했는데, 이미 성령께서 강하게 역사하신 뒤라 손만 얹어도 성도들이 몸을 바르르 떨며 뒤로 넘어져 눈물을 뿌리는 일이 많았습니다.

후에 얘기를 들으니 생중계로 새벽예배에 동참한 서울 전역의 스테이

선 곳곳에서도 놀라운 역사가 일어났다고 합니다. 보통 축도와 함께 생중계가 끊어지는데, 그날은 이상하게 생중계가 끊이지 않아 축도 후에도 예배 소리가 그치지 않고 기도하는 소리가 들렸다고 합니다. 그래서 성도들은 스피커를 통해서 마치 현장에서 담임목사가 자신들의 귀에 대고 기도해주는 것처럼 느꼈고, 함께 통곡의 기도를 올렸다고 합니다.

그날 이후 육체의 병과 마음의 병이 낫는 기적이 일어났다는 수많은 간증이 수없이 많이 교회로 들어왔습니다. 아기가 생기지 않던 가정에 아기가 생기고, 질병이 치유를 받으며, 이혼하려던 부부가 서로 화해하고 회복되는 기적들이 수없이 일어나고 있습니다.

미국의 어떤 성도는 특새 기간 도중에 남편이 다니던 회사에서 해고되었다가 다른 부서로 재채용되는 은혜를 경험하기도 했습니다.

48년 동안 지독한 피부병으로 너무나 힘든 삶을 살아온 한 여 성도는 특새 중간 어느 날, 치유와 회복의 기도를 받으면서 점 하나 없이 깨끗하게 치유를 받았습니다. 그 분은 그다음 날 해같이 환한 얼굴로 제게 달려와 깨끗해진 팔을 걷어 보이며 눈물을 글썽거렸고, 그 일로 인해 두 딸도 하나님을 믿게 되었다고 합니다.

또 한 자매는 항암 치료 후 부작용으로 매일 10시간 이상씩 잠을 자지 않으면 지탱할 수 없었는데, 특새에 참석하고 난 뒤 기적같이 치유되어 교회 중보기도실에서 몇 시간씩 기도할 수 있는 체력을 회복하기도했습니다. 특새 중간에 성령의 생기를 부어주시리라는 설교 말씀을 들은 뒤부터 그렇게 되었다는 것입니다.

장이 안 좋아서 젊었을 때부터 수십 년간 밥을 제대로 배부르게 맛있게 먹어본 적이 없었다는 남자 성도 한 분도 기도 중에 씻은듯이 나아서 요즘은 밥을 맛있게 드시면서 얼마나 행복하게 사시는지 모릅니다.

이 외에도 얼마나 많은 분들이 크고 작은 병에서 치유를 경험했는지 모릅니다. 특히 우울증, 불면증, 공황장애, 자살충동 같은 정신적인 병에서 치유를 받은 분들도 너무나 많습니다.

능력을 갈구하는 기도를 다 같이 드릴 때, 무뚝뚝하던 남자 분들의 입에서 툭툭 방언이 터지고, 엄청난 능력의 기름부으심이 본당 곳곳에 서서 기도하던 분들에게 부어지는 것이 느껴졌습니다. 수많은 분들이 방언의 은사, 신유의 은사, 영 분별의 은사, 예언의 은사 등 다양한 성령의 은사들을 함빡 받고 기쁨으로 하나님을 찬양했습니다. 이런저런 은혜의 쓰나미가 모든 공동체와 사역팀에 몰아치면서 우리 교회 성도들은 성령 충만, 은혜 충만, 기쁨 충만을 맛보았습니다.

1990년대 중반에 미국 플로리다주 펜사콜라에 위치한 브라운스빌교회의 한 평범한 아침에 시작된 부흥이 그 교회를 넘어 펜사콜라 전체의 영적 기상도를 바꾸고 미주 전체와 전 세계에까지 그 감동의 파장을 불러일으켰듯이, 하나님께서 기도하는 교회들을 통하여 정말 놀라운 일을 행하실 것을 확신합니다.

저는 다시금 한국교회가 불같은 기도운동을 선포하고 실천하기를 소원합니다. 모든 목회자와 장로는 일주일에 적어도 두 번 이상 새벽기도에 나와서 기도하고, 각 소그룹 예배나 공동체 사역 팀들이 모일 때마다 함께 기도하는 일을 가장 최우선 순위에 둔다면 놀라운 성령의 불이 한국교회에 임할 것입니다.

각자 개인뿐 아니라, 교회와 나라를 위해서 중보해주시기 바랍니다. 우리가 기도를 멈추지 않으면 성령께서도 계속해서 우리 안에 역사하실 것입니다! 내게 힘을 주는 교회는 기도하는 교회입니다.

"주님, 우리가 기도하는 교회 되게 하소서!"

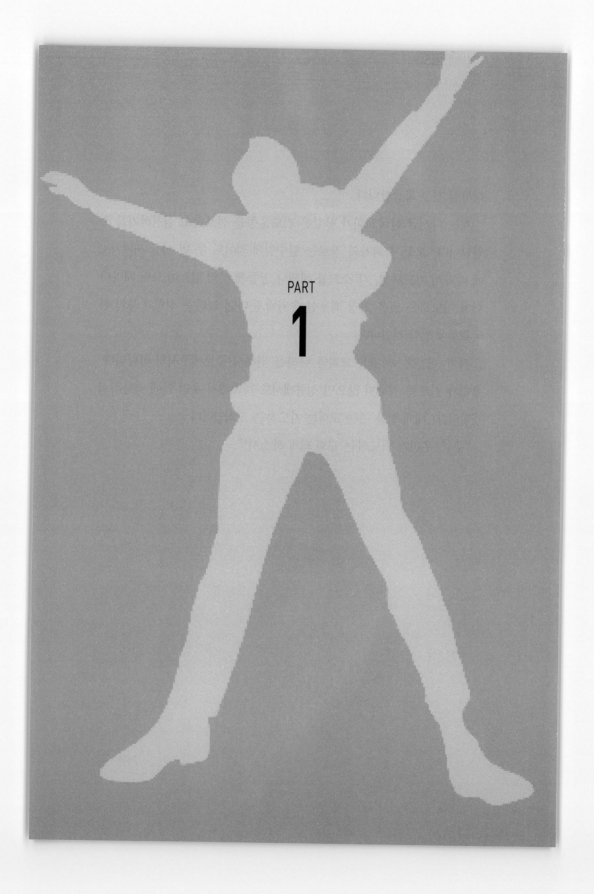

PART

1

환난은 그냥 이를 악물고 견딘다고 견뎌지는 게 아니다.
하나님 앞에 나아가 간절히 기도하면
하나님께서는 반드시 놀라운 돌파구를 열어주실 것이다.

기도하는
교회의 힘

1
환난을
돌파하려면
기도하라

혹 지금 당신은 삶에서 크고 작은 환난의 때를 지나고 있는지도 모르겠다. 우리가 환난 속으로 들어가면 가장 먼저 드는 생각이 '내가 어쩌다가 이런 시련을 겪게 됐지? 아, 참 재수 없구나. 왜 하나님이 이런 시련을 주셨을까?'라는 원망과 불평이다.

그러나 죄 많은 이 세상을 살면서 우리는 결코 환난을 피해갈 수 없다. 이 사실을 현실적으로 받아들여야 한다. 게다가 고통과 시련은 하나님이 사용하시는 놀라운 도구이다.

하나님은 무엇보다 우리를 그분께 가까이 가게 하시려고 고통을 사용하신다. 시련은 우리를 절망하게 하면서 겸손하게 한다. 그때 비로소 우리는 땅에서 눈을 들어 하늘을 보게 된다. 내 힘으로 해결할 수 있었다면 벌써 해결했을 것이다. 그러나 시련은 내 모든 자원을 다 동원해도 해결이 안 된다. 그래서 시련은 나를 나의 한계점으로 데려간다.

거기는 내 인맥과 지혜와 힘과 의지가 바닥나는 곳이다. 나의 한계를 본다는 것은 결코 즐거운 일이 아니다. 자신이 무기력하게 느껴진다. 그러나 그 한계점이야말로 하나님이 참으로 계시는 곳이다. 거기서 우리는 전에 알지 못하던 하나님의 놀라운 지혜와 자원을 보게 된다. 때로 하나님이 일하시는 방식은 쓰레기로 막힌 메마른 시내에 퍼붓는 폭우와도 같다. 폭우가 쏟아질 때는 고통스럽지만 지나고 보면 내가 모르고 있던 내 인생의 더러운 것들까지 다 씻겨 나갔음을 알게 된다. 폭우가 아니었다면 결코 가능하지 않았을 것이다.

시련의 광야는 우리를 하나님께 바짝 붙어 서게 만든다. 우리가 경험한 가장 뜨겁고 친밀한 예배는 아마 우리가 가장 힘들 때 드린 예배일 것이다. 마음이 무너져 내리고 세상에 홀로 버려진 것처럼 느껴졌을 때, 아무것도 선택할 수 없고 심한 고통으로 신음조차 할 수 없을 때 드렸던 예배일 것이다. 그때 우리는 마음속으로부터 쏟아내는 절절한 기도를 배운다. 우리는 고통 속에서 다른 방법으로는 배울 수 없는 하나님에 대해 배운다.

성경을 보면 모든 기도의 용사는 환난의 용광로 속에서 만들어졌음을 알 수 있다. 만약 그들의 인생이 항상 잘나가고 있었다면, 그들은 결코 하나님 앞에 엎드려 처절하게 울부짖지 않았을 것이다. 환난을 통해서 그들의 기도에는 겸손함과 간절함이 더해졌고, 그 기도는 하늘 아버지의 마음을 움직였다. 다윗의 기도가 그런 기도였다.

여호와여 나의 영혼이 주를 우러러보나이다

나의 하나님이여 내가 주께 의지하였사오니 나를 부끄럽지 않게 하시고

나의 원수들이 나를 이겨 개가를 부르지 못하게 하소서

주를 바라는 자들은 수치를 당하지 아니하려니와

까닭 없이 속이는 자들은 수치를 당하리이다

여호와여 주의 도를 내게 보이시고 주의 길을 내게 가르치소서

주의 진리로 나를 지도하시고 교훈하소서

주는 내 구원의 하나님이시니 내가 종일 주를 기다리나이다

여호와여 주의 긍휼하심과 인자하심이 영원부터 있었사오니

주여 이것들을 기억하옵소서

여호와여 내 젊은 시절의 죄와 허물을 기억하지 마시고

주의 인자하심을 따라 주께서 나를 기억하시되

주의 선하심으로 하옵소서

여호와는 선하시고 정직하시니

그러므로 그의 도로 죄인들을 교훈하시리로다

온유한 자를 정의로 지도하심이여

온유한 자에게 그의 도를 가르치시리로다

여호와의 모든 길은 그의 언약과 증거를 지키는 자에게 인자와 진리로다

여호와여 나의 죄악이 크오니 주의 이름으로 말미암아 사하소서

여호와를 경외하는 자 누구냐 그가 택할 길을 그에게 가르치시리로다

그의 영혼은 평안히 살고 그의 자손은 땅을 상속하리로다

여호와의 친밀하심이 그를 경외하는 자들에게 있음이여

그의 언약을 그들에게 보이시리로다

내 눈이 항상 여호와를 바라봄은

내 발을 그물에서 벗어나게 하실 것임이로다

주여 나는 외롭고 괴로우니 내게 돌이키사 나에게 은혜를 베푸소서

내 마음의 근심이 많사오니 나를 고난에서 끌어내소서

나의 곤고와 환난을 보시고 내 모든 죄를 사하소서

내 원수를 보소서 그들의 수가 많고 나를 심히 미워하나이다

내 영혼을 지켜 나를 구원하소서

내가 주께 피하오니 수치를 당하지 않게 하소서

내가 주를 바라오니 성실과 정직으로 나를 보호하소서

하나님이여 이스라엘을 그 모든 환난에서 속량하소서

시 25:1-22

시편 25편은 환난의 한가운데를 지나고 있는 다윗이 괴로움에 탄식하면서 하나님의 구원을 갈망하는 기도문이다.

이렇게 긴 시편을 묵상할 때 좋은 방법 중 하나가 자주 반복되는 단

어에 밑줄을 긋는 것이다. 그렇게 밑줄을 그으면서 읽다 보면 몇 가지 패턴이 눈에 보인다. 그 패턴을 살펴보면서 우리가 환난과 고통 속에서 어떻게 반응해야 하는지 생각해보자.

문제가 아닌 하나님께 집중하라

첫째로, 다윗은 환난 중에 문제가 아닌 하나님께 온 신경을 집중하고 있다.

사람들은 대부분 환난 속에 들어가면 그 환난을 가지고 묵상한다.

'왜 이렇게 되었지? 누구 잘못이지? 앞으로 어떻게 해야 되지?'

여러 가지 생각이 맴돌면서 머릿속이 너무 복잡하다. 그러나 다윗은 환난이 심해지면 심해질수록 계속 하나님께 집중한다.

"여호와여 나의 영혼이 주를 우러러보나이다"(1절).

"나의 하나님이여 내가 주께 의지하였사오니"(2절).

"내가 종일 주를 기다리나이다"(5절).

"내 눈이 항상 여호와를 바라봄은"(15절).

문제를 계속 묵상해봐야 무슨 소용이 있는가? 한방 요법 중에 아픈 부위가 있으면 그 부위가 아닌 오히려 반대쪽 부위를 자극하여 치료하는 요법이 있다. 예를 들어 오른쪽 어깨가 아프면 왼쪽 어깨를 자극하는 것이다.

마찬가지로 고난 속에서 우리는 고난을 묵상하는 것이 아니라 오히려 하나님의 말씀을 묵상해야 한다. 내게 고통을 주는 사람들만 생각하면 분하고, 잠도 안 오고, 속병이 쌓인다. 백해무익이다. 그러니 사람이 내게 고통을 줄수록 오히려 역으로 그 사람이 아닌 하나님을 바라봐야 하는 것이다.

문제를 문제화시킴으로써 우리는 오히려 문제를 더 확대시킨다. 그래서 믿음의 사람이라면 동문서답하는 것같이 문제에서 눈을 떼고 하나님을 바라봐야 한다. 상처를 묵상하지 말고 하나님의 말씀을 묵상해야 한다.

어떤 사람은 묵상을 하긴 하는데 말씀을 가지고 하는 게 아니라 자기에게 상처 준 사람을 가지고 묵상한다. 묵상만 할 뿐 아니라 적용까지 한다.

'내가 저 놈에게 반드시 빚을 갚아줘야지. 결정적일 때 톡톡히 창피를 줘야지.'

독초는 씹으면 씹을수록 독만 나온다. 상처를 묵상하고, 사람을 아무리 묵상해봐야 영혼의 독만 나올 뿐이다. 약초를 오래 씹어야 몸이 건강해지는 것처럼, 고난 가운데 있을수록 하나님을 바라보고 하나님을 묵상해야 생명수가 흘러나온다.

나는 목회하다가 여러 가지 문제로 교회 일이 힘들고 어려워지면 일부러 그 문제에서 잠시 거리를 둔다. 일부러 신앙 서적을 더 많이 읽고, 국내외 훌륭한 목회자들의 설교도 많이 듣고, 설교 준비도 여러 편을 동시에 더 많이 한다. 어떻게든 문제로 끌어당겨지는 나를 떼서 하나님을 생각하고 바라볼 수 있도록 영혼의 창을 많이 열어젖히는 것이다. 그러지 않고 문제만 생각하고 있으면 문제에 함몰되어 정말 미칠 것만 같기 때문이다.

내가 아는 어떤 분은 억울한 사연으로 감옥에 들어가게 되었는데, 처음에는 너무 분하여 자신을 모함한 사람에게 복수할 생각만 계속 했다고 한다. 그러나 그럴수록 가슴이 답답하고 혈압만 올라 밤에 잠이 오지 않아 더 괴로웠다고 한다. 그러다가 시간이 지나면서 지인의 권고로 성경책과 경건 서적을 많이 읽게 되었다고 한다. 평생 교회에 다니며 성경책을 처음부터 끝까지 그렇게 열심히 읽은 것은 그때가 처음이었다고 한다.

그러자 자연스럽게 자신이 처한 문제보다 하나님에 대한 생각을 많이 하게 되었고, 어느 시점부터는 말할 수 없는 평안과 기쁨이 가슴속에 넘치더라는 것이다. 그러면서 자신이 지금껏 살아오면서 잘못한 점들도 깨닫게 되고, 자기가 몰랐던 죄들을 회개하게 되면서 앞으로 어떻게 살아야 할지 어렴풋이 이해하게 되더라는 것이다. 참으로 아름다운 간증 아닌가?

사업이 안 되고, 좌천되고, 감옥에 갇히고, 직장을 구하지 못해 힘든 시기를 지나거든 문제에 너무 집중하지 말고 하나님을 바라보는 시간을 많이 확보하기 바란다. 다윗을 보라. 사방이 다윗을 욕하는 사람들뿐이었다. 그중에는 평소 다윗과 아주 친하게 지내던 동무들도 많았으니, 다윗이 경험한 배신감은 매우 컸을 것이다.

그러나 다윗은 자기 욕하는 사람들을 붙들고 멱살 잡고 따지거나 변명하지 않았다. 그 시간에 하나님을 묵상했다. 우리도 억울하고 힘든 시간에 더 하나님을 바라봐야 한다. 기도하고, 성경을 읽으며, 예배하는 시간을 많이 가져야 한다.

광야에서 길을 잃으면 그대로 있어야 한다. 안개가 가득하면 안개가 걷힐 때까지 그냥 견뎌야 한다. 광야의 때는 아무리 몸부림쳐도 안 되는 것은 안 된다. 하나님의 때를 기다려야 한다. 다윗은 광야생활을 줄여 달라고 하나님께 투정하지 않았다. 그저 더욱 간절히 하나님을 예배하고, 더욱 간절히 하나님께 기도했을 뿐이다.

하나님께 길을 물으라

둘째로, 다윗은 환난 중에 하나님께 계속해서 하나님의 길을 가르쳐 달라고 기도했다.

사람이 환난 속에 들어가면 당장 앞으로 어떻게 해야 할지 방향이 보이지 않는다. 하는 결정마다 두렵다. 그래서 환난 중에 당장 가장 필요한 것이 순간순간을 헤쳐 나갈 수 있는 하늘의 지혜이다. 다윗은 그래서 하나님께 지혜를 달라는 기도를 수없이 많이 한다.

"여호와여 주의 도를 내게 보이시고 주의 길을 내게 가르치소서"(4절).

"주의 진리로 나를 지도하시고 교훈하소서"(5절).

"온유한 자를 정의로 지도하심이여 온유한 자에게 그의 도를 가르치시리로다"(9절).

"여호와를 경외하는 자 누구냐 그가 택할 길을 그에게 가르치시리로

다"(12절).

하나님의 음성을 듣는 연습 중에 하나는 아주 작고 사소한 일, 평범한 일부터 하나님께 기도하며 결정하는 것이다. 전에는 나의 경험과 지식으로 단박에 결정하던 일들을 한숨 들이쉬며 하나님께 기도하며 진행해보라.

다윗이 바로 그랬다. 그는 처음부터 그렇게 성숙하고 지혜 있는 사람은 아니었을지도 모른다. 조급한 성격과 경박한 언행으로 많은 실수를 하고, 남들에게 상처도 많이 주었을 것이다. 그렇게 부족한 사람이었기에 고난 속에서 더욱 하나님의 말씀을 붙들었다. 그때 하나님의 놀라운 은총이 임했고, 다윗의 인성이 서서히 바뀌어갔다.

인생에서 사람을 대하는 매너가 원숙한 사람은 어쩌면 이전에 경박한 매너로 많은 고난을 겪어본 사람일지도 모른다. 그 고난 속에서 말씀을 붙잡고 처절하게 매달렸기에 하나님이 고쳐주셨을 것이다. 그리고 그 영혼 깊은 곳에 하늘의 여유와 지혜를 넣어주셨을 것이다.

이제 왕이 되었으면 자기 맘대로 모든 것을 결정하고 나가도 될 텐데, 다윗은 항상 하나님께 가르쳐달라고 기도했다. 이런 겸손한 마음이 있었기에 하나님이 그에게 하늘의 지혜를 항상 부어주셨던 것이다.

지금 이 시간 눈을 감고 생각해보라. 혹 자신의 명철을 의지하고 함부로 살다가 고난 중에 처한 일은 없는가? 자신의 경박하고 교만하고 무례한 말과 행동, 결정들 때문에, 그 지혜 없는 삶 때문에 자신과 주위 사람들에게 큰 고통을 준 일은 없는가? 그러나 절망하지 말라. 이제 당신의 지혜의 한계를 인정하고, 하나님 앞에 겸손히 나아오라. 앞으로는 평생 말씀을 붙잡고 묵상하고 실천하기로 결심하라. 하나님께서 뛰어난 삶의 통찰력을 주실 것이다.

항상 하나님께 길을 보여주시고 지혜를 가르쳐달라고 기도하라. 어떤 선택을 해야 하는지 알려달라고 기도하라. 엎드려 간절히 부르짖으라. 내 힘으로 해도 되긴 된다. 그런데 그냥 평범하게 된다. 탁월한 결과를 보고 싶으면 기도해서 하나님의 지혜를 받아야 한다.

9절에서 '온유한 자'는 유연한 자, 하나님의 가르침에 항상 열려 있는 자다. 신약에서는 이런 사람을 성령 충만한 자라고 한다. 항상 하나님께 설득당할 준비가 되어 있는 사람이다. 이런 사람은 하나님이 사용하시기에 편하다. 하나님은 이런 사람을 통해 일하는 것을 기뻐하고 즐거워하신다.

거대한 제국을 다스리던 다윗이 시간이 남아서 항상 기도했겠는가? 온갖 정치적 음모와 악한 일들이 벌어지는 왕궁 한복판에서 다윗은 매일 살얼음판을 걷는 기분이었을 것이다.

골리앗을 쓰러뜨리고 이스라엘의 영웅으로 부상하던 그때부터 다윗을 시기하고 질시하던 사람이 한둘이었겠는가? 그들은 항상 다윗의 약점과 실수를 찾으려 혈안이 되어 있었을 것이다. 그랬기에 다윗은 광야에서 쫓길 때나, 왕궁에 있을 때나 항상 한 걸음 한 걸음이 조심스럽고 긴장의 연속이었을 것이다. 기도하지 않고서는 한시도 그 심리적 스트레스와 두려움을 이길 수 없었으리라.

다윗은 경험으로 알았다. 하나님께 10분 기도하는 것이 자기가 부하들을 데리고 10시간 회의하는 것보다 더 낫다는 것을. 그렇게 기도의 응답을 자꾸 체험하다 보면 기도에 재미가 붙어서 틈만 나면 하나님께 기도하게 된다. 자기가 고민하는 시간을 멈추고 기도로 하나님의 지혜를 구하는 것이다. 우리도 하나님께 물어볼 것이 얼마나 많은가?

"주님, 우리 아이 어떻게 키워야 하는지 가르쳐주십시오."

"이 본문을 가지고 어떻게 설교해야 하는지 가르쳐주십시오. 목회를 어떻게 해야 하는지 가르쳐주십시오."

"하나님, 사람을 세워야 하는데 이 위치에 어떤 사람을 세워야 하는지 가르쳐주십시오."

> 너희 중에 누구든지 지혜가 부족하거든 모든 사람에게 후히 주시고 꾸짖지 아니하시는 하나님께 구하라 그리하면 주시리라 약 1:5

기도하며 광야를 뚫고 나온 자는 성숙해지고 지혜로워진다. 이런 지혜는 학교에서 배울 수 있는 것이 아니다. 인생의 시련 앞에서 겸손히 기도하며 하나님의 지혜를 구한 사람만이 얻을 수 있는 축복이다. 실패하고 좌절할 때마다 여전히 희망을 갖는 것은 이를 통해서 내가 조금 더 하나님의 지혜를 배울 수 있기 때문이다.

자신의 죄 앞에 직면하여 회개하라

셋째로, 다윗은 환난 중에 하나님께 계속해서 자신의 죄를 용서해달라고 기도한다.

사람은 항상 환난에 빠지게 된 원인을 찾을 때 남의 탓을 한다. 자기는 잘못한 게 없는데 억울하다고 한다. 하지만 어찌 인간이 100퍼센트 억울하기만 하겠는가? 다만 몇 퍼센트라도 잘못한 것이 있을 것이다. 그리고 그 몇 퍼센트가 생각보다 큰 파장을 불러일으킬 수 있다. 바닷물의 염도는 3퍼센트밖에 안 되지만 그 3퍼센트의 소금이 바닷물과 민물의 차이를 만들지 않는가? 하나님의 사람은 겸손히 주님 앞에 엎드려 자신의 잘못을 회개한다. 이것이 다윗의 위대한 점이다. 그는 자기가 기억할 수 있는 한 젊은 시절 과거의 죄부터 하나님께 철저히 회개한다.

여호와여 내 젊은 시절의 죄와 허물을 기억하지 마시고 주의 인자하심을 따라 주께서 나를 기억하시되 주의 선하심으로 하옵소서 시 25:7

또한 다윗은 자신의 죄를 미화하지도 않았고 변명하지도 않았다.

여호와여 나의 죄악이 크오니 주의 이름으로 말미암아 사하소서 시 25:11

사실 다윗 정도면 괜찮게 살았다. 죄의 경중을 따지자면 오히려 다윗을 핍박하는 사울과 그의 부하들이 훨씬 더했다. 그러나 사울의 죄는 사울의 죄고, 다윗은 남의 죄와 자신의 죄를 비교하지 않았다. 그저 하나님 앞에 자신의 죄가 크다는 것만 인정했다. 이것이 진정한 하나님의 사람이다. 자신의 죄만 보면 된다. 비겁하게 다른 사람 걸고 들어가지 말아야 한다.

다윗은 죄 문제와 자신의 환난이 깊은 연관이 있음을 알았다.

나의 곤고와 환난을 보시고 내 모든 죄를 사하소서 시 25:18

성경 곳곳에 보면 죄 용서와 병 고침을 연결시켜 놓았고, 죄 용서와 환난에서의 탈출을 연결시켜 놓았다. 이스라엘 백성이 출애굽할 수 있었던 것은 어린 양의 피를 문설주에 발랐기 때문이다. 그것은 예수의 보혈을 상징했다. 예수님도 항상 병자들을 고쳐주실 때 "네 죄가 사함을 받았다"라는 말씀을 하셨다. 육체의 병도, 마음의 병도 실은 우리의 죄 문제가 해결 받을 때 근본적으로 치료된다.

하나님께서는 환난을 통해서 우리가 죄 문제를 직면하고 하나님께 가지고 오기를 원하신다. 해결은 하나님이 하신다. 그러나 그러기 위해선 우리가 깨달아야 하고, 인정해야 한다.

하나님의 보호를 받으라

넷째로, 다윗은 원수들의 공격으로부터 보호해달라고 기도했다.

내 원수를 보소서 그들의 수가 많고 나를 심히 미워하나이다 내 영혼을 지켜 나를 구원하소서 내가 주께 피하오니 수치를 당하지 않게 하소서 시 25:19,20

다윗은 젊은 나이에 골리앗을 쓰러뜨리고 장군이 되었다. 왕의 사위가 되어 이스라엘 전군을 지휘했다. 출세가 빨랐던 만큼 시기하고 음해하는 자들도 많았다. 다윗같이 담대한 사람을 위협할 정도로 그들의 수가 많았고 다윗을 미워하는 마음도 극심했다. 다윗은 "나의 원수들이 나를 이겨 개가를 부르지 못하게 하소서"(시 25:2)라고 간구했다. 그만큼 원수들의 압박과 공격이 세서 다윗은 거의 넘어질 정도였다. 이제 인간적으로 버틸 수 있는 한계점에 다다랐다.

주여 나는 외롭고 괴로우니 내게 돌이키사 나에게 은혜를 베푸소서 시 25:16

"내가 외롭고 괴롭다"라는 다윗의 고백은 그가 얼마나 마음고생이 심했는가를 보여준다. 얼마나 사방에 적들이 많고 배신을 많이 당했으면 주위에 사람이 그렇게 많은데도 그토록 외롭고 괴롭다고 느꼈겠는가? 도대체 누가 적군이고 아군인지 모르는 상황이 계속되니까 사람에게 마음 주는 것이 너무 어렵다.

다윗은 자신을 둘러싸고 압박하는 원수들로부터 자신을 지켜줄 분은 오직 하나님뿐임을 깨닫는다. 그래서 절박하게 하나님의 보호하심을 간구하며 부르짖는다. 가만 보면 다윗은 하나님께 원수를 멸망시켜달라고 하지 않는다. 그저 원수들로부터 보호해달라고 한다. 심판은 오직 하나님의 주권에 맡긴다. 우리도 그래야 한다. 하나님께서 우리의 원수들의 잘못을 정확한 기준으로 분별하시고 하나님의 때에 하나님의 방법으로 심판하실 것이다. 중요한 것은 일단 우리가 원수들의 공격으로부터 보호받는 것이다.

악인들의 핍박을 우리 개인의 신앙과 인내만으로 감당하기는 너무 어렵다. 그래서 우리는 결사적으로 하나님의 개입을 요청하는 기도를 해야 한다. 겸손하게 간절히 기도하면, 하나님께서 친히 나서서 악인들을 물리쳐주신다.

하나님은 고난 속에서 우리를 공격하는 자들을 역으로 공격하시는 우리의 아버지시다. 이스라엘 백성들을 추격해오던 애굽의 전차들이 몰살당했듯이, 도를 넘어 극악하게 우리를 공격하는 이들은 반드시 하나님이 응징하신다. 하나님의 지켜주심을 믿기에 우리는 스스로 칼 드는 것을 포기할 수 있는 것이다.

꼭 죽을 만하면 결국 하나님께서 보호해주시는 경험을 나는 수도 없이 많이 했다. 사람들이 우리를 공격해 올 때, 인간적인 방법으로 맞서지 말고 더욱 간절히 하나님께 보호해달라고 기도하라. 그러면 하나님께서는 신비한 방법으로 우리를 지켜주신다.

기도의 능력으로 넉넉히 이긴다

우리 교회의 선교 팀에서 섬기고 있는 J 집사는 한국과 중국의 대기업에 반도체 관련 특수장비를 납품하는 중소기업을 운영하고 있다. 그가 특별새벽예배를 드리며 기도의 능력을 경험했던 너무나 신비한 간증을 나눠주었다.

"저는 신기하게도 매년 특새가 시작될 때마다 벌써 몇 번째 회사에 큰 어려움과 위기가 찾아왔습니다. 그런데 매번 놀라운 하나님의 기도 응답으로 특새를 통해 그 문제를 해결받는 역사가 있었습니다.

작년에도 회사에서 어느 기업에 납품한 설비가 제대로 성능이 안 나와서 큰 비용을 배상해야 할 상황에 처했습니다. 그러나 기가 막힌 하나님의 은혜로 특새가 끝날 때 모든 설비의 성능이 정상으로 돌아온 은혜를 경험했습니다.

올해도 새로운 기업에 납품한 설비가 정상적인 성능이 나오지 않아서 똑같은 어려움을 겪었습니다. 그런데 놀라운 일이 일어났습니다. 교회도 안 다니는 우리 회사 직원들이 이렇게 말하는 게 아니겠습니까.

'작년에도 이와 똑같은 어려움이 있었지만 대표 이사님이 다니시는 교회의 특새가 끝나면 말끔히 해결되었습니다. 그러니 이번에도 그때쯤 되면 해결될 겁니다.'

저는 너무나 놀랐습니다. 믿지 않는 직원들임에도 불구하고 기도의 능력이 얼마나 큰지 몇 번의 경험을 통해 깨닫게 된 것입니다. 저는 이런 어려운 상황을 통해 하나님께서 직원들에게 하나님의 살아 계심을 증거하는 놀라운 계획을 가지고 계심을 깨닫게 되었습니다. 그리고 정말 놀랍게도 납품한 설비가 특새가 거의 끝나가는 시점에 기가 막힌 은혜로 다시 정상으로 돌아왔습니다. 저는 다시 한번 하나님의 살아 계심과 기도의 힘과 능력을 경험하였습니다.

뜻밖의 플러스 은혜도 있습니다. 작년 사드 사태로 인해 중국 측 회사에 납품하기로 계약한 설비를 그쪽에서 일방적으로 취소하면서 또 다른 어려움을 겪고 있었는데, 이번 특새를 통해 중국의 다른 지역으로 활로가 열려 첫 납품을 이루었습니다. 한중 관계가 이렇게 어려운 때에 중국 기업에 첫 납품을 했다는 것이 굉장히 의미가 크고 앞으로 중국에 다른 활로를 열 수 있는 너무나 좋은 기회를 하나님께서 주셨습니다.

이와 같이 광야를 통과할 때마다 하나님께서 더 큰 은혜와 축복을 부어주심을 경험하면서 저는 새로운 영적 근육이 생긴 것 같습니다. 어려움이 찾아오면 이제 두려워하지 않고 이 일을 통해 하나님께서 더 큰 일을 이루신다는 확신과 믿음이 생겼습니다. 회사가 여러 번의 어려움을 겪었지만 지금은 매년 더욱 큰 매출과 성장을 이루고 있어 너무 감사합니다. 내년에는 상장을 통해 중견 기업으로 나아갈 수 있는 기회가 열릴 것 같습니다."

정말 놀라운 간증이 아닌가. 우리 하나님은 환난으로부터 열외시켜주는 것보다는 기도하는 자에게 환난을 이길 수 있는 은혜를 주시는 멋진 분이시다. 그냥 이기는 게 아니라 '넉넉히 이기게' 하신다. 그러니 그 능력을 경험해보라.

환난은 그냥 이를 악물고 견딘다고 견뎌지는 게 아니다. 환난은 기도하면서 견뎌야 하고, 견디는 차원에서 한 단계 더 나아가 돌파해야 한다. 보통 때 드리는 기도의 강도를 환난 때는 두 배 세 배로 늘려야 한다. 환난이 찾아올 때, 인생의 고난이 닥쳤을 때 하나님 앞에 나아가 간절히 기도하면 하나님께서는 반드시 놀라운 돌파구를 열어주실 것이다.

2
기도할 때 주님의 보호를 받는다

세계 많은 나라들이 엄청난 돈과 시간을 들여 거대한 정보조직을 운영하고 있다. 미국의 CIA, 영국의 MI6, 이스라엘의 모사드 등은 세계적으로 유명한 정보기관들이다. "뛰어난 스파이 한 명이 사단 병력보다 낫다"는 말이 있을 정도로 상대의 비밀을 살피는 정보 파악은 중요하다.

손자병법에서도 적의 계획을 미리 파악하는 간첩 조직을 활용하는 것은 승패를 결정짓는 너무나 중요한 일임을 강조한다. 2차 대전의 향방이 바뀌게 된 것도 연합군이 독일군의 에니그마(enigma)라는 암호 체제를 푸는 데 성공함으로써 적의 작전 계획을 미리 파악할 수 있었기 때문이다.

그와 동시에, 적의 스파이로부터 우리 쪽의 기밀을 지키는 일 또한 너무나 중요하다. 공든 탑이 하루아침에 무너질 수도 있기 때문이다.

열왕기하 6장을 보면, 막강한 군사력을 가진 아람 왕이 이스라엘을 공격하려고 준비하는 모습이 나온다.

그때에 아람 왕이 이스라엘과 더불어 싸우며

그의 신복들과 의논하여 이르기를

우리가 아무데 아무데 진을 치리라 하였더니

하나님의 사람이 이스라엘 왕에게 보내 이르되

왕은 삼가 아무 곳으로 지나가지 마소서

아람 사람이 그곳으로 나오나이다 하는지라

이스라엘 왕이 하나님의 사람이 자기에게 말하여 경계한 곳으로

사람을 보내 방비하기가 한두 번이 아닌지라

이러므로 아람 왕의 마음이 불안하여 그 신복들을 불러 이르되

우리 중에 누가 이스라엘 왕과 내통하는 것을

내게 말하지 아니하느냐 하니

그 신복 중의 한 사람이 이르되 우리 주 왕이여 아니로소이다

오직 이스라엘 선지자 엘리사가 왕이 침실에서 하신 말씀을

이스라엘의 왕에게 고하나이다 하는지라

왕이 이르되 너희는 가서 엘리사가 어디 있나 보라

내가 사람을 보내어 그를 잡으리라

왕에게 아뢰어 이르되 보라 그가 도단에 있도다 하나이다

왕이 이에 말과 병거와 많은 군사를 보내매

그들이 밤에 가서 그 성읍을 에워쌌더라

하나님의 사람의 사환이 일찍이 일어나서 나가보니

군사와 말과 병거가 성읍을 에워쌌는지라

그의 사환이 엘리사에게 말하되

아아, 내 주여 우리가 어찌하리이까 하니

대답하되 두려워하지 말라

우리와 함께한 자가 그들과 함께한 자보다 많으니라 하고

기도하여 이르되 여호와여 원하건대

그의 눈을 열어서 보게 하옵소서 하니

여호와께서 그 청년의 눈을 여시매

그가 보니 불말과 불병거가 산에 가득하여 엘리사를 둘렀더라

왕하 6:8-17

하나님의 스파이

아람 왕은 철저한 준비와 치밀한 전략으로 이스라엘의 허점을 찾아 정
예부대를 보내 빠르게 공격하는데, 희한하게도 공격할 때마다 어떻게 알
았는지 이스라엘군이 지키고 있다가 반격해 오는 바람에 번번이 낭패를
당했다.

이런 일이 한두 번도 아니고 계속해서 반복되자, 왕은 자신의 측근 중
에 적의 스파이가 있는 것이 분명하다고 단정하며 참모들을 무섭게 추궁

했다.

그러자 참모 중에 지혜로운 자 한 명이 왕에게 말했다.

"왕이여, 우리 중에 스파이가 있는 것이 아닙니다. 저 이스라엘에는 하나님의 선지자 엘리사가 있는데, 이스라엘의 하나님께서 우리가 은밀히 계획하는 일을 항상 그에게 미리 말씀해주시고, 엘리사가 그것을 이스라엘군에 알려주기 때문에 우리가 성공하지 못하는 것입니다."

아람 왕은 치밀하고 대담한 군사 영웅이었다. 그들의 군세는 이스라엘을 압도했다. 그들의 극비 작전은 아람 왕과 최고위부 참모 몇 명만 아는 극비 사항이었다.

이스라엘 왕의 정보조직도 아람 왕의 고위 참모부에 침투하지 못하는데, 엘리사가 무슨 힘이 있어서 아람 왕의 은밀한 작전 내용을 알았겠는가? 다 하나님께서 직접 엘리사에게 알려주신 것이다. 느부갓네살 왕이 꾼 꿈과 그 해석을 하나님이 다니엘에게 은밀히 알려주신 것처럼 말이다.

그 어떤 은밀함도 하나님의 지혜 앞에서는 속속들이 다 드러난다. 그러니 단 한 명의 하나님의 사람이 백만 대군보다 더 무서운 것이다.

> 만군의 여호와께서 말씀하시되 이는 힘으로 되지 아니하며 능력으로 되지 아니하고
> 오직 나의 영으로 되느니라 슥 4:6

이 영적 법칙을 모르니까 아람 왕은 혼란스럽고 화가 난 것이다. 나

라를 지키는 진정한 힘은 기도하는 하나님의 사람들, 영적 분별력이 있는 성령 충만한 사람들에게서 나온다. 그들의 기도와 순종과 지혜를 통해 하나님이 역사하신다. 어떤 악한 세력과 음모도 궤멸하신다. 그래서 미국의 역대 대통령들이 국가 중대사를 결정해야 할 때 빌리 그레이엄 목사님 같은 당대 영적 지도자들의 자문과 기도를 받은 것이다. 기도하는 하나님의 사람을 통해 하나님이 위험을 알려주시고 막아주신다는 사실을 알았기 때문이다.

> 어떤 사람은 병거, 어떤 사람은 말을 의지하나 우리는 여호와 우리 하나님의 이름을 자랑하리로다 그들은 비틀거리며 엎드러지고 우리는 일어나 바로 서도다 시 20:7,8

위험을 미리 알려주시는 하나님

이스라엘을 다양한 루트로 공격해오는 아람 왕의 비밀 군사계획을 엘리사 역시 하나님이 드러내 보여주시기 전까지는 전혀 알지 못했다. 지금 우리 주변에도 내가 몰라서 그렇지 여러 가지 위기가 닥쳐오고 있을 것이다. 악한 세력은 항상 어둠 속에서 은밀하게 모의하기 때문에 인간적인 방법으로는 미리 알 수가 없다.

그런데 위험이 위험인 것도 모른 채 살아가는 우리를 하나님이 사랑하셔서 사전에 다 막아주시고 지켜주셨기 때문에 오늘 우리가 여기까지 온 것이다. 우리 몸만 해도 그렇다. 우리 몸은 재생력이 강해서 자기도 모르게 어떤 병에 걸렸다가 자기도 모르게 낫는 경우가 있다고 한다. 나

중에 보니 그런 흔적이 있다는 것이다.

우리는 그저 내가 잘나고, 내가 노력하고 조심해서 이렇게 무사한 줄 알지만 실은 그렇지 않다. 교통사고 날 뻔한 일, 죽을 뻔한 일, 사람들의 음모로 무너질 위기가 수없이 많았지만 하나님이 보호하고 지켜주셔서 기적같이 오늘에 이른 것이다.

하나님의 자녀에게 주어진 엄청난 축복 중의 하나가 바로 이것이다. 인생의 수많은 위기의 순간마다 하나님께서 악한 자들의 계획을 미리 드러내시고, 하늘의 은밀한 지혜를 미리 귀띔해주셔서 희한한 방법으로 그 위기를 벗어나게 해주시는 것이다.

사도행전 23장을 보면, 40여 명의 열심당원들이 바울을 죽이기로 결의하고 종교 지도자들의 지원까지 받아 작전을 꾸민다. 바울을 호송할 때 그 길에 매복해 있다가 급습하여 암살하자는, 나름 완벽한 계획이었다. 그런데 그 열심당원의 친구 중에 바울의 조카가 있었고, 하나님께서는 그를 통해 이 악한 계획을 로마군 지휘관에게 알려주셨다. 그래서 그 무서운 계획은 하루아침에 수포로 돌아가고 말았다.

바울은 목회와 전도만 열심히 했지 정치적 책략 같은 데는 전혀 관심이 없는, 어찌 보면 어수룩한 사람이었다. 그러나 그렇게 순진하게 하나님만 바라보는 자였기에 하나님이 그를 해하려는 사악한 무리로부터 보호해주신 것이다.

하나님은 자녀를 철저히 보호하신다

하나님은 그분의 자녀를 철저히 보호하신다. 그러니 하나님께 온전히 붙어만 있으면 재앙과 고난이 아무리 파도처럼 밀려와도 두려워하지 않아도 된다. 정치적으로 영악할 필요도 없고, 힘 있는 사람들에게 줄을 대기 위해 백방으로 애쓰지 않아도 된다. 기도하는 사람, 하나님의 음성을 듣는 사람은 어떤 일을 당해도 흔들리지 않는다. 주님이 함께하심을 믿기에 어떤 위기가 와도 주저앉지 않는다.

그가 너를 그의 깃으로 덮으시리니 네가 그의 날개 아래에 피하리로다 그의 진실함은 방패와 손 방패가 되시나니 너는 밤에 찾아오는 공포와 낮에 날아드는 화살과 어두울 때 퍼지는 전염병과 밝을 때 닥쳐오는 재앙을 두려워하지 아니하리로다 천 명이 네 왼쪽에서, 만 명이 네 오른쪽에서 엎드러지나 이 재앙이 네게 가까이하지 못하리로다 오직 너는 똑똑히 보리니 악인들의 보응을 네가 보리로다 네가 말하기를 여호와는 나의 피난처시라 하고 지존자를 너의 거처로 삼았으므로 화가 네게 미치지 못하며 재앙이 네 장막에 가까이 오지 못하리니 그가 너를 위하여 그의 천사들을 명령하사 네 모든 길에서 너를 지키게 하심이라 시 91:4-11

기독교 베스트셀러인 《하나님의 대사》의 저자 김하중 장로님은 6년 넘게 주중대사를 지냈다(역사상 최장기 대사이다). 한번은 지난 정권의 인사를 많이 담당했던 사람과 우연히 만나게 되었는데, 그 사람이 "대사님은 저를 처음 보시지요?"라고 말을 건넸다. 얘기는 많이 들었지만 처음

뵙는다고 하자 그 사람이 말했다.

"저는 지난 5년 동안 대통령님을 모시고 있으면서 공무원 인사에 많이 관여했습니다. 그래서 대한민국 고위 공직자들은 외교통상부를 포함해서 거의 대부분 만났습니다. … 사실 지난 5년 동안 청와대에서 몇 번이나 주중대사를 교체하려고 했습니다. 하지만 주중대사 교체 후 중국과의 관계에 문제가 발생하면 어떻게 하나 걱정이 되어서 결국 바꾸지 못했습니다. 거기다 대통령을 비롯해 청와대 고위 인사들은 김 대사께서 자신의 인사 문제를 누구에게도 부탁하지 않았다는 점을 높이 평가하고 있습니다."

김하중 대사는 공직 생활을 오래 하면서 외교통상부와 청와대 의전비서관, 주중대사, 통일부 장관 등 요직을 두루 거쳤지만 한 번도 누구에게 승진을 위한 로비를 해본 적이 없다고 한다. 그런데 이상하게 자기도 모르는 사이에 하나님께서 때가 되면 높여주시고, 또 자기도 모르는 위험으로부터 하나님이 알아서 지켜주셔서 그 자리까지 왔다는 것이다. 하나님은 그렇게 섬세하고 확실하게 그분의 자녀를 지키신다.

나이가 들수록 우리는 세상이 단순하지 않다는 것을 안다. 그리고 사람들이 겉으로 하는 말을 액면 그대로 믿어선 안 된다는 것도 안다. 사람의 마음이 조석으로 바뀐다는 것도 안다. 믿고 의지했던 사람에게서 배신을 당해보면 그다음부터는 사람 사귀는 것이 두렵다. 그래서 늘 사는 것이 불안하고 걱정 근심이 많다. "열 길 물속은 알아도 한 길 사람 속은 모른다"라고 하지 않는가?

하지만 이것은 사람들의 이야기이고, 우리 하나님은 한 길 사람 속을 속속들이 다 아신다. 그러니 사람들이 우리 뒤에서 무슨 생각을 하고 무슨 말을 하나, 무슨 음모를 꾸미나 걱정하거나 불안해할 필요가 없다. 하나님을 믿고 기도하는 사람에게는 하나님께서 그때그때마다 하늘의 은밀한 지혜를 부어주심으로 위기를 비켜가게 하신다.

하나님께로부터 난 자는 다 범죄하지 아니하는 줄을 우리가 아노라 하나님께로부터 나신 자가 그를 지키시매 악한 자가 그를 만지지도 못하느니라 요일 5:18

하나님이 길을 보여주신다

실로 하나님께서는 안개와 같은 미래 속으로 길을 보여주시는 분이다. 우리는 인생의 중요한 결정의 순간에 갈 길을 몰라 멈춰 서는 경우가 많다. 이 사람과 결혼해도 되는지, 동업해도 되는지, 이 일을 해도 되는지…. 나의 경험과 지식 혹은 다른 사람의 조언만 가지고는 판단이 서지 않는다.

그럴 때일수록 열심히 기도해야 한다. 기도하면 하나님과 친해진다. 하나님과 친해지면 하나님께서 하나님의 마음을 열어주시고 그분의 생각을 공유해주신다. 하나님께서 아브라함을 '친구'로 생각하시고 소돔과 고모라를 멸망시키기 전에 그 사실을 미리 알려주셨듯이, 우리가 하나님과 친밀하면 주님은 하늘의 은밀한 지혜를 우리에게도 알려주실 것이다.

우리가 인생의 위기라고 생각되는 때가 오히려 기회인 경우가 있는가 하면, 아무런 문제도 없다고 생각될 때인데 의외로 내가 모르는 위기가 닥쳐올 때가 있다. 그러므로 흐린 날이나 맑은 날이나 항상 하나님의 지혜와 인도하심을 구해야 한다. 그러면 하나님께서 반드시 응답하시고, 역경의 파도 가운데서도 건져내실 것이다.

그가 내게 간구하리니 내가 그에게 응답하리라 그들이 환난 당할 때에 내가 그와 함께하여 그를 건지고 영화롭게 하리라 시 91:15

나는 하나님께서 엘리사에게 아람 왕의 침공 계획을 계속해서 보여주신 까닭이, 엘리사가 조국의 불안한 국방을 위해 날마다 기도했기 때문이었다고 믿는다. 우리도 우리가 지키고자 하는 것을 위해서 날마다 기도하면 하나님께서 은혜를 주시고, 남이 보지 못한 것을 보게 해주실 것이다.

예를 들어, 세상 가치관의 공격에 무방비로 노출되어 있는 우리 자녀들을 위해 부모 된 우리가 날마다 기도하면, 하나님께서 악한 자들의 공격에서 그들을 지켜주실 뿐만 아니라 우리가 하나님의 관점으로 자녀들을 바라볼 수 있게 인도해주실 것이다.

담임목사로서 나는 항상 교회를 위한 영적 방어막을 쳐달라고 주님께 기도한다. 하나님의 은혜 가운데 교회가 부흥하고 있지만, 그래도 우리가 알지 못하는 약점과 빈틈이 많을 것이며, 사탄은 그 약점을 치고 들어오기 위해 갖은 수를 다 쓸 것이다.

그렇기 때문에 나는 날마다 예수님의 보혈로 철저히 덮어주시고 성령의 보호막을 쳐주시어 교회를 지켜달라고 기도한다. 어떤 악한 세력들의 음모도 항상 즉시즉시 드러나 스스로 자멸하게 하셔서 이 교회를 반석위에 세워달라고 항상 기도한다.

인생 최고의 빽이 되시는 하나님

내가 하나님을 위해서 일하면 하나님께서 나를 위해 일하신다. 엘리사는 모든 것을 버리고 하나님을 따랐던 사람이다. 그러자 하나님께서 엘리사를 도우셨고, 그의 조국 이스라엘을 도우셨다. 내가 하나님께 헌신하면 하나님께서 나를 위해 헌신하신다. 하나님이 주신 비전에 순종하는 사람은 어떤 어려움이 와도 죽지 않는다. 하나님이 그 종을 통해 하실 일이 있기 때문이다. 역사의 주관자이신 하나님이 그를 둘러싼 모든 주위 환경을 사용하셔서 그를 보호하시고, 그의 앞길을 뚫어주시고 인도해주신다.

돈이 없어도 기죽지 마라. 필요하면 하나님께서 전혀 알지 못하는 사람의 돈을 움직여서라도 당신을 도와주실 것이다. 모세의 부모는 가난한 히브리 노예였지만, 하나님은 애굽 공주의 돈으로 모세에게 최고의 교육을 시켜주셨다.

인맥이 없다고 걱정하지 마라. 설령 이스라엘 왕이 공들여서 아람 왕궁정에 정보원을 심어놓았다 한들, 그 수준이 우리 하나님과 비교할 수 있겠는가? 주님과 동행하다 보면 일면식도 없는 사람, 심지어 예수 안 믿는 사람이 나서서 도와주는 경우가 있다. 하나님은 믿지 않는 사람까지도 사용하셔서 하나님의 사람을 도와주신다.

2차 대전 때, 남태평양의 한 섬에서 일본군과 미군이 치열한 전투를 벌였다. 그런데 미군 한 사람이 그만 본대와 떨어져 낙오되고 말았다. 그리고 얼마 못 가 일본군 수색대가 자기 주위를 포위하고 있는 것을 느꼈다. 그는 목숨을 걸고 간신히 도망쳐 한 동굴로 숨어들었다. 일본군 수색대는 동굴을 하나씩 수색해가기 시작했다. 미군은 어릴 적 주일학교에 다닐 때 배운 대로, 하나님께 살려달라고 결사적으로 기도했다.

"하나님, 우리 미군 본대가 이곳에 속히 도착하게 하옵소서. 살려주옵소서. 급합니다."

그런데 기도가 끝나자 거미 한 마리가 동굴 앞에 거미줄을 치기 시작했다. 미군은 기가 찼다.

"하나님, 본대를 보내달라고 했는데, 거미 한 마리가 뭡니까? 너무하십니다."

거미가 거미줄을 잔뜩 치고 나자 일본군 수색대가 동굴 입구에 도착했다. 선두에 섰던 일본군 장교는 거미줄을 보고 말했다.

"거미줄이 이렇게 동굴 입구를 막고 있는 걸 보니 여기에는 최근에 사람이 안 들어간 게 확실해. 다른 동굴을 뒤져보자."

그렇게 미군은 죽음의 문턱에서 살아났다. 그는 회개하고 하나님께 감사했다.

"하나님은 거미 한 마리로도 나를 살리시는 분이구나."

하나님은 우리가 생각도 못하는 많은 수를 갖고 계신다. 그러므로 살려달라고 기도하면 됐지, 어떻게 살려달라고 기도할 필요가 없다.

엘리사는 아무것도 가진 것이 없는 선지자에 불과했다. 그러나 하나님이 그와 함께하시니 나라의 국방 전체를 책임지는 거대한 방패가 되었다. 아람과 이스라엘 양국의 왕들은 이제 이기고 지는 것이 엘리사의 기도와 엘리사의 하나님께 달려 있음을 깨닫게 되었다. 아무리 뛰어난 군사작전도 엘리사란 존재가 있는 한 아무 소용이 없음을 알고, 모두 엘리사를 두려워하게 되었다.

이렇듯 하나님의 사람은 항상 역사의 가장자리에 있는 것 같아도, 이상하게 어느 순간 역사의 중심에 서 있게 된다. 평소에는 별 볼 일 없는 평범한 존재 같아도 위기 상황에서는 구원자의 역할을 하게 하신다. 억울하게 당하고 밀리는 것 같아도, 하나님께서는 슬그머니 회복시켜주시고 승리하게 하신다.

그러니 세상이 우리를 핍박하고, 왕따 시키려 하고, 좌천시키려 해도 너무 화내거나 슬퍼하지 말라. 사울은 다윗을 추방했고, 죽이려 했으며, 사람들의 기억에서 지워버리려 했다. 그러나 하나님께서 끝까지 다윗을 지키셨고, 결국 이스라엘은 사울이 아닌 다윗의 왕국이 되었다. 악하고 힘 있는 자들이 아무리 우리를 무너뜨리려고 부지런히 움직여도, 전능하신 하나님께서 그 모든 음모를 사전에 다 차단하시고 우리의 길을 예비하실 것이다.

내가 사망의 음침한 골짜기로 다닐지라도 해를 두려워하지 않을 것은 주께서 나와

함께하심이라 시 23:4

물론 크리스천이라 하여 고난을 피해갈 수 있는 것은 아니다. 그러나 고난보다 더한 은혜로 그 고난을 이겨낼 수 있다. 주님이 우리와 함께하시기 때문이다. 하나님의 사람은 다 안 될 것 같은데, 지나고 보면 다 된다. 하나님이 항상 그 사람을 위해 역사 속에 개입하시기 때문이다.

우리가 아무리 가진 것 없고, 우리를 해하는 사람이 많다 할지라도 두려워할 필요 없다. 바로 지금도 하나님은 우리가 미처 알지 못하는 문제로부터 우리를 지키고 계신다.

하물며 그 하나님께서 우리도 알고 있는 문제를 모르시거나 그 문제에서 우리를 지키지 못하시겠는가? 걱정하지 말고 두려워 말라. 괜히 먼저 나서서 최악의 시나리오를 상상하지 마라. 하나님이 함께하시면 어떤 시련이 와도 능히 이길 수 있다. 세상에서 가장 든든하고 확실한 백은 우리 하나님 아버지이시다.

엘리사가 하나님의 지혜로 아람 왕의 이스라엘 침공 계획을 번번이 무산시켰던 것처럼, 하나님께서는 이 세상의 어떤 악하고 교활한 자들의 공격이 있을지라도 우리를 지키는 방패가 되어주신다. 우리가 오직 하나님의 성령으로 충만하고 항상 기도의 자리에 엎드려 있으면, 하나님께서 지켜주신다.

영의 눈으로 보라

이제 자신의 은밀한 군사 작전이 자꾸 이스라엘 측에 발각되는 이유가 하나님의 선지자 엘리사 때문이란 사실을 아람 왕도 알게 됐다. 그런데 그쯤 했으면 이스라엘 침공을 포기했어야 하는데, 아람 왕은 어리석게도 대군을 보내어 엘리사를 잡게 했다.

우둔한 자는 실패에서 배우지 못한다고 했다. 엘리사의 하나님이 자신들의 비밀 작전회의 내용까지 꿰뚫어보시는 전지전능한 분임을 알았다면, 더 이상 도발하지 말았어야 했다.

그러나 아직도 인간적인 생각으로만 상황을 해석하는 아람 왕은 하나님의 계시를 받는 엘리사만 없애면 된다고 생각하여 물리적인 힘을 동원했다.

아람 왕이 보낸 대군은 엘리사 한 사람을 잡기 위해 엘리사가 살고 있는 도단이란 도시를 겹겹이 포위했다. 창검과 병거로 무장한 살기등등한 대군에게 성이 완전히 포위된 것을 본 엘리사의 사환은 기겁하여 엘리사에게 이 소식을 전하며 비명을 지른다.

"아아, 내 주여 우리가 어찌하리이까!"

사실 인간적인 눈으로 보면 대책이 없는 심각한 상황이었다. 이런 일이 닥칠 때 성령 충만하지 않은 사람은 비명을 지르며 패닉 상태에 빠져 다른 사람을 원망하고 절망 가운데 도망갈 궁리만 한다. 그런데 같은 상황에서 엘리사는 전혀 다른 반응을 보인다.

우리와 함께한 자가 그들과 함께한 자보다 많으니라 왕하 6:16

이건 또 무슨 소린가? 저 개미 떼같이 밀려온 아람 군대는 얼핏 봐도 이 성 안의 전체 사람보다 더 많은데, 도대체 무슨 소리인가? 엘리사의 사환은 순간 너무 당황했을 것이다.

그는 주위를 둘러보았다. 집에는 그들 외에 아무도 없었고, 밖에는 단지 적군들로 가득할 뿐이었다. 너무 큰 충격을 받아서 엘리사의 정신이 어떻게 된 걸까? 하지만 엘리사는 미치지 않았다. 오히려 그의 사환보다 더 현실적인 현실에 접촉해 있었다. 다만 보이지 않는 세계를 영의 눈으로 보고 있었을 뿐이다.

사환이 자신의 말뜻을 전혀 깨닫지 못하자 엘리사는 하나님께 기도한다.

여호와여 원하건대 그의 눈을 열어서 보게 하옵소서 왕하 6:17

그 순간, 그 기도의 응답으로 사환의 영의 눈이 열렸다. 그러자 인간적 수준에 머물러 있을 때는 전혀 보지 못하던 영적 세계가 보였다.

그가 보니 불말과 불병거가 산에 가득하여 엘리사를 둘렀더라 왕하 6:17

할렐루야! 영의 눈으로 보자 육의 눈으로 볼 때와는 판세가 완전히 달랐다. 포위당한 건 엘리사가 아니라 아람의 군대들이었던 것이다. 마찬가지다. 포위당한 건 우리가 아니라 어둠의 세력들이다.

> 하나님의 병거는 천천이요 만만이라 주께서 그중에 계심이 시내산 성소에 계심 같도다
> 시 68:17

엘리사를 지키고 있던 하나님의 천사들은 단순히 머릿수만 채우는 존재들이 아니었다. 훗날 히스기야의 기도에 대한 응답으로 내려온 천사 한 명이 하룻밤에 앗수르 군사 18만 명을 전멸시킨 것에서 보듯이 그들은 무서운 하늘의 전사들이었다. 엘리사는 영의 눈으로 그런 엄청난 천사들의 군대가 자신을 지키고 있는 것을 보았으니, 전혀 두려워할 까닭이 없었다.

현실이 왜 그렇게 무섭게 느껴지는가? 문제가 왜 그렇게 커 보이는가? 육의 눈, 인간의 눈, 이성적이고 상식적인 눈으로만 보기 때문이다. 그 눈으로 보면 눈에 보이는 세계밖에 보이지 않는다. 물 위로 걸어오시는 예수님을 보고 "유령이다!"라고 소리 질렀던 제자들처럼. 육의 눈은 두려움의 눈으로 보게 하기 때문에 주님도 유령으로 보인다. 그러나 믿음의 눈을 뜨고 보면 주님이 보인다.

믿음의 눈을 가졌다고 해서 갑자기 문제가 사라지는 게 아니다. 믿음의 눈으로 봤다고 해서 아람 군대가 사라져버린 것은 아니다. 아람 군대는 거기 그대로 있다.

다만 그들보다 훨씬 더 크고 강한 하늘의 군대가 나를 지키고 있음을 알게 되니, 옛날처럼 공포에 사로잡히거나 패닉 상태에 빠지지 않는다. 문제보다 더 크신 주님을 보게 되는 것이다.

아람 군대가 크고 많은 건 사실이다. 현실을 부인하진 않는다. 그러나 그들보다 더 크고 강한 하나님의 군대가 나를 지키고 있다. 이 사실을 확신하기 때문에 우리는 어떤 고난과 역경 앞에서도 절망하지 않는다. 우리가 눈을 들어 우리를 둘러싼 주의 영광을 볼 수만 있다면 우리는 결코 문제 앞에서, 사람 앞에서 주눅 들지 않을 것이다.

살길을 보여주시는 하나님

예수님을 믿고서 우리는 영적인 사람이 되었다. 세상과 인생을 보는 눈이 달라졌다. 그러나 세상 속에서 살다 보면 자기도 모르게 영적 분별력이 흐려진다. 물질로 인해서, 욕심으로 인해서, 두려움으로 인해서, 이 모든 것으로 인해서 우리의 영적 시야가 자꾸 가려진다. 망원경을 거꾸로 들고 보는 사람처럼 문제는 커 보이고 하나님은 작게 보인다. 그러니까 뉴스 보고 흔들리고, 주위 사람들의 말을 듣고도 흔들린다. 영안이 열리지 않고는 내 바로 옆에서 하나님이 활발히 역사하고 계셔도 그것을 제대로 느끼지 못한다. 영안이 어두워지면 불신의 생각을 하고, 불신의 말과 행동을 하게 된다.

사탄은 우리가 현실에만 주목하는 육의 눈에 머물러 있기를 원한다. 그래서 우리가 하나님의 능력을 제대로 알지 못하는 영적 어둠에 갇혀 있기를 원한다. 그래야 우리가 영적 전쟁터에서 무기력해지기 때문이다. 우리는 마귀가 원하는 대로 되어선 안 된다. 망원경을 제대로 돌려놓아야 한다. 영안이 열려야 한다. 그래야 하나님을 제대로 알 수 있다. 그러면 문제가 작게 보이고 하나님이 크게 보인다.

하나님은 우리가 보이지 않는 세계를 볼 수 있는 영적인 눈을 갖기를 원하신다. 그리고 그렇게 되도록 우리를 도와주신다.

어두운 데에 빛이 비치라 말씀하셨던 그 하나님께서 예수 그리스도의 얼굴에 있는 하나님의 영광을 아는 빛을 우리 마음에 비추셨느니라 고후 4:6

그러므로 우리는 성령께서 끊임없이 육체의 비늘을 떨어지게 하시고, 영적인 눈을 열어달라고 기도해야 한다. 기도하는 사람은 하나님께서 우리 마음에 비춰주시는 빛, 하나님의 영광을 보는 그 빛을 느끼게 된다. 영의 눈이 활짝 열리게 된다. 기도의 사람 엘리사는 평소에 영의 눈이 열려 있던 사람이었기 때문에 비상사태 때도 당황하지 않았다.

세상이 너무 커 보인다면 기도해야 한다. 주님이 너무 작아 보인다면 기도해야 한다. 기도의 사람에게는 하나님의 세계가 열린다.

너는 내게 부르짖으라 내게 네게 응답하겠고 네가 알지 못하는 크고 은밀한 일을 네게 보이리라 렘 33:3

이 말씀이 무슨 뜻인가? 기도하지 않고는 결코 볼 수 없는 영의 세계가 있다. 기도해야만 볼 수 있는 영의 세계, 하나님의 비전, 하나님의 계시가 있다는 말이다. 특히 우리가 성경을 읽을 때는 영안이 열린 상태에서 봐야 한다. 그렇지 않으면 말씀의 영적 의미를 전혀 깨닫지 못한다.

우리의 옛 자아가 눈 시퍼렇게 뜨고 살아 내 생각과 고집과 욕심으로 가득 차 있을 때는 절망만 보인다. 소위 세상적으로 똑똑한 사람들은 절망을 '잘 보는 사람'이다. 절망을 잘 봐서 뭐하겠는가? 절망은 절망일 뿐인데…. 그러나 기도하면 영의 세계가 보인다. 절망을 덮어버리시는 소망의 손길이 보인다. 주님이 보인다. 기적이 보인다. 살길이 보인다. 돌파구가 보인다.

믿음이 부족한 엘리사의 제자가 엘리사의 중보기도로 영의 눈이 열렸듯이, 믿음이 더 강한 사람의 중보로 믿음이 약한 사람들의 영의 눈이 열릴 수 있다. 그러므로 영적 지도자들은 항상 믿음이 연약한 성도들의 영의 눈이 열리도록 기도해야 한다.

사도 바울은 에베소 교인들을 위해 기도할 때 무엇보다도 그들의 영안이 열리기를 원했다. 영안이 열려야 하나님의 크고 위대하심을 제대로 알 수 있기 때문이다.

너희 마음의 눈을 밝히사 그의 부르심의 소망이 무엇이며 성도 안에서 그 기업의 영광의 풍성함이 무엇이며 그의 힘을 위력으로 역사하심을 따라 믿는 우리에게 베푸신 능력의 지극히 크심이 어떠한 것을 너희로 알게 하시기를 구하노라 엡 1:18,19

"너희 마음의 눈을 밝히사"라는 말은 영의 눈이 열린다는 말이다. 영의 눈이 열려서 보이지 않는 세계를 보게 되면 하나님께서 우리를 위해 쌓아두신 능력과 영광과 축복이 얼마나 큰지를 보게 된다.

하나님은 엄청난 능력을 갖고 계시며, 그것을 믿는 우리에게 베풀어주신다. 우리를 통해 역사하신다. 그런데 영의 눈이 닫혀 있으면, 그것을 잘 모른다. 잘 모르니까 잘 사용하지 못한다.

천사들을 둘러 지키시는 하나님

엘리사를 둘러 진 친 수많은 불 말과 불 병거는 엘리사를 지키라고 하나님이 보내신 천사들이다. 우리가 천사들에 대해서 성경적으로 제대로 알 필요가 있다. 초대교회 일부에서는 천사들의 역할을 너무 강조한 나머지 천사들을 예배하는 사람들도 있었다. 그러나 바울은 골로새서에서 천사는 예배의 대상이 아님을 엄중하게 경고한다. 천사는 하나님의 종일 뿐이고, 오직 하나님만이 예배의 대상이 되신다. 천사의 주된 임무는 하나님을 경배하고 하나님의 명령을 수행하는 것이다.

하나님께서는 모든 하나님의 백성들에게 천사들을 붙여주셨다. 수호천사는 그냥 하는 말이 아니다. 성경적 근거가 분명히 있다. 예수님은 이렇게 말씀하신 바 있다.

삼가 이 작은 자 중의 하나도 업신여기지 말라 너희에게 말하노니 그들의 천사들이 하늘에서 하늘에 계신 내 아버지의 얼굴을 항상 뵈옵느니라 마 18:10

여기서 '작은 자'란 단순히 어린아이를 말하는 게 아니라, 모든 하나님의 자녀들을 말하는 것이다. 우리의 수호천사들은 날마다 하나님의 임재 앞에서 새로운 명령을 하달 받고 와서 우리를 지킨다.

> 모든 천사들은 섬기는 영으로서 구원받을 상속자들을 위하여 섬기라고 보내심이 아니냐 히 1:14

우리의 하늘 아버지께서는 험난한 세상에 우리를 홀로 남겨두지 않으시고, 항상 하나님의 천사들을 보내어 우리를 돕게 하신다. 천사들은 다양한 방법으로 우리를 돕는다. 가브리엘처럼 하나님의 계시를 받아 우리에게 전하기도 하고, 미가엘처럼 힘든 영적 전쟁을 치를 때 마귀의 군대를 물리치며 우리를 돕기도 한다.

또 겟세마네 동산에서 예수님이 땀이 피같이 되도록 기도하실 때 옆에 나타나 도왔던 천사처럼, 우리가 기도해야 하는데 마음과 육체가 너무 힘들어 기도하기 어려울 때 우리 옆에서 기도를 돕기도 한다.

> 여호와의 천사가 주를 경외하는 자를 둘러 진 치고 그들을 건지시는도다 시 34:7

하나님은 하나님께 기도하며 매달리는 자를 철저히 보호하신다. 하나님의 천사가 하나님을 경외하는 자를 완전히 둘러서 진을 치고 지키신다니, 얼마나 멋있고 든든한 말씀인지 모른다. 우리는 온갖 방법을 동원해서 스스로를 지키려고 한다. 우리의 건강, 돈, 명예, 가족 등을 안전하고 든든하게 지키고 싶어 한다.

그러나 이 무섭고 변화무쌍한 세상에서 확실한 안전은 결코 어디에도 없다. 하나님이 지켜주셔야 한다.

나는 어릴 때 손님마마(천연두)에 걸려 죽을 뻔했고, 미국으로 이민 가서 살던 청소년 시기에도 몇 번씩 사고로 죽을 뻔했다. 또한 1999년도 한국에 와서 한동대에서 강의하러 가던 길에 포항에서 비행기가 착륙하면서 두 동강이 나는 큰 사고가 있었지만, 그때마다 하나님께서는 눈동자처럼 지켜주셨다. 정말 하나님의 천사가 나를 둘러싸고 보호해주는 듯한 느낌을 여러 번 받았다.

그런데 이는 말씀에 약속되어 있는 사항이다. 천사의 임무는 하나님의 자녀를 지키는 것이다. 그렇기에 나는 주님께 오늘도 주님이 주의 천사들을 보내사 우리와 우리의 아이들을 지켜주시기를 간구한다.

하나님의 천사들이 항상 우리 주위를 맴돌며 지키지만 위기의 때에 즉시 그들이 개입하게 하기 위해서 우리의 믿음의 선포가 필요하다.

네가 말하기를 여호와는 나의 피난처시라 하고 지존자를 너의 거처로 삼았으므로 화가 네게 미치지 못하며 재앙이 네 장막에 가까이 오지 못하리니 그가 너를 위하여 그의 천사들을 명령하사 네 모든 길에서 너를 지키게 하심이라 시 91:9-11

우리는 말해야 한다. 이렇게 선포해야 한다.

"하나님이 나의 피난처시다. 하나님만이 나의 보호자이시다. 나사렛 예수의 이름으로 나는 살아날 것이다. 은밀하고 교활하고 집요하게 나를 압박해 들어오는 모든 마귀의 세력은 물러갈지어다."

오래전, 미국 시카고 우범 지역에서 도시 선교 사역을 하던 한 목사님이 계셨다. 그 지역에는 지나가는 행인을 폭행하고 돈을 빼앗은 뒤, 다리 밑으로 떨어뜨려 불구로 만들거나 죽이는 아주 잔인한 갱단이 있었다. 그 목사님이 시카고의 빈민들을 돕는 사역을 구상하며 기도하려 어두운 거리를 걷던 어느 날 밤, 그 갱단을 만났다. 갱단은 목사님도 다리 밑으로 떨어뜨리려고 달려왔다. 그 순간, 목사님은 뒤로 물러서시면서 "주 나의 하나님, 나를 도우소서!"라고 외쳤다. 갑자기 그들은 비명을 지르며 뒤로 물러나 도망가기 시작했다.

나중에 경찰에 잡힌 그 갱단이 그날 밤의 일을 고백했다.

"그날 밤, 저희들은 술에 잔뜩 취한 채로 목사님을 공격하려고 달려들고 있었지요. 그런데, 갑자기 목사님 옆에 키가 2미터는 됨직한 무서운 거한들이 순식간에 6명이나 나타나는 것 아니겠습니까. 그들이 이글거리는 눈빛으로 저희들을 노려보는데, 그들 손에 잡혔다가는 뼈도 못 추릴 것 같았습니다. 그래서 우리 모두 그대로 돌아서서 걸음아 날 살려라 하고 뛰었지요."

그 이야기를 전해 듣고 목사님은 그날 밤 천사를 보내 자신을 지켜주신 하나님께 감사를 드렸다. 그 후 목사님은 시카고 지역 빈민들을 돕는 사역 센터를 세워서 오랜 세월 수많은 이들을 그리스도께 인도했다.

하나님은 천사들을 보내셔서 하나님의 사람을 반드시 지키신다.

담대한 믿음의 선포를 하라

믿음의 선포가 중요하다. 엘리사의 사환처럼 아람 군대 앞에서 부정적이고 겁먹은 불신의 말을 내뱉어선 안 된다. 우리는 우리의 적보다 수적으로 우세하다는 것을 선포해야 한다.

"우리와 함께한 자가 그들과 함께한 자보다 많으니라."

자녀 된 우리에게 하나님 아버지는 입술의 권세를 주셨다. 그 믿음의 선포를 통해서 하늘의 수호천사들이 전격 가동되어 우리를 지킬 것이다.

'네 모든 길에서 너를 지킬 것'이란 말은 적의 침공이 예상되는 모든 루트를 이미 하나님의 천사들이 다 파악하고 지킬 것이니 걱정하지 말라는 뜻이다. 이런 주님을 찬양한다.

기도는 간구이기도 하지만 선포이기도 하다. 우리의 기도는 단순히 하나님의 귀를 기쁘시게 하는 말들이 아니다. 우리는 천사들에게 기도하는 것이 아니라 우리의 기도를 듣고 천사들을 보내시는 하나님께 기도한다.

우리의 기도는 하나님의 마음에 닿아 하늘나라 천군 사령부에 출동 명령을 내릴 것이고 천사들은 지체 없이 우리가 기도한 영역으로 달려올 것이다. 우리가 우리를 둘러싸고 있는 모든 문제에 대해서 기도한다면 하나님의 천사들은 반드시 움직이기 시작할 것이다.

각 교회를 지키는 하나님의 천사들도 분명히 존재한다. 나는 항상 이 교회를 우리 주님이 보내신 천군 천사들이, 불 병거 불 말의 하늘의 군대가 둘러싸고 지키고 계심을 느낀다. 교회는 한시라도 하나님이 그렇게 지켜주시지 않으면 안 된다.

우리는 연약하다. 그러나 하나님은 강하시다! 그 하나님께 믿음의 고백을 올려드려라!

3 기도를 위해 기도하라

다니엘은 모든 면에서 크리스천 직장인들이 본받아야 할 위대한 하나님의 사람이다. 그러나 그 위대함의 저변에는 그의 기도가 있었다. 하나님의 사람에게 기도란 나무의 뿌리와도 같다. 보이지는 않지만 기도의 파워와 그 깊이가 얼마나 되는가에 따라 그 사람의 인생이 얼마나 놀랍게 쓰임 받을지가 결정된다.

십 대 소년 시절부터 팔십이 넘은 노인이 되기까지, 이스라엘 땅에서도 그랬지만 하나님을 대적하는 이방의 땅에서도 다니엘은 평생 기도의 줄을 놓지 않았던 인물이다.

한 손이 있어 나를 어루만지기로 내가 떨었더니

그가 내 무릎과 손바닥이 땅에 닿게 일으키고 내게 이르되

큰 은총을 받은 사람 다니엘아

내가 네게 이르는 말을 깨닫고 일어서라

내가 네게 보내심을 받았느니라 하더라

그가 내게 이 말을 한 후에

내가 떨며 일어서니 그가 내게 이르되

다니엘아 두려워하지 말라 네가 깨달으려 하여

네 하나님 앞에 스스로 겸비하게 하기로 결심하던 첫날부터

네 말이 응답 받았으므로 내가 네 말로 말미암아 왔느니라

그런데 바사 왕국의 군주가 이십일 일 동안 나를 막았으므로

내가 거기 바사 왕국의 왕들과 함께 머물러 있더니

가장 높은 군주 중 하나인 미가엘이 와서 나를 도와주므로

이제 내가 마지막 날에 네 백성이 당할 일을

네게 깨닫게 하러 왔노라

이는 이 환상이 오랜 후의 일임이라 하더라

그가 이런 말로 내게 이를 때에

내가 곧 얼굴을 땅에 향하고 말문이 막혔더니

인자와 같은 이가 있어 내 입술을 만진지라

내가 곧 입을 열어 내 앞에 서 있는 자에게 말하여 이르되

내 주여 이 환상으로 말미암아 근심이 내게 더하므로

내가 힘이 없어졌나이다

내 몸에 힘이 없어졌고 호흡이 남지 아니하였사오니

내 주의 이 종이 어찌 능히 내 주와 더불어 말씀할 수 있으리이까 하니

또 사람의 모양 같은 것 하나가 나를 만지며

나를 강건하게 하여 이르되

큰 은총을 받은 사람이여 두려워하지 말라

평안하라 강건하라 강건하라

그가 이같이 내게 말하매 내가 곧 힘이 나서 이르되

내 주께서 나를 강건하게 하셨사오니 말씀하옵소서

그가 이르되 내가 어찌하여 네게 왔는지 네가 아느냐

이제 내가 돌아가서 바사 군주와 싸우려니와

내가 나간 후에는 헬라의 군주가 이를 것이라

오직 내가 먼저 진리의 글에 기록된 것으로 네게 보이리라

나를 도와서 그들을 대항할 자는 너희의 군주 미가엘뿐이니라

단 10:10-21

본문은 다니엘서 9장에 나오는 기도하여 환상을 받은 사건이 일어나고 2년 정도가 지난 뒤의 일로, 다니엘의 인생 말년에 나오는 기도의 모습이다.

큰 은총을 받은 사람 다니엘아

바사 왕 고레스 제삼 년에 한 일이 벨드사살이라 이름한 다니엘에게 나타났는데 그 일이 참되니 곧 큰 전쟁에 관한 것이라 다니엘이 그 일을 분명히 알았고 그 환상을 깨달으니라 단 10:1

바벨론을 무너뜨린 페르시아(바사) 왕 고레스는 천하통일을 이룩한 직후인 주전 538년에 칙령을 내려, 포로로 잡혀온 이스라엘 백성들이 모두 예루살렘으로 돌아가 성전 재건을 할 수 있도록 허락했다.

고레스 제3년이라는 것은 고레스 칙령이 발표된 지 2년이 지난 때로서, 이때는 다니엘의 나이가 적어도 90세는 되었을 때이다. 다니엘은 귀환하는 백성들과 함께 고향으로 돌아가지 않았다. 아마도 그는 이미 고령이어서 긴 여정을 감당하기 어려웠을 것이다. 그래서 페르시아에 남아 있는 이스라엘 백성들을 돌보며 계속해서 페르시아 정부에 거룩한 영향력을 미치라는 하나님의 인도하심에 따라 그렇게 결정했을 것이다.

다니엘은 그때 특별한 영적 부담감을 가지고 민족을 위한 금식기도에 들어간다.

그때에 나 다니엘이 세 이레 동안을 슬퍼하며 세 이레가 차기까지 좋은 떡을 먹지 아니하며 고기와 포도주를 입에 대지 아니하며 또 기름을 바르지 아니하니라 단 10:2,3

다니엘이 3주나 되는 시간 동안 이토록 슬퍼하고 금식한 것은 추측건 대, 고레스 칙령으로 이스라엘 백성의 귀환이 허락되었음에도 불구하고, 실제로 귀환한 인원은 약 5만 명 정도로 아주 적은 숫자에 불과했기 때 문이다. 세계 최강대국 바벨론에서 70년간 포로생활을 하면서 새로운 세대들이 태어나 그곳 문화와 언어에 익숙해지고 기반을 잡고 살다 보 니, 고향이라고 해봐야 고생길이 뻔한 이스라엘로 돌아가기 싫었던 것이 다. 무엇보다 세대가 바뀌면서 하나님을 믿는 신앙이 급속도로 차가워 진 데 이유가 있었다.

또 어렵게 결정을 내려 귀국한 이들의 성전 재건 공사도 3년쯤 하다가 답보 상태에 들어갔다. 이스라엘이 다시 강성해지는 것을 두려워한 주 변 부족들이 수단과 방법을 가리지 않고 방해했기 때문이다. 선지자 학 개가 이스라엘 백성을 일깨워 다시 일어나게 하기까지 십 년이 넘는 세월 이 흐르게 된다.

이 모든 답답한 상황을 바라보면서 다니엘은 참으로 마음 아파했다. 하나님을 버린 신앙의 타락 때문에 나라가 망했던 자기 민족이 이제 다 시 나라와 성전을 재건하여 하나님의 백성으로 새 역사를 시작할 기회가 주어졌는데 아무런 힘도 쓰지 못하고 비틀거리는 모습이 너무나 가슴이 아팠던 것이다. 그래서 90세라는 고령에도 불구하고 자기 몸을 돌보지 않고 금식하며 기도한 것이다.

다니엘서 10장 4-9절의 내용을 보면, 다니엘은 이때 강가에 서 있다가 세마포 옷을 입은 한 사람의 환상을 보게 된다. 바로 예수 그리스도셨다.

> 그러므로 나만 홀로 있어서 이 큰 환상을 볼 때에 내 몸에 힘이 빠졌고 나의 아름다운 빛이 변하여 썩은 듯하였고 나의 힘이 다 없어졌으나 단 10:8

다니엘은 환상 중에 본 그리스도의 모습에 완전히 압도당하여 인간적인 힘과 의지가 다 무너지게 된다. 다니엘은 세상적으로 높은 자리에 오른, 능력 있는 사람이었다.

그러나 하나님의 영광과 딱 맞닥뜨리자 그 모든 것이 아무것도 아님을 알게 된다. "나의 아름다운 빛이 변하여 썩은 듯하였고"라는 고백에서 알 수 있듯이 내가 대단하고 멋있는 사람이라고 생각할지라도 주님의 영광 앞에 서면 내가 얼마나 비참한 죄인인지 비로소 깨닫게 된다. 끽소리도 못 한다.

> 내가 그의 음성을 들었는데 그의 음성을 들을 때에 내가 얼굴을 땅에 대고 깊이 잠들었느니라 단 10:9

여기서 '잠들었다'는 말은 혼절했다는 뜻이다. 주님의 모습이 너무나 장엄하고 강렬하여 바라보던 다니엘은 모든 힘이 소진되어버렸다. 그분이 계속해서 말씀을 주시는데, 그 말씀의 파워가 너무나 강력했기에 다니엘은 감당할 수가 없어 결국에는 혼절하고 말았다.

그 누구도 전능하신 하나님의 임재를 직면하고 멀쩡한 사람은 없다. 다메섹 도상에서 주님을 만난 사울도 하늘의 빛을 보고 그 음성을 들은 후 너무나 큰 충격에 빠져 사흘 밤낮을 아무것도 먹지 못했다.

주님의 임재를 보고 주님의 음성을 듣는 중에 다니엘이 기절하자, 하나님이 휴식 시간을 주셨다.

> 한 손이 있어 나를 어루만지기로 내가 떨었더니 그가 내 무릎과 손바닥이 땅에 닿게 일으키고 단 10:10

이때 다니엘을 일으킨 '한 손'의 주인공은 예수님이 아니라 천사 가브리엘이다. 그는 떨고 있는 다니엘을 붙잡아 일으켰다. 주님은 가브리엘을 보내서 기력이 쇠잔한 그를 직접 부축해 일으키게 하셨다.

> 내게 이르되 큰 은총을 받은 사람 다니엘아 내가 네게 이르는 말을 깨닫고 일어서라 내가 네게 보내심을 받았느니라 하더라 그가 내게 이 말을 한 후에 내가 떨며 일어서니 그가 내게 이르되 다니엘아 두려워하지 말라 네가 깨달으려 하여 네 하나님 앞에 스스로 겸비하게 하기로 결심하던 첫날부터 네 말이 응답 받았으므로 내가 네 말로 말미암아 왔느니라 단 10:11,12

가브리엘은 다니엘을 향해 "큰 은총을 받은 사람 다니엘아"라고 말했다. 즉, 너는 하나님이 아주 높게 평가하시는 사람, 아주 귀하게 생각하는 사람이라는 뜻이다.

"너는 예수님의 보혈로 거듭난 하나님의 자녀다. 너는 보배롭고 존귀한 존재다. 네가 평생을 항상 기도하며 하나님과 동행하며 살아온 사람인 것을 내가 안다. 내가 너를 사랑한다. 너의 기도가 한 톨도 땅에 떨어지지 않았다. 내가 네게 응답할 것이다."

하나님이 다시 한번 다니엘에게 이 확신을 주신 것이다.

하나님은 즉각적으로 응답하신다

네 하나님 앞에 스스로 겸비하게 하기로 결심하던 첫날부터 네 말이 응답 받았으므로 내가 네 말로 말미암아 왔느니라 단 10:12

하나님의 기도 응답은 다니엘이 기도를 시작하던 즉시로 시작되었다. 다니엘은 9장에서도 이스라엘의 죄악을 고백하며 예루살렘의 회복을 간구했던 적이 있다. 그때도 하나님의 응답은 즉각적이었다. 성경은 "네가 기도를 시작할 즈음에 명령이 내렸으므로"(단 9:23)라고 했다. 하나님의 기도 응답은 기도 시작과 동시에 시작되었다.

"내가 네 말로 말미암아 왔느니라"는 '너의 기도에 대한 응답으로 하나님이 천사를 보내셨다'는 뜻이다. 즉, 네가 기도했기 때문에 하나님이 하늘 군대를 움직이시고, 팔을 걷어붙이고 나서셨다는 것이다. 참으로 감격스럽지 않은가?

우리가 기도하면 하나님이 오신다. 하나님은 우리의 기도를 절대 무시하지 않으신다. 한 톨의 기도도 땅에 떨어지지 않게 하신다. 기도하는 즉시 들으시고 응답하신다. 다만 그 응답하시는 방법과 때가 우리 생각과 달라서 우리가 금방 느끼지 못할 뿐이다.

겸손과 열정으로 기도하라

네가 깨달으려 하여 네 하나님 앞에 스스로 겸비하게 하기로 결심하던 첫날부터

단 10:12

중요한 것은 하나님 앞에 기도하기로 마음을 정하고 무릎 꿇는 것이다. 하나님의 응답을 받으려면 겸손해야 한다. 자신이 할 수 없다는 것, 자신이 죄인이라는 것을 철저히 인정하고, 열린 길은 하늘 길밖에 없다는 사실을 인정하며 엎드리는 겸손이 필요하다.

겸손하면 은혜를 갈망하는 거룩한 목마름이 생긴다. 이것이 기도의 열정을 만든다. 그래서 세리의 기도가 오만한 바리새인의 기도보다 더 하나님 마음을 울리는 것이다. 하나님의 마음을 터치해야 기도의 혈이 뚫린다.

한국 프로야구 역사에 유일무이한 4할대 타자로 남아 있는 백인천 선수가 있다. 어느덧 일흔이 넘은 그가 몇 년 전 인터뷰한 기사를 읽었다. 기라성 같은 강타자들이 많이 나온 프로야구에서 4할대 타자는 아직까지 한 명밖에 없을 정도로 꿈의 타율인데, 그 비결을 묻는 질문에 그는 이렇게 답했다.

"재능으로는 장효조, 이종범 같은 선수가 나보다 나은 것 같다. 그러나 4할대 타율은 재능만으론 안 된다. 완전히 야구에 미쳐버리는 중독 상태까지 가야 한다. 하루 종일, 무의식 속에서도 항상 야구만 생각하는 중독 상태…. 그건 아무나 갈 수 있는 게 아니다."

하긴 코리안 특급 박찬호 선수도 밥 먹을 때 국그릇 밥그릇을 보며 인코스 아웃코스를 생각할 정도로 24시간 야구만 생각했다고 들었다.

나는 이것을 곰곰이 생각하면서 목사인 나 자신에게 적용해보았다.

'야구선수들도 잘하려면 거기에 완전히 중독되는 상태까지 가야 한다고 하는데, 나는 목회자로서 과연 하나님께 완전히 미쳐 있을까? 자나 깨나 하루 종일 그분만 생각할까? 목사로서 그분이 맡겨주신 양들을 어떻게 하면 잘 목양할지 항상 생각할까?'

예수님은 "의에 주리고 목마른 자는 복이 있나니 그들이 배부를 것"(마 5:6)이라고 하셨다. 시편에 보면 "사슴이 시냇물을 찾기에 갈급함 같이 내 영혼이 주를 찾기에 갈급하니이다"(시 42:1)라는 고백이 나온다. 포인트는 똑같다. 하나님을 향한 끝없이 뜨거운 갈망. 더 큰 은혜, 더 강렬한 부흥을 열망하는 그 마음.

하나님은 하나님의 백성들로부터 그런 거룩에 대한 목마름을 원하신다. 그런 목마름이 있는 사람이 열정의 기도를 하게 되며, 하나님은 바로 그런 사람에게 은혜와 계시를 주시며, 기적과 축복과 부흥을 부어주시는 것이다. 살아 있는 교회란 하나님을 향한 거룩한 목마름이 계속해서 일어나는 그런 교회일 것이다.

기도의 핵심은 영적 깨달음

다니엘서 10장 11절에서 가브리엘이 다니엘에게 한 말 중에 "내가 네게 이르는 말을 깨닫고 일어서라"라는 말이 중요하다. 그냥 일어나는 게 아니라 '말씀을 깨닫고 일어나라'는 것이다.

본문을 보면 '깨닫는다'는 단어가 유독 아주 많이 등장한다. 11절의 '깨달음'은 깊은 묵상을 의미하지만, 다른 구절의 '깨달음'들은 영적인 이해를 말한다.

영어를 못 하면 누가 영어로 말할 때 듣긴 들어도 전혀 이해가 안 된다. 영어를 배우고 나서야 비로소 무슨 말인지 이해가 된다. 마찬가지로 영적 분별력이 없으면 하나님께서 말씀하셔도 전혀 못 알아듣는다. 그래서 기도하는 사람은 영안이 열려 있어야 한다. 하나님께서 내게 말씀하시는 것을 내가 이해하는 것이 중요하기 때문이다. 듣는 데서 그치는 것이 아니라 영적으로 제대로 해석할 수 있어야 한다. 이것이 '영적 깨달음'이다.

하나님이 우리의 소원을 들어주시는 게 기도의 핵심이 아니다. 기도의 핵심은 아버지의 마음과 아버지의 뜻을 제대로 깨닫는 것이다. 아무리 계시를 받아도 그것을 이해할 수 있는 영적 분별력과 성숙함이 없으면 혼란스럽기만 하다. 그래서 하나님께서는 겸손히 기도하는 자에게 영적 깨달음을 주신다.

역사의 배후에서 역사하는 영적 세력

다니엘서 10장 1절에 "바사 왕 고레스 제삼 년에 한 일이 벨드사살이라 이름한 다니엘에게 나타났는데"라고 되어 있는데, 이를 정확히 번역하자면 '한 계시가 다니엘에게 주어졌다'는 뜻이다. 그 계시는 '큰 전쟁에 관한 것'이라고 했다.

이후 11장까지 계속되는 이 계시의 내용은 페르시아의 쇠퇴와 멸망, 헬라제국의 분열, 그 이후 일어나는 열방 왕들의 이스라엘 침략 전쟁과 그로 인해 닥쳐올 환난들, 그리고 마지막 종말의 때에 하나님의 교회가 견뎌내야 할 환난들을 담고 있다.

이 모든 것을 '큰 전쟁'이라고 표현한 것은 눈에 보이는 이 세상 정치 경제의 모든 어려움의 배경이 바로 보이지 않는 세계에서 일어나는 영적 전쟁이기 때문이다.

이 당시 다니엘은 예루살렘으로 돌아간 유대인들의 성전 재건이 지체되고, 그로 인해 유대인들이 침체되고 하나 되지 못하는 것을 안타까워하고 있었다. 그 뒤에는 귀환한 유대인들의 성전 및 성벽 재건 공사를 집요하게 방해하는 이웃 나라들이 있었고, 그들은 페르시아 왕실에까지 로비를 하고 있었다.

여기까지는 하나님을 모르는 세상 사람들도 다 아는 사실이었다. 그러나 기도하는 사람은 한 단계 더 깊이 들어가서 이 모든 현실의 영적인 배경을 보게 된다. 이 뒤에는 하나님의 백성을 공격하는 어둠의 권세가 꿈틀거리고 있었다.

그런데 바사 왕국의 군주가 이십일 일 동안 나를 막았으므로 내가 거기 바사 왕국의
왕들과 함께 머물러 있더니 가장 높은 군주 중 하나인 미가엘이 와서 나를 도와주므로
단 10:13

다니엘이 기도를 시작한 첫날부터 하나님께서는 그의 기도를 들으셨지만, 하나님의 천사 가브리엘은 21일이 지나서야 다니엘에게 올 수 있었다. 그것은 '바사 왕국의 군주' 즉 바사 지역을 관장하는 왕이 가브리엘을 막았기 때문이다. 그다음 표현에서는 '바사 왕국의 왕들'이라는 복수형으로 표현했다. 이것은 바사, 즉 페르시아를 뒤에서 지배하는 악한 사탄의 영들을 가리킨다. 페르시아는 그 당시 세계 최강대국이었기 때문에 그 페르시아를 지배하는 악한 사탄의 권세는 무시무시한 힘을 가진 존재였을 것이다.

그래서 하늘나라 천사들의 군대를 총지휘하는 천사장 미가엘이 와서 가브리엘 천사를 도왔다고 했다. 미가엘은 선한 천사들 중에서 가장 강력한 힘을 가진 최고의 영적 전사다. 미가엘까지 출동했다는 것으로 미루어 보아 어둠의 세력의 방해와 공격이 만만치 않았음을 알 수 있다. 어쨌든 어둠의 공격이 있어도 하나님께서는 반드시 그것을 뚫고 우리와 하나님 사이의 길을 여신다. 최고의 전사 미가엘의 군대까지 투입하시며 하나님은 아낌없이 다니엘의 기도를 응답하신다.

기도 시작과 응답 사이에 21일이라는 시간이 걸렸다. 이 시간의 비밀은 결국 보이지 않는 세계에서의 영적 전쟁이다. 우리 기도의 응답까지

걸리는 시간도 그럴 것이다. 보이지 않는 세계에서 치열한 영적 전쟁이 벌어지고 있을 것이다. 기도는 영적 전쟁이다. 우리가 기도할 때 우리는 그 즉시 영적 전쟁의 최전방으로 이동하여 마귀 권세의 병력과 치열한 전투에 들어가는 것이다.

사탄은 기도 전투에 참여하려는 우리의 모든 노력을 필사적으로 방해할 것이다. 교회가 어떤 프로그램을 할 때보다도 기도운동을 일으킬 때 더 강한 마귀의 저항과 방해를 직면하게 될 것이다. 그러나 그럴수록 우리는 위축되지 말고 오히려 더 뜨겁고 적극적인 기도 네트워크를 구성하여 사탄의 세력을 몰아내야 한다.

기도는 영적 전쟁이다

기도하는 사람은 영적 전쟁의 실상에 대해 구체적으로 파악하고 있어야 한다.

> 우리의 씨름은 혈과 육을 상대하는 것이 아니요 통치자들과 권세들과 이 어둠의 세상 주관자들과 하늘에 있는 악의 영들을 상대함이라 엡 6:12

먼저 우리의 싸움은 혈과 육에 대한 것이 아니라는 것에 주목하라. 혈과 육이 아니라는 것은 사람이 아니라는 말이다. 성경은 사람을 정죄하지 말라고 한다. 싸움의 대상이 사람이 아니기 때문이다. 전쟁에선 앞에서 드러나는 하수인보다 뒤에서 조종하는 세력을 찾아내 제거해야 한다. 예수님도 죄와 타협하지 않으셨지만, 죄인들은 불쌍히 여기셨다. 그러니 사람과 싸우거나 사람에게 너무 예민하게 반응하지 말라. 악하고 못된 사람도 불쌍히 여기고, 그를 위해서 기도해주라.

천사는 하나님의 사명을 수행하는 종들로서 각자 역할이 있다. 개인을 수호하는 천사도 있고, 한 지역을 관장하는 천사도 있다. 이에 반하여 사탄은 타락한 천사들의 우두머리로서, 하나님의 일을 대적하는 데 전력하고 있다. 사탄에게는 잠시 동안 '세상의 권세를 장악할 수 있는 것'이 허락되었다. 그래서 예수님께 자신에게 절을 하면 천하만국을 주겠다고 한 마귀가 '이 세상의 신'으로 불린다.

그러니 세상에서 출세하고 싶으면 마귀에게 붙으면 된다. 마귀는 그 부하들을 풀어서 각 나라의 정치, 경제, 문화에 관여하고 간섭하며 역사에 혼란을 일으키고 있다. 어마어마한 영적 전쟁이 모든 시대, 모든 사건마다 그 배후에서 벌어지고 있음을 다니엘서를 통해서도 알 수 있다.

기도를 위해 기도하라

기도가 중요하다는 것을 알면서도 정작 기도를 하려고 하면 얼마나 어려운지 모른다. 끊임없이 딴생각이 파고들고, 졸리고 지루한 마음이 든다. 이렇게 기도가 어려운 것은 기도가 영적 전쟁이기 때문이다.

우리의 기도를 막고 우리의 기도를 공격하는 악하고 강한 마귀의 세력이 있다. 연약한 인간이 기도할 때 하나님이 즉각적으로 개입하시는 것을 사탄은 안다. 우리는 힘이 없어도, 기도하면 성령께서 우리를 붙드

서서 하나님나라를 확장해가는 것을 사탄은 안다. 그러므로 우리가 기도의 자리로 나아가서 엎드릴 때 사탄은 치를 떨면서 두려워한다. 그리고 자신이 가진 모든 수단을 동원하여 필사적으로 방해 공작을 펼치려 한다.

사탄은 우리가 기도하는 것도 방해하지만, 다니엘서 10장을 보면 하나님의 천사들이 응답을 가지고 오는 것도 방해한다. 하나님이 기도 응답으로 우리에게 말씀을 주시는데, 그 말씀은 능력이요 생명이다. 우리가 하나님의 말씀을 받는 순간, 기적이 일어나고 능력이 충만해지는 것을 사탄은 안다. 그래서 어떻게든 우리가 하나님의 음성을 듣고 하나님 말씀을 받는 것을 방해하려는 것이다. 사탄의 방해가 그토록 거센 것을 보면 우리의 기도가 그만큼 악한 세력에게 치명적인 무기임을 알 수 있다.

그래서 우리는 기도를 위해 기도해야 한다. 교회가 한 덩어리가 되어 기도해야 한다. 기도를 위해 기도하면 성령께서 우리의 기도에 힘을 부어주신다. 그 말은 기도를 방해하는 마귀의 공격도 기도로 돌파해야 한다는 얘기다. 영적 전쟁의 승패는 기도에 달렸고, 기도의 방해 세력 또한 오직 기도로 정면돌파하는 수밖에 없다.

다니엘의 강력한 기도도 마귀의 방해에 21일이나 응답이 지체되었다. 만일 다니엘이 그 21일 동안 금식하고 끝까지 기도하지 않고, 하루 이틀 하다가 지쳐서 포기했다면 이 위대한 다니엘서 10장의 승리는 탄생하지 않았을 것이다.

그동안 우리의 기도를 방해하고 공격해오던 마귀의 세력이 있었다. 우리의 몸을 피곤하게 하고, 생각을 어지럽게 하고 분주하게 만들어 시선을 분산시키고, 뜻밖의 상황을 일으켜서 우리의 마음을 사납게 하고 지치게 만드는 시도들이 있었을 것이다.

예를 들어서, 모처럼 기도하려고 마음먹었는데 예기치 않은 부부 싸움이 터진다든가, 자녀와 사소한 문제로 언쟁을 벌이게 된다. 격한 감정으로 기도가 제대로 될 리가 없다. 그러나 그런 크고 작은 방해가 있어도 포기하지 말고, 지치지 말고 더욱 기도하라.

하나님의 자녀 된 당신이 아버지의 이름을 부르는 순간부터, 이미 우리의 기도가 하늘 아버지의 마음을 움직인다. 이미 당신의 기도에 대한 응답으로 하나님께서 우리 가정과 직장, 교회의 영적 적조를 걷어내고 계신다. 당신을 그토록 두렵게 하고, 슬프게 하며, 힘들게 하던 모든 어둠의 세력이 물러나고 있다. 지치지 말고 더욱 힘써 기도하라. 승리는 당신의 것이다.

기도하는 자에게 새 힘을 주신다

그가 이런 말로 내게 이를 때에 내가 곧 얼굴을 땅에 향하고 말문이 막혔더니

단 10:15

천사는 선한 천사와 악한 영들의 보이지 않는 치열한 영적 전쟁에 관

해서, 또 장차 이스라엘과 유대 민족이 당할 여러 가지 큰 환난에 대해서 다니엘에게 들려주었다. 다니엘은 담대한 믿음의 사람이었지만, 이 모든 이야기를 듣고는 영적으로 감당이 되지 않았다. 그래서 힘이 쫙 빠지고 기가 질려 얼굴을 땅에 향하고 말문이 막혀버렸다.

하나님의 임재 앞에서 다니엘은 아무 말도 하지 못했다. "주의 임재 앞에 잠잠해 주 여기 계시네"라는 찬양처럼, 하나님의 임재에 직면하면 말이 없어진다. 오늘날 교회 안에 쓸데없는 말, 인간적인 말들이 너무 많다. 우리에게 경건한 침묵이 필요하다. 하나님의 임재를 많이 체험하면 할수록 인간의 잡담이 줄어든다.

> 인자와 같은 이가 있어 내 입술을 만지는지라 내가 곧 입을 열어 내 앞에 서 있는 자에게 말하여 이르되 내 주여 이 환상으로 말미암아 근심이 내게 더하므로 내가 힘이 없어졌나이다 단 10:16

여기서 "인자와 같은 이"는 예수 그리스도를 가리킨다. 하나님의 계시를 전달한 것은 천사 가브리엘이었지만, 지금 다니엘을 만지신 분은 예수님이시다. 예수님이 다니엘의 입술을 만지시니 다니엘이 입을 열어 말하기 시작했다. 말문이 막혀 있었는데, 주님이 말문을 틔워주신 것이다. 이사야의 입술을 거룩한 제단의 불이 지진 것처럼, 하나님께서 주시는 거룩이 우리의 입술을 만지면, 인간의 독하고 교만한 언어들이 순식간에 정화된다. 하나님 앞에 한없이 겸손하고 부드러운 언어로 변한다.

다니엘은 마치 길 잃은 아이가 부모를 만나 서러운 감정을 폭발시키는 것처럼, 주님 앞에서 자신이 하나님이 보여주신 계시의 영적 중압감에 눌려 얼마나 힘든지를 토로한다. "내게 근심이 더하여 몸에 힘이 없어졌고 숨도 쉴 수가 없습니다. 그런데 이제 주님께서 직접 나타나시니 어떻게 저 같은 것이 감히 주님과 직접 대면하여 말할 수 있겠습니까?" 하는 것이다.

기도는 고된 영적 싸움이다. 평생 영적 내공으로 다져진 다니엘 같은 사람도 기도가 끝나고 나자 탈진될 정도로 몸과 마음이 힘들 정도니, 기도가 얼마나 무서운 싸움인지 알 수 있다. 역사 속에서 하나님의 놀라운 역사를 이뤄낸 사람들은 모두 기도에 혼신의 힘을 쏟아부었다.

미국의 수많은 목회자에게 수백 년 동안 영적 감동을 주었던 데이비드 브레이너드 목사님이 있다. 이분은 결핵에 시달리는 아주 병약한 몸이었지만, 17세기 미국 대륙 개척 초기에 펜실베이니아 주 북부 지역의 원시림을 말을 타고 다니면서 인디언들에게 복음을 전했다. 때로 그는 아주 추운 겨울밤, 숲 속으로 들어가 차가운 눈 위에서 무릎을 꿇고 기도하곤 했다. 추운 겨울이었지만 그가 얼마나 사력을 다해 기도했던지 그의 온몸은 땀으로 흠뻑 젖곤 했다고 한다. 하나님께서는 그의 기도를 들으시고 북미 인디언들에게 놀라운 부흥을 허락하셨다. 또한 그의 기도는 18세기 미국에서 가장 영향력 있는 부흥운동의 주역 조나단 에드워드를 열정의 복음 전도자로 변화시켰다.

예수님도 크고 힘든 사역을 앞두고 계실수록 더 처절하고, 철저한 기도로 준비하셨다. 주님이 십자가를 지시기 전날 겟세마네 동산에서 밤 새 얼마나 열심히 기도하셨는가?

> 예수께서 힘쓰고 애써 더욱 간절히 기도하시니 땀이 땅에 떨어지는 핏방울같이 되더라
>
> 눅 22:44

모든 능력과 권세를 가지신 하나님의 아들 예수님도 이렇게 기도하셨는데, 능력과 인품이 한참 떨어지는 우리는 어쩌자고 기도 없이 덤벙덤벙 사역에 뛰어드는지 모르겠다.

더 필사적으로, 더 처절하게 기도해야 한다. 우리가 기도할 때 하나님이 그 영적 전쟁에서 승리할 힘을 주신다.

세 가지 당부

> 또 사람의 모양 같은 것 하나가 나를 만지며 나를 강건하게 하여 이르되 큰 은총을 받은 사람이여 두려워하지 말라 평안하라 강건하라 강건하라 그가 이같이 내게 말하매 내가 곧 힘이 나서 이르되 내 주께서 나를 강건하게 하셨사오니 말씀하옵소서
>
> 단 10:18,19

여기서 "사람의 모양 같은 것"은 다시 가브리엘 천사를 가리킨다. 가브리엘은 다니엘에게 세 가지를 말한다. 첫째는 "두려워하지 말라", 둘

째는 "평안하라", 그리고 셋째는 "강건하라"이다. 이 세 가지를 당부한 이유를 하나씩 살펴보자.

두려워하지 말라

첫째로 "두려워하지 말라"라고 한다. 여기서 두려움은 하나님에 대한 두려움이다. 하나님의 영광을 제대로 체험한 사람은 거룩한 두려움이 무엇인지를 안다. 다니엘은 평생 하나님과 동행한 사람이었고 하나님과 그 누구보다 친밀한 사람이었지만, 결코 하나님을 함부로 대하지 않았다. 그는 거룩한 두려움을 아는 사람이었다. 하나님 앞에서 함부로 말하고 행동해서는 안 된다는 것을 알았다.

하나님은 좋으신 분이지만, 우리가 함부로 대해도 되는 분은 아니시다. 다니엘은 어릴 때부터 하나님의 음성을 듣고 계시도 많이 받았지만, 거기에 익숙해지거나 교만해지지 않았다. 자기가 계시에 통달한 사람처럼, 하나님 속을 다 아는 것처럼 굴지도 않았다.

어렸을 때 환상을 보았을 때나 90세 가까운 노인이 되어 하나님 계시를 받았을 때나, 변함없이 겸손했고 두렵고 떨리는 마음으로 하나님 앞에 엎드렸다. 하나님은 하나님의 하나님 되심을 인정할 줄 아는 그의 겸손을 사랑하셨다.

이렇게 하나님을 두려워할 줄 아는 사람은 세상을 두려워하지 않는다. 악한 마귀의 권세를 두려워하지 않는다. 거룩한 담대함은 하나님을 두려워할 줄 아는 사람에게 주어진다.

평안하라

둘째로 가브리엘은 다니엘에게 "평안하라"라고 하신다. 히브리어로 평안은 '샬롬'이라고 하는데, 이것은 조용한 호숫가에 앉아 누리는 그런 평안함을 말하는 게 아니다. 단순히 서로 싸우지 않는 상태를 말하는 것도 아니다. 샬롬은 구원받은 백성이 누리는 하나님과의 화목, 그로부터 하나님이 부어주시는 영적 충만함과 만족을 말한다.

비록 우리 주변 세상은 전쟁과 기근과 불경기와 여러 가지 어려운 일로 시끄럽다 해도, 하나님의 샬롬이 있는 사람은 마음이 평안하고 담대하다.

기도하면 하나님이 하늘의 평안을 주신다. 기도하는 사람은 어떤 돌발 상황이 터지거나 무서운 대적이 몰려와도, 어떤 사망의 음침한 골짜기를 통과할지라도 흔들리지 않는다. 하나님이 주시는 평안함이 그 안에 충만하기 때문이다. 세상에는 외적인 성공은 이루었지만 마음은 늘 불안하고 평안이 없는 사람들이 대부분이다. 그것은 반쪽짜리 성공에 불과하다.

아무리 돈이 많다 한들, 늘 마음이 불안하고 두렵다면 그 돈이 무슨 의미가 있는가? 아무리 높은 자리에 올랐다 한들, 사람들 눈치만 보고 살아야 한다면 그게 무슨 의미가 있는가? 진짜 성공은 영혼이 풍성해지고 단단해지는 것이다. 어떤 상황 속에서도 내적인 담대함과 평안함을 갖는 것이다. 젊은이들은 스릴을 원하지만, 실제 그들에게 진정으로 필요한 것은 스릴이 아니고 평안이다. 스릴은 잠깐일 뿐 계속 스릴이 계속

되면 사람이 힘들어서 살수가 없다. 우리의 영혼에는 하나님의 평안이 필요하다.

마음의 평안함은 내 마음에서 세상의 독이 빠지고 하나님의 임재로 채워짐을 의미한다. 기도하면 마음의 독기가 빠진다. 두려움과 불안감, 슬픔이 떠나고 담대함과 평안함이 마음에 가득 찬다. 영혼이 다시 건강하게 회복된다. 우리가 기도할 때 하나님께서 우리가 있는 세상에서 받은 상처들을 치유하시고, 다시 일어날 수 있는 새 힘을 부어주신다. 끊임없이 기도하면 영혼을 건강하게 유지할 수 있다.

강건하라

셋째로 기도하면 하나님이 강건하게 해주신다. 강건하다는 것은 하나님이 주시는 영적인 능력으로 충만해지는 것이며, 그 충만함으로 하나님의 일을 끝까지 감당해낼 수 있는 강인함이 생긴다는 뜻이다. 특히 "강건하라"라는 표현은 19절 한 절에서만 세 번이나 반복되는 것을 보아서 반드시 그렇게 해주시겠다는 것이다.

우리는 강한 척하지만 실은 얼마나 약한 존재들인지 모른다. 그러나 하나님은 항상 우리의 약한 손을 강하게 하시고, 떨리는 무릎을 굳게 해주시는 분이다. 절망과 공포와 실패로 용기와 의욕을 상실한 인생, 손에 힘이 쫙 빠져서 축 늘어진 인생에 새 힘을 공급해주신다.

어떤 때는 너무 힘들고 괴로워서 더 이상 못 버티겠다 싶을 때가 있다. 당장 사표를 던지고 싶고, 가정을 깨버리고 싶고, 다 내려놓고 어디

론가 도망가버리고 싶을 때가 있을 것이다. 그러나 경솔하게 포기하면 안 된다. 하나님께서 이때 버틸 힘을 주신다. 하나님을 모르는 사람들은 다급해지면 세상의 힘을 동원하려고 한다. 영적으로 강하지 못하니 인간적인 힘을 자꾸 동원하려는 것이다. 그러나 세상적 힘, 인간적 힘으로 강한 것은 금방 바닥을 드러낸다.

하나님의 백성들은 상황이 더욱 어려워질수록 기도함으로 하늘의 능력을 다운로드 받는다. 기도하는 사람만이 하나님의 힘을 공급받아 강하게 다시 일어날 수 있다. 오직 기도하는 사람만이 영적으로 강건할 수 있다. 아무리 성경 지식이 많고 교회를 오래 다녔어도, 기도하지 않는 사람은 영적으로 나약하다.

기도하지 않는 사람에게는 수많은 성경 말씀이 하나의 콘셉트에 머물 뿐, 실제 현실의 능력으로 나타나지 않는다. 성경의 수많은 약속과 수많은 기적, 수많은 축복들이 머릿속의 개념에 머물 뿐 현실로 이뤄지지 않는다. 그러나 기도하는 사람에게는 말씀이 살아 역사하며, 삶 속에서 현실로 나타난다. 아무리 병약해 보이고, 재주 없어 보이는 사람도 끊임없이 기도하면 그는 영적으로 강한 용사가 된다.

성경에서 하나님은 "강하고 담대하라"고 자주 말씀하신다. 강하면 담대해질 수 있다. 두려움을 이길 수 있다. 기도하면 두려움을 이길 수 있다. 진정으로 강한 자는 두려움을 이겨낸 사람이다. 주님은 우리가 세상을 두려워하거나 문제를 두려워하지 말라고 수도 없이 말씀하셨다. 당신 앞에 높인 문제를 두려워하기 시작하면 사탄에게 발판을 제공해주는 것이다. 사탄에게 약점을 보이지 말라.

믿음의 눈으로 보고 믿음으로 행동하라

기도하면서 믿음의 눈으로 문제를 직시하라. 문제의 표면만 보지 말고 그 이면에 있는 사탄의 세력들을 보라. 사탄의 허세를 두려워하지 말고, 우리로 하여금 문제를 확대해석하게 하려는 어둠의 속삭임에도 속지 말라. 하나님께서 어떻게 그 문제를 다루실 것인지를 바라보면서 기대감을 가지라. 이 문제가 우리를 놀라게 할 수 있을지는 모르나, 하나님은 결코 놀라지 않으시며 결코 준비를 게을리하지 않으신다.

사탄은 갈보리에서 이미 패배했음을 기억하라. 우리는 그리스도와 함께 죽었고, 그리스도와 함께 부활했다. 이제 주님은 우리를 일으키사 그리스도 예수 안에서 함께 하늘에 앉히셨다고 했다.

그러니 우리 앞에 놓인 문제를 두려움의 눈으로 올려다보지 말고, 예수님의 옆자리에서 밑으로 내려다보라. 우리 주님의 보좌로부터 이미 패배한 사탄을 내려다보라. 우리는 사탄의 모든 세력보다 훨씬 높은 곳에 예수님과 함께 앉아 믿음 안에서 살고 있다. 기도하면 우리의 영적 위치가 분명해진다.

이제는 우리가 믿음 위에서 행동해야 할 시간이다. 계속 방어만 하고 있으면 두려움에서 벗어날 수가 없다. 최상의 수비는 공격이다. 예수님은 "내가 이 반석 위에 내 교회를 세우리니 음부의 권세가 이기지 못하리라"(마 16:18)라고 말씀하셨다. 이 말은 마귀의 세력이 교회를 공격해도 넘어뜨릴 수 없다는 말임과 동시에, 교회가 마귀의 세력을 향해 공격해 들어갈 때 마귀가 반드시 패배하고 만다는 뜻이기도 하다.

하나님께서는 우리가 단지 사탄의 공격을 방어하며 살아남는 것으로는 만족하지 않으신다. 오히려 우리가 전열을 가다듬고 믿음의 방패와 구원의 투구를 갖추고 성령의 검을 들고 공격하기를 원하신다. 음부의 문들을 부수고 사탄을 패배시키길 원하신다. 마귀의 세력이 오랫동안 고수하고 있었던 전진기지들을 무너뜨리기를 원하신다. 그때 우리는 우리를 두렵게 하던 마귀를 두렵게 하게 될 것이다.

우리를 막는 마귀가 집요하고 강한 것은 틀림없다. 그러나 상대가 강하든 그렇지 않든, 문제가 얼마나 어렵든 쉽든 그것은 중요하지 않다. 하나님이 함께하시냐 아니냐가 중요하다. 하나님께는 감기이냐 암이냐가 문제가 되지 않는다. 하나님이 함께하시는 하나님의 군대는 어떤 난관도 극복할 것이며, 어떤 적도 무너뜨릴 것이다. 기도하는 사람에게는 하나님이 함께하신다. 강하고 담대하게 앞으로 전진하라.

우리가 기도할 때 하나님이 붙잡아주신다

평안과 강건은 스스로 마음을 다잡는다고 되는 것이 아니고 하나님이 주셔야만 되는 것이다. 기도는 영적 전쟁이기 때문에 때때로 많이 지치고 흔들릴 수 있는데, 그 고비마다 하나님께서 우리를 붙잡아 강건케 하시고 평안을 주신다.

겟세마네 동산에서 우리 주님이 십자가를 지시기 위한 처절한 기도의 전투를 벌일 때도 천사들의 도움이 함께했다.

"천사가 하늘로부터 예수께 나타나 힘을 더하더라"(눅 22:43).

땀을 피같이 흘리시며 기도하시는 겟세마네의 예수님 옆에 하나님의 천사가 나타나 도왔다. 다니엘이 기도하다가 지쳐서 널부러져 있을 때 천사 가브리엘이 역사했던 것처럼, 또 우리 주님의 처절한 기도의 전투에 천사들이 함께했던 것처럼 우리가 우리 자신의 의지를 꺾고 하나님의 뜻에 순종하려는 기도를 할 때 하나님의 천사가 옆에서 도와줄 것이다.

마음이 괴로웠는데 기도 중에 나를 짓누르던 중압감이 어느새 사라지고, 힘이 나고, 갑자기 평화와 기쁨이 흘러나온다면 그것은 바로 하나님의 천사가 당신의 기도를 돕는다는 증거다. 어떤 크고 아름다운 분, 강하신 분의 팔이 나를 안고 있는 듯한 느낌, 그것은 기도 중에 하나님이 당신을 만지고 계시다는 증거다.

기도는 영적 전쟁이지만, 그 전쟁을 우리는 홀로 버티는 게 아니다. 당신은 혼자가 아니다. 하나님께서 천사들을 보내어 돕게 하신다. 이 경험이 또한 놀라운 영적 체험이다.

내가 곧 힘이 나서 이르되 내 주께서 나를 강건하게 하셨사오니 말씀하옵소서
단 10:19

하나님이 힘을 주신다는 말씀이 떨어진 즉시 하늘의 능력이 다니엘에게 임해서 힘이 났다. 환난이 올 때에 우리는 힘이 없어서 기도도 못 하

겠다고 하는데, 기도하면 힘이 난다. 알 수 없는 힘이 난다. 하나님이 주시는 힘이다. 성령이 주시는 힘이다.

그 힘이 우리 안에 흘러들어 오면 피곤했는데 더 이상 피곤하지 않다. 슬펐는데 더 이상 슬프지 않고, 힘들었는데 더 이상 힘들지 않다. 참으로 신비하다. 기도를 통해 우리는 다음과 같은 하나님의 음성을 듣고 일어날 수 있다.

"두려워 말라. 내가 너와 함께함이니라. 놀라지 말라. 나는 너의 하나님이 됨이니라. 내가 나의 의로운 오른손으로 너를 붙들리라. 너는 마음을 강하게 하고 담대히 하라."

기도가 강해지면 믿음도 강해진다

기도는 우리를 탈진시키는 영적 싸움인 것은 사실이다. 그래서 많은 사람들이 기도를 잘 안 하거나, 하다가 도중에 포기해버린다. 그러나 성령의 힘으로 어떤 고비를 넘고 나면 그다음부턴 새로운 힘으로 더 뜨겁고 힘찬 기도를 이어갈 수 있다.

승리의 기도는 우리를 영적 탈진 상태에 가만 놔두지 않는다. 반드시 우리로 하여금 새 힘을 얻고 이전보다 오히려 더 강해진 신앙으로 벌떡 일어나게 한다.

다니엘이 이를 증명하고 있다. 기도를 마친 다니엘이 쓰러져서 완전히 드러누워 버렸는가? 그렇지 않다. 다시 새 힘을 공급받고 일어났다. 세상이 감당할 수 없는 그리고 세상의 모든 것을 이길 수 있는 새로운 능력을 가지고 우뚝 다시 섰다. 이 기도의 영광과 기쁨과 저력을 우리가 경험할 수 있다.

> 오직 여호와를 앙망하는 자는 새 힘을 얻으리니 독수리가 날개 치며 올라감 같을
> 것이요 달음박질하여도 곤비하지 아니하겠고 걸어가도 피곤하지 아니하리로다
> 사 40:31

하나님은 엄청난 능력을 갖고 계실 뿐 아니라 그 능력을 하나님의 자녀들에게도 얼마든지 공급해주시길 원하신다. 하나님은 피곤한 자에게 휴식을 주시는 게 아니라 '능력'을 주신다. 문제로부터 도망가지 말고 정면 돌파하라. 거룩한 하나님의 능력으로!

구약성경에서 애굽을 탈출한 이스라엘 백성들을 위해 하나님이 홍해를 갈라주신 사건도, 인간의 눈으로 보면 엄청난 기적이지만 하나님의 무한한 능력을 감안할 때는 아무 일도 아니다.

우리의 믿음이 작아서 우리 하나님을 너무 작은 분으로 만들었다. 믿음은 하나님을 하나님 사이즈로 보게 하는 능력이다. 우리의 믿음이 퇴색되어서 그렇지 하나님은 불변하신다. 기도와 믿음은 떼려야 뗄 수 없는 동반자이다. 기도가 강해지면 믿음도 강해진다. 믿음의 기도를 하는 자는 아무리 어려운 일을 만나서 쓰러져도 하나님의 능력으로 다시 일어선다.

무더위가 계속되면 사람이 탈진된다. 이때 최고의 해결책은 시원하게

쏟아지는 소낙비다. 오늘 은혜의 소낙비가 우리에게 쏟아지길 원한다. 느슨해진 우리의 믿음을 다시금 불같이 뜨거워지게 하는 은혜의 단비가 쏟아지길 원한다. 그 은혜의 단비를 맞기 원한다면 나와 당신은 오늘 다니엘처럼 엎드려 하나님께 기도해야 한다.

4
크고
은밀한 일을
보여주신다

오래전, 미국에서 있었던 일이라고 한다. 기차 화물칸의 화물들을 체크하던 기차 회사 직원이 어느 날 냉동칸에 들어가 짐을 체크하다가, 밖으로 나오려는데 문이 열리지 않았다. 밖에 있던 직원들이 퇴근 시간이 되자 안에 사람이 있는 줄 모르고 문을 잠그고 퇴근한 것이다. 아무리 비명을 지르고 문을 두드려봐도 소용이 없었다(휴대폰도 없던 시대니 상황은 절망적이었다). 그는 포기한 채 덜컥 그 자리에 주저앉았다. 그는 자신은 이제 별수 없이 곧 얼어 죽을 것이라고 생각했다.

"아, 점점 내 몸의 체온도 떨어져간다…. 이제 곧 나는 동상에 걸리게 되고, 온몸이 마비되고, 차갑게 굳어져서 죽어가겠지…. 서서히 나는 죽어가고 있어…."

그는 노트를 꺼내어 이런 글들을 썼다. 얼마 못 가서 그는 숨을 거두고 말았다. 다음 날 아침, 출근한 직원들이 냉동칸의 문을 열고 시체가 된 그를 발견했다. 그들이 얼마나 놀랐겠는가? 그런데 더 놀라운 것은 사실 그 냉동칸은 고장 나서 그 안의 온도가 영상 10-15도 정도였다고 한다. 하지만 그 안에 갇힌 직원은 그 사실을 전혀 인지하지 못한 채 그곳이 냉동칸이란 선입관에 사로잡혀 자신은 곧 얼어 죽을 것이라는 굳은 믿음을 갖고 말았다. 결국 그대로 되었다. 그를 죽인 것은 추위가 아니라 그의 부정적인 생각이었다.

우리 인생이 고난 속에 들어가게 되면 무엇보다 중요한 것이 우리의 마음과 생각을 지키는 일이다. 고난이 우리로 하여금 분별력을 잃게 할 때가 많기 때문이다. 특히 크리스천들은 견디기 힘든 고통의 시간을 지날 때, 항상 자기 인생을 향한 하나님의 뜻이 무엇인지 궁금해한다. 그리고 그 생각이 대부분 부정적이다.

'내가 무슨 죄를 지어서 이렇게 되었을까? 하나님이 이제 나를 버리신 것 아닐까? 하나님은 내 고통에는 관심이 없으신가 봐. 이제 내 인생은 이렇게 끝나는 걸까.'

또 반대의 경우 너무 지나치게 긍정적으로 생각하는 경우도 있다.

'이 아픔은 금방 지나갈 거야. 다 잘될 거야…. 곧 해결될 거야.'

이게 듣기엔 시원시원하고 좋은 말인데, 너무 조급하다. 곧 하나님께서 문제를 해결해주시지 않으면 금방 시험 들기 좋은 생각이다.

우리의 마음은 어떻게든 빨리 고난을 탈출하는 데 있지만, 하나님께서는 이 고난을 통해 우리가 배워야 할 것을 배워서 성장하게 하는 데 마음을 두신다. 그러므로 우리는 고난의 때를 지날 때 너무 조급하게 긍정의 힘으로 모든 것을 덮어도 안 되고, 너무 부정적으로 모든 것을 절망해버려도 안 된다. 더 깊이, 더 열심히 기도하면서 하나님의 뜻을 제대로 분별해야 한다.

나를 향한 하나님의 생각

이사야 선지자보다 100년 정도 늦게 태어난 예레미야. 제사장 가문에서 태어나 많은 교육을 받은 그는 십 대 후반의 젊은 나이에 하나님의 부르심을 받고 목회 활동을 시작한 하나님의 종이다. 그가 사역하던 40년의 세월은 그의 조국 유다의 국운이 급속히 기울기 시작하여, 마침내 바벨론에게 망하고 수많은 사람이 포로로 끌려가던 암울한 시대였다. 그는 패역한 유다 백성들을 향해 장차 다가올 하나님의 진노의 심판을 계속해서 예언했기 때문에, 자신의 동족으로부터 핍박받고 구덩이 감옥에 던져지기까지 했다.

그러나 그의 예언대로 심판은 정확하게 임했고, 주전 586년, 그의 조국 유다는 바벨론에 의해 멸망당한다. 수많은 유대인이 죽임당하고, 바벨론 땅에 포로로 끌려가게 된다. 나라가 완전히 망하기 전인 주전 605년부터 바벨론은 유다를 침공해서 수많은 포로를 끌고 가기 시작했다.

여호와의 말씀이니라
너희를 향한 나의 생각을 내가 아나니

평안이요 재앙이 아니니라

너희에게 미래와 희망을 주는 것이니라

너희가 내게 부르짖으며 내게 와서 기도하면

내가 너희들의 기도를 들을 것이요

너희가 온 마음으로 나를 구하면 나를 찾을 것이요 나를 만나리라

렘 29:11-13

이 말씀은 나라가 완전히 망하기 전에 바벨론 1차 포로로 끌려간 남유다 백성들(다니엘과 세 친구도 포함됨)에게 보낸 예레미야 선지자의 편지 일부분이다.

자신들은 하나님의 선택받은 민족이라는 자부심이 하늘을 찔렀던 유대 민족들이 이역만리 바벨론 땅으로 포로가 되어 끌려가 노예생활을 하게 되었을 때 그 심정이 어떠했을까? 너무나 수치스럽고 절망스러웠을 것이다. 하지만 아직까지 나라가 완전히 망하지는 않았고 예루살렘 성전도 남아 있었기 때문에 그들은 어떻게든 곧 고향으로 돌아갈 수 있을 것이란 실낱같은 소망을 품었다.

그런데 그들의 힘든 심리를 이용해서 거짓 선지자들이 일어난다. 그 대표적인 인물이 예레미야서 28장에 나오는 하나냐이다. 그는 예루살렘 성전에서 모든 백성 앞에서 이렇게 외쳤다.

"하나님이 말씀하셨는데, 이제 하나님께서 바벨론 왕의 멍에를 꺾으셔서 포로생활이 2년 안에 끝나고 모든 포로가 예루살렘으로 돌아오게 될

것이다!"

고통과 절망 중에 있던 유다 백성들의 마음을 뻥 뚫어주는, 정말 듣기 좋은 말이었다. 그러나 그것은 하나님이 주신 말씀이 아닌, 거짓된 예언이었다. 하나님은 거짓 선지자 하나냐를 그냥 두지 않으셨다. 얼마 못 가서 그는 하나님의 심판을 받아 죽고 말았다.

그 후, 하나님께서는 예레미야 선지자를 통해 유다 백성들의 혼란을 정리해주셨다.

> 만군의 여호와 이스라엘의 하나님께서 이와 같이 말씀하시니라 너희 중에 있는 선지자들에게와 점쟁이에게 미혹되지 말며 너희가 꾼 꿈도 곧이 듣고 믿지 말라 내가 그들을 보내지 아니하였어도 그들이 내 이름으로 거짓을 예언함이라 여호와의 말씀이니라 렘 29:8,9

멀리 예루살렘에서 거짓 예언을 하는 하나냐 같은 이도 있었지만, 포로생활을 하고 있는 백성들 중에도 거짓 선지자들과 점쟁이와 복술하는 사람들, 꿈을 통해 하나님의 음성을 듣는다는 사람들이 있어서 백성을 미혹시키고 있었다.

그들은 대부분 "곧 바벨론이 무너지고 우리는 돌아가게 될 것이다"라는 거짓된 좋은 말들로 고난 중에 마음이 약해져 있는 백성들을 미혹하여 돈을 챙겼다. 그들은 하나님이 보내지 않으셨는데도 하나님의 이름으로 거짓을 예언했다.

인생이 힘들 때, 마귀가 거짓 예언자를 보내어 당신의 판단력을 흐리게 할 수 있으니 조심하라. 그들이 "이것이 하나님의 뜻이요, 내가 하나님의 음성을 들었소"라고 함부로 말하는 것을 다 믿어선 안 된다. 마귀는 우리가 듣고 싶어 하는 말을 하며 "이것이 하나님의 음성이야"라고 속삭일 것이기 때문이다.

하나님께서는 사람들을 현혹시키는 거짓된 좋은 소식이 사실이 아님을 분명히 말씀해주셨다.

여호와께서 이와 같이 말씀하시니라 바벨론에서 칠십 년이 차면 내가 너희를 돌보고 나의 선한 말을 너희에게 성취하여 너희를 이곳으로 돌아오게 하리라 렘 29:10

2,3년 안에 바벨론이 망하고 곧 고향으로 돌아가게 될 것이라는 거짓 선지자들의 예언을 산산이 깨어버리는 말씀이었다.

"너희들은 고향으로 돌아가게 되기는 한다. 그러나 두 세대가 지나가는 시간, 70년 후에야 가능하다. 하나님이 정하신 너희들의 바벨론 포로생활은 70년이다. 누구도 이 시간을 앞당길 수는 없다."

이유가 무엇인가? 이 70년은 그동안 하나님의 백성이면서도 하나님의 영광을 짓밟았던 죄를 회개하고 근신하는 시간이다. 그런데 거짓 선지자들의 달콤한 유혹에 속아 이 시간을 겸손히 받아들이지 못하고, 안절부절못하면서 어떻게든 이 시간을 단축시켜 보려는 태도는 잘못됐다는 것이다.

"하나님의 때가 와야 하나님의 말씀이 이뤄질 것이다. 그때에 비로소 너희에게 회복과 은혜가 부어질 것이다. 그러나 지금은 회개와 근신과 정결의 때다. 좋은 때가 오기는 하겠지만, 하나님의 때에 하나님의 방법으로 온다. 너희가 힘들다고 조급하게 생각하는 때에 인위적인 방법으로 오지 않는다."

이 같은 배경을 바탕으로 우리는 예레미야서의 말씀을 읽어야 한다. 하나님은 "너희를 향한 나의 생각을 내가 아나니"(렘 29:11)라고 하신다. 우리 인생을 향한 하나님의 뜻은 오직 하나님 자신이 아신다. 힘든 건 알겠는데, 이 사람 저 사람에게 가서 물어보고 다니지 말라. 그러니까 자꾸 사탄의 보이스피싱에 속게 되는 것이다.

영어성경은 이 부분의 '생각'을 '계획'(plan)이라고 번역했다. 하나님께는 우리를 향한 하나님만의 계획이 있으시다. 그것은 "평안이요 재앙이 아니니라"라고 하신다. 왜 이 말씀을 하시는가? 이스라엘 백성들이 바벨론 포로생활을 재앙으로만 받아들이고 있기 때문이다. 그러니까 한시라도 빨리 이 재앙의 시간에서 탈출하려고만 한다.

고난의 영적 의미를 모르는 사람은 고난에서 빨리 빠져나가려는 조급한 마음뿐이다. 그래서 그 약해진 마음을 이용해 파고드는 거짓 선지자들에게 미혹당하는 것이다. 마귀는 항상 빨리빨리, 인스턴트 문화, 스피드 문화로 우리를 몰아붙인다. 하나님의 기도 응답도, 하나님 뜻의 완성도 속전속결로 처리하라고 우리를 유혹한다. 고통의 광야 속에서 하루라도 빨리 탈출하고 싶어 하는 이스라엘 백성에게 이것은 너무나 큰 유혹일 수밖에 없었다.

그러나 하나님께서는 바벨론 포로생활이 몇 년이 아니라 무려 70년이라고 하시며 한 술 더 떠서 그것은 재앙이 아니라 평안이라고 하신다. 왜냐하면 그 70년의 기간 동안 이스라엘 백성은 고통의 광야 속에서 하나님을 새롭게 체험할 것이기 때문이다. 낮아지고 깨어져서 자신들의 우상을 버리고 철저히 정결해질 것이기 때문이다. 이런 회개와 결단의 시간을 통해서 그들은 하나님과의 관계를 회복하고, 다시금 거룩한 나라를 이룩할 하나님의 군대로 우뚝 서게 될 것이었다.

고통에는 하나님의 뜻이 있다. 하나님의 백성 이스라엘이 비록 자기들의 죄로 인해 징계를 받아 광야에 들어가게 되었지만, 그렇다고 하나님이 그들을 버리신 것은 아니다.

광야는 저주의 시간이 아니다

광야는 저주의 시간만이 아니다. 광야를 통해서 하나님은 우리 안의 독기를 빼고, 옛사람의 잔재를 부수시며, 우리를 겸손하고 깨끗하게 하신다. 눈에 보이는 겉사람은 온통 다 무너져버렸는데(돈줄이 막히고, 몸은 병들고, 사방에 우리를 공격하는 사람들투성이다), 희한하게도 우리 안의 속사람은 새로워진다. 우리가 뜨거운 기도의 사람, 겸손한 예배자로 거듭나는 시간이 바로 광야다. 그야말로 눈에 보이는 상황은 재앙 같지만, 우리의 영은 하나님의 평안, 곧 하나님의 샬롬으로 가득 채워지는 시간이다.

그래서 광야의 시간 속에서도 하나님의 평안을 누리는 법을 배워야 한다. 하나님께서는 포로 된 이스라엘 백성에게 바벨론에서 결혼해서 자식도 낳고, 농사도 짓고, 집도 지어 살라고 하셨다. 하나님이 농사에도 복을 주시고, 자식들의 숫자도 결코 줄어들지 않고 번영케 하실 것이라고 하셨다. 광야 안에서 우리가 소박하고 겸손하게 열심히 살 때 하나님께서 그 가운데 복을 주신다. 요셉은 감옥에 들어가서도 하나님께서 함께 하시니 '모든 일에 형통했다'고 했다.

실제로 감옥에 들어가서도 믿음을 가지고 기도하고, 건강을 회복하며, 하늘의 평안을 누리는 사람이 있는가 하면, 모든 것이 잘나가고 있는데도 항상 불안하고 독기로 가득 차 있는 사람이 있다. 하나님의 사람은 광야 속에서도 하나님의 평안을 누릴 수 있다. 광야가 아니면 할 수 없는 일들, 광야가 아니면 배울 수 없는 것들이 많다. 특별히 하나님과의 깊은 데이트는 광야 속에서 외롭고 겸손하게 있을 때만 가능한 일이다.

광야의 시간을 믿음으로 잘 견뎌내면 "너희에게 미래와 희망"이 주어질 것이라고 하신다. '미래와 희망'은 그냥 오지 않는다. 하나님께서 주셔야 오는 것이다. '미래와 희망'은 하나님의 회복을 말한다. 하나님의 때에 하나님의 방법으로 광야를 끝내시고 약속의 땅으로 보내주시는 것을 말한다. 광야는 영원하지 않다. 반드시 지나간다.

하나님은 물고기가 요나를 삼키게 하셨을 때, 이미 요나를 사흘 후에 니느웨 어느 해변에 내려놓을지까지 계획해 놓고 계셨다. 그래서 요나가 기도하는 동안 요나를 삼킨 물고기를 이미 그 땅으로 이동시키고 계셨다. 마찬가지로 바벨론 포로생활이 시작될 때부터 하나님께서는 이미 그 포로생활의 끝을 준비하고 계셨다. 우리가 잘못해서 들어가게 된 광야라 해도, 하나님께서는 이미 그 광야의 끝을 준비하고 계실 것이다. 그것이 하나님이 주실 '미래와 희망'이다.

그러니, 조급한 마음을 버려야 한다. 힘들어도 하나님을 의심하지 말고 인내하며 기다려야 한다. 우리가 겸손히 회개하고 기도하면, 하나님의 때에 반드시 회복될 것이다. 살아날 것이다. 찬양하게 될 것이다. 이전보다 더 영광스럽고, 풍성한 모습으로 반드시 부활하게 될 것이다. "내가 죽지 않고 살아서 여호와께서 하시는 일을 선포하리로다"(시 118:17)란 시편 말씀이 우리 삶에도 그대로 이뤄지게 될 것이다.

하나님의 약속

인생이 포로생활 같은 힘든 광야에 처했을 때, 광야를 은혜롭게 잘 이겨내기 위해서 우리에게 가장 필요한 것, 다시 말해 하나님이 우리에게 가장 원하시는 것이 있다. 그것은, 바로 우리의 기도이다. 광야 속에서도 마음이 무너지지 않고 마귀의 거짓말에 흔들리지 않는 길은 기도하는 것뿐이다. 나의 시련에 담긴 하나님의 깊은 생각, 깊은 계획을 제대로 알려면 기도하는 수밖에 없다.

너희가 내게 부르짖으며 내게 와서 기도하면 내가 너희들의 기도를 들을 것이요 너희가 온 마음으로 나를 구하면 나를 찾을 것이요 나를 만나리라 렘 29:12,13

사실 이 말씀은 일찍이 솔로몬이 예루살렘 성전을 봉헌할 때 기도했던 내용을 하나님께서 그대로 짚어주신 것이다.

그들이 사로잡혀 간 땅에서 스스로 깨닫고 그 사로잡은 자의 땅에서 돌이켜 주께 간구하기를 우리가 범죄하여 반역을 행하며 악을 지었나이다 하며 자기를 사로잡아 간 적국의 땅에서 온 마음과 온 뜻으로 주께 돌아와서 주께서 그들의 조상들에게 주신 땅 곧 주께서 택하신 성읍과 내가 주의 이름을 위하여 건축한 성전 있는 쪽을 향하여 주께 기도하거든 주는 계신 곳 하늘에서 그들의 기도와 간구를 들으시고 그들의 일을 돌아보시오며 왕상 8:47-49

어떻게 나라가 최고의 절정기에 달해 있을 때, 5백 년 후의 미래를 예견하고 이런 기도를 했을까? 성령께서 솔로몬에게 주신 기도라고밖에는 볼 수 없다.

하나님께서는 그 기도를 기억하고 계셨다. 그래서 포로 된 이스라엘 백성들에게 "너희 포로 된 땅에서 다들 힘을 모아 기도하라. 그러면 내가 응답하겠다"라고 하시는 것이다. 이 말씀은 당시 포로로 잡혀온 이스라엘 백성들에게는 충격적인 말씀이었다. 왜냐하면 당시 유다 백성들은 하나님이 예루살렘 성전에만 계신다고 생각했기 때문이다. 그러므로 이역만리 타국에 포로로 끌려와 있는 그들은 하나님으로부터 격리되어 있는 것처럼 슬픈 심정이었다.

그런데 솔로몬은 기도하기를, 이스라엘 백성들이 포로로 끌려간 그 땅에서도 예루살렘 성전이 있는 쪽을 향하여 기도하거든, 그들의 기도를 들어달라고 했었다. 하나님께서는 지금 그 약속을 지키겠다고 하시는 것이다. 하나님의 임재는 임하지 못할 곳이 없다. 당신이 광야 한복판에 있어도 하나님께서는 그곳을 가득 채우시고 당신에게 귀를 열어 그 기도를 들어주실 것이다. 그러니 간절히 기도하라.

대충 기도하지 말라

광야에서 기도할 때는 대충 해선 안 된다. 목숨 걸고 전력투구해야 한다. 열왕기상 8장 48절에서는 "온 마음과 온 뜻으로" 기도하라고 했다. 예레미야서 29장 12절에서는 "부르짖으며 내게 와서" 기도하라고 했고, 13절에서는 "온 마음으로 나를 구하면" 만날 것이라고 하셨다. 한 마디로 혼신의 힘을 다 쏟아 붓는, 피와 눈물을 토해내는 기도를 하라는 것이다.

당신이 지금 힘든 광야를 지나고 있다면, 매우 절박한 상황이라면 절박하게 기도해야 한다. 간절히 기도해야 한다. 절박한 상황 속에서 하늘 문을 열기 원한다면 집중하여, 온 마음과 뜻과 열정을 다 쏟아부어 기도해야 한다. 결코 적당히 해서는 안 된다.

중요한 경기에 출전하는 선수들에게 세상의 어느 감독이 "야, 살살해.

그냥 가진 능력의 반만 발휘해"라고 말하겠는가? 결혼식장에서 어떤 신랑이 신부에게 "내 마음의 반 정도만 당신에게 대충 헌신하겠어요"라고 서약하겠는가? 어느 회사의 사장이 직원에게 "그냥 자네 가진 능력의 20퍼센트 정도만 발휘해주게"라고 하면서 채용하겠는가?

중요한 경기에 출전하는 선수들에게 감독은 자신의 모든 것을 쏟아붓는 최선을 요구한다. 결혼하는 신랑 신부는 자신의 모든 것을 바쳐 서로에게 헌신해야 한다. 회사 사장은 직원을 채용할 때 그 직원이 최선을 다해 회사를 위해 일해줄 것을 요구할 것이다. 그런데 크리스천들이 하나님께 헌신할 때는 너무 대충대충 한다. 자신이 가진 능력과 열정의 반도 안 쓰는 경우가 많다.

특히 기도할 때 너무 건성으로 대충 기도한다. 마치 남의 일처럼, 매너리즘에 빠져서 적당히 해치우는 기도를 많이 한다. 광야의 때를 지나가는 이 중요한 때에, 인간적인 노력은 죽어라고 하면서 기도는 조금 첨가하는 조미료처럼 빨리 대강대강 해치운다. 그러면 결코 돌파구가 열리지 않는다.

기도가 유창할 필요는 없지만 우리의 최선을 바친 것이어야 한다. 예수님께서도 땀이 피같이 되도록 기도하셨는데, 왜 우리는 온 마음으로 기도하지 않는가? 왜 부르짖으며 처절하게 기도하지 않는가? 왜 꼭 하나님이 아니어도 된다는 안일한 마음으로 기도하는가? 그렇게 대충 기도하면서 응답이 오지 않는다고 불평할 것인가?

예레미야는 눈물의 선지자라는 별명이 붙을 정도로 하나님 앞에서 처절하게 기도했던 사람이다. 부르짖는 기도를 하는 사람, 온 마음으로 기도하는 사람은 눈물로 기도하는 사람이다. 우리의 기도에는 왜 눈물이 없는가? 간절함이 사라진 우리의 기도로 인해 가슴 아파해야 한다.

예레미야는 자기 자신의 고통을 위해서가 아니라, 고난을 지나고 있는 자기 백성들을 생각하면서 울며 기도했다. 인생의 광야를 지나면서 자기의 고통만 벗어나게 해달라고 기도하지 말고, 광야 속에 있는 지체를 위해서도 울며 중보기도할 수 있기를 바란다. 교회를 위해서, 나라와 민족을 위해서 혼신의 힘을 쏟아 기도할 수 있기를 바란다. 총력을 기울여 눈물로 기도하는 사람들을 위해 하나님께서는 반드시 하늘 문을 열어주실 것이다.

하나님은 "너희가 온 마음으로 나를 구하면 나를 찾을 것이요 나를 만나리라"(렘 29:13)라고 하셨다. 우리는 여러 가지 기도제목을 가지고 기도하지만, 하나님의 최고의 기도 응답은 하나님 자신을 주시는 것이다. 하나님의 임재로 우리를 덮어주시는 것이다. 눈물로 기도하고, 총력을 기울여 기도하면, 멀리 계시던 하나님이 바로 옆으로 다가와 계신 것을 느끼게 된다. "세상과 나는 간 곳 없고 구속한 주만 보이는" 놀라운 체험을 그때 하게 된다. 그러면 "주님 한 분만으로 나는 만족해"라는 찬양이 솟아나오게 된다.

광야 속에서 처음 기도하기 시작할 때는 여러 가지 해달라는 것이 많은데, 기도의 절정에 들어가면 오직 주님의 임재만으로 족하게 된다. 이제는 모든 것을 내려놓고 온전히 주님의 손에 맡기고 안식하게 된다.

하나님의 뜻은 우리의 뜻과 다르다

우리는 너무나 힘든 광야를 지날 때, 자기 인생을 향한 하나님의 뜻을 알고 싶어 안달한다. 그러면 조급한 마음을 이용해서 마귀가 거짓된 하나님의 음성으로, 빠르고 편하게 우리의 욕심을 채워주겠다며 다가와 우리를 혼란에 빠뜨린다. 그러나 우리가 정말 하나님 앞에 온 마음을 다해 기도하며 엎드리면 하나님께서 우리의 마음에 평안을 주신다. 그러면서 당장은 전부 알 수 없는 하나님의 뜻, 고난 속에 담긴 하나님의 그 계획을 믿고 신뢰할 수 있는 마음을 주신다.

우리는 우리 인생을 향한 하나님의 뜻이 무엇인가를 알고 싶어 한다. 그러나 생각의 방향이 잘못됐다. 우리 인생을 향한 하나님의 뜻이 아니라, 하나님의 뜻을 이루기 위한 우리의 인생이 되어야 한다.

하나님께서 우리에게 "너희를 향한 나의 생각을 내가 아나니 평안이요 재앙이 아니니라 너희에게 미래와 희망을 주는 것"이라고 하실 때, 우리의 광야가 우리가 생각하는 해피엔딩으로 귀결된다는 뜻이 아닐 수도 있다. 그러나 그것이 우리가 나중에야 알게 되는 하나님의 놀라운 계획을 이뤄낸다.

이스라엘은 하나님의 백성으로 위대한 국가가 되겠다는 꿈이 있었다. 경제, 군사, 교육 강대국이 되어서 주변 나라들의 부러움과 존경을 받아 "야, 저들의 하나님은 위대하시구나"라는 말을 듣고 싶었다. 다윗과 솔로몬 왕국 때는 실제로 그 꿈이 현실로 이루어졌기 때문에 그렇게 계속 믿는 것도 당연했다. 나라가 망하고 바벨론에 포로로 끌려갔을 때도,

그들은 언젠가는 다윗과 솔로몬 왕국의 위대함을 회복할 줄로 믿었다. 하나님께서 주시는 회복이란 그런 것이라고 믿었다.

그러나 그들의 꿈은 이뤄지지 않았다. 바벨론 포로생활이 풀려서 고향으로 돌아간 뒤에도 옛날의 영광을 회복하지 못하고 비틀거리다가, 나중에는 아예 나라가 없어져버렸다. 이스라엘에게 군사적, 정치적, 경제적, 지리적 위대함으로 가는 문은 닫혀버렸다.

그러나 하나님은 영적 대국으로 가는 새로운 문을 열어주셨다. 이스라엘의 역사를 토대로 한 성경은 오늘날 전 세계에 가장 큰 영향력을 미치는 책이 되었다. 이스라엘 땅에서 온 인류를 구원하실 메시아 예수 그리스도께서 태어나셨다. 이스라엘을 압도했던 앗수르, 바벨론, 페르시아, 같은 강대국들은 이제 자취도 없이 사라졌지만, 이스라엘의 신앙과 가치관은 오늘날까지 전 세계에 엄청난 영적 영향력을 끼치고 있다. 우리를 향한 하나님의 생각, 우리를 향한 하나님의 계획은 우리의 생각과 다르다. 그리고 훨씬 뛰어나다!

예레미야서 29장 11-13절 말씀은 내가 개인적으로 가장 좋아하고, 가장 많이 암송하며 나 자신에게 선포하는 말씀이다. 특히 인생에 예기치 않은 힘든 일이 닥칠 때, 갑작스럽게 닥친 어려움이라 너무 놀라고 해석이 안 되어 혼란스러울 때면 나 자신에게 이 말씀을 무턱대고 반복하여 선포한다.

"나는 지금은 이 상황을 이해할 순 없지만, 하나님의 궁극적 계획은 평안이요 재앙이 아니다. 내 장래에 미래와 희망을 주시는 것이다!"

그리고 말씀대로 엎드려 열심히 기도한다. 쉬지 않고 계속 기도한다. 어떨 때는 밤에 잠들 때도 손을 모으고 기도하면서 잠이 든다.

새로운교회를 개척하며 혼란스럽고 외롭던 때도 이 말씀을 붙잡았고, 지난 8년간 목회를 해오면서 크고 작은 위기를 겪을 때마다 붙잡고 선포했던 말씀이다. 조급한 마음으로 내 앞에 닥친 상황을 인간적인 방법으로 빠져나가려 하지 않고, 하나님의 선하신 뜻을 믿고 기도하며 인내했다. 그러면 어려운 광야 속에서도 평안을 누릴 수 있었고, 결국 하나님께서 '넉넉히 이기고' 승리하게 하셨다.

그러므로 나는 이 말씀의 신실함을 보증할 수 있다. 만약 당신의 인생이 지금 너무나 힘든 광야 속에 있고, 여기에 담긴 하나님의 뜻을 이해할 수 없다면 이 말씀을 붙잡고 간절히 기도하지 않겠는가? 온 마음을 다해 기도하면, 신실하신 주님이 만나주실 것이다.

이스라엘이 하나님의 징계로 바벨론에 포로로 끌려갈 것이라는 슬픈 예언이 계속되는 가운데, 예레미야서 30-33장은 유독 '위로의 책'이라 불릴 정도로 희망찬 회복의 메시지를 담고 있다. 그중에서도 33장은 위로의 메시지의 클라이맥스라 할 수 있다.

> 예레미야가 아직 시위대 뜰에 갇혀 있을 때에
> 여호와의 말씀이 그에게 두 번째로 임하니라
> 이르시되 일을 행하시는 여호와,
> 그것을 만들며 성취하시는 여호와,

그의 이름을 여호와라 하는 이가 이와 같이 이르시도다
너는 내게 부르짖으라 내가 네게 응답하겠고
네가 알지 못하는 크고 은밀한 일을 네게 보이리라

렘 33:1-3

예레미야가 이 말씀을 받을 때 그는 시위대 뜰에 갇혀 있었다. 하나님의 말씀을 있는 그대로 전했기 때문이다. 예레미야는 유다 왕에게 바벨론의 침공은 패역한 유다 왕국을 향한 하나님의 징계의 도구라고 그대로 고했다. 그러니 바벨론에 저항하지 말고 항복하라고 말이다.

당시 유다의 왕과 신하들은 예루살렘 성의 집들과 심지어는 왕궁까지 허물어 나무와 돌들로 방벽을 쌓아 결사 항전을 준비하고, 애굽에 줄을 대서 바벨론의 침공을 물리쳐 보려는 쪽으로 기울고 있었다. 예레미야는 그런 인간적인 방법으로 하나님의 징계의 회초리를 피하려 하면 더 큰 재앙이 올 것이라고 경고했다. 이것은 회개할 일이지 그렇게 인간적 방법으로 저항할 일이 아니라고 했다. 그러자 유다 왕과 신하들은 예레미야를 매국노로 몰아붙이며 감옥에 가둬버린 것이다.

예레미야는 캄캄한 시위대 감옥에 갇힌 상태에서 하나님의 음성을 들었다.

너는 내게 부르짖으라 내가 네게 응답하겠고 렘 33:3

많은 경우 우리는 이렇게 감옥에 갇힌 상태, 광야로 내몰린 상태에서 너무나 외롭고 힘든 가운데 하나님께 온 힘을 다 쏟아내어 부르짖는 기도를 하게 된다. 화려하고 유창한 수식어가 잔뜩 달린 기도가 아니라 영혼 깊은 곳에서 날것 그대로의 감정과 생각을 쏟아내는 진실한 기도를 드린다. 그리고 우리는 그때 응답하시는 하나님의 음성을 듣게 된다.

그냥 광야에 있기 때문에 하나님의 응답을 들은 것이 아니라, 광야에서 기도했기 때문에 하나님의 응답을 듣는 것이다. 광야에서 우두커니 그냥 멍하게 서 있지 말고 기도하라. 외롭다고 한탄하지 말고 우리의 영원한 친구가 되시는 주님께 기도하라. 원래 기도는 고독한 가운데 하는 것이다. 힘들다고 서러워하지 말고 나의 힘이 되신 여호와께 기도하라. 그동안 교만하여 함부로 살았던 자신의 죄를 회개하며 기도하라.

하나님은 예레미야에게 말씀하셨다.

"너는 내게 부르짖으라. 그러면 내가 네게 응답할 것이다."

아마 예레미야는 이미 기도하고 있었을 텐데, 하나님께서는 계속해서 더 기도하라고 하신다. 아니 더 강하게, 더 열심히 부르짖으면서 기도하라고 하신다. 조금만 더 기도의 불을 올리면 하늘 문이 열리고 하나님의 응답을 들을 것이라고 하신다.

하나님 음성이 가장 잘 들리는 곳

예레미야는 감옥에 갇혀 있을 때 부르짖는 기도를 드리는 기도의 용사가 되었고, 그때 하나님의 음성을 들었다. 별은 낮에도 있지만 유독 밤에 잘 보인다. 하나님은 항상 말씀하고 계시지만, 내가 갇혀 있을 때, 광야에 있을 때 그 말씀이 더 깨끗하게 잘 들린다. 히브리어로 '광야'와 '말씀'은 같은 어근에서 왔다. 인생의 감옥, 인생의 광야는 하나님의 음성을 듣는 곳이다.

사람들은 광야를 좋아하지 않는다. 사람이 살기 힘든 곳이기 때문이다. 사람들은 도시로 모여든다. 도시는 매력적인 동시에 유혹적이다. 도시는 사람들이 모여서 힘을 자랑하는 곳이고, 사탄이 활동하기 좋은 곳이다. 도시는 돈과 명예와 성적 욕망과 권력의 야심이 가득 찬 곳이며, 편하고 재미있는 곳이다.

그래서 대부분의 사람들이 하나님 없이도 살 수 있다고 생각하는 곳이며, 더 나아가 스스로 하나님이 되려고 힘겨루기를 하는 곳이다. 도시 속에서 정신없이 살아가다 보면 눈에 보이는 것으로 모든 것을 판단하게 되고, 영적 분별력이 흐려지게 된다.

그래서 하나님은 예레미야가 감옥에 갇힌 것처럼 가끔씩 우리를 캄캄한 광야에 들어가도록 허락하신다. 하나님의 사람에게 광야는 약속의 땅에 이르기 전에 반드시 지나가야 할 필수 코스이다. 인간의 교만은 광야에서만 깨어질 수 있기 때문이다. 우리 옛사람의 잔재, 세상적 허영심과 거품이 광야에서 비로소 제거되기 때문이다. 하나님은 광야에서 우리를 낮추심으로 연하고 부드럽게 만드신다. 광야에서 깨어지고 연단되지 않은 사람은 누가 한 마디만 해도 발끈하고 완악하게 군다. 하나님의 일을 하면서도 자기를 과시하려고 한다. 그러나 광야에서 부서진 사람은 겸손하고 부드럽다.

광야는 의지할 사람도 없고 식량도 없고 물도 없다. 하나님의 손이 단 한순간이라도 붙들어주지 않으면 생존이 위협받는 힘든 곳이다. 광야에는 하나님밖에는 아무것도 없기 때문에 기도의 집중력이 얼마나 좋아지는지 모른다. 광야에 들어가게 되었다면 조급히 빠져나오려고 너무 발버둥치지 말라. 오히려 거기서 잠잠히 하나님과 교제하라. 영혼 깊은 곳에서부터 하나님께 부르짖으며 기도하라. 그러면 하나님의 말씀을 새롭게 듣게 될 것이며, 그때부터는 강하고 담대한 하나님의 사람이 될 것이다.

감옥 광야에 갇혀 있으면서도 부르짖는 기도를 했던 예레미야, 그에게 주셨던 하나님의 말씀은 무엇이었는가?

"네가 알지 못하는 크고 은밀한 일을 네게 보이리라."

예레미야는 똑똑한 사람이었다. 그 시대 정치, 경제, 문화 상황에 대해서 누구보다 잘 아는 사람이었다. 게다가 제사장 가문에서 태어나 어릴 때부터 성경을 배웠고, 예배하며 하나님의 일을 하면서 평생 살아온 사람이다.

보통 목회자는 성경도 많이 알고 목회 경험도 있으니 교회 일에 정통하다고 생각하기 쉽다. 우리보다 하나님과 훨씬 가까울 테니 영적인 일의 마스터라고 생각할 수 있다. 예레미야는 그 시대의 가장 영성 깊은 영적 지도자 중 한 명이었다.

그러나 하나님께서는 그런 예레미야도 아직 알지 못하는 '크고 은밀한 일'이 있다고 하셨다. 그것은 하나님께서 보여주셔야만 아는 일이었다. 영성의 세계는 그렇게 크고 넓다. 평생 하나님과 동행하며 살아온 예레미야도 기도를 통해서만 새롭게 알 수 있는 하나님의 일이 있는 것이다. 그러니 어찌 우리가 한시라도 기도하지 않고 하나님의 일을 할 수 있겠는가?

예수님의 섭리 속으로

예레미야서 33장의 나머지 내용을 읽어보면 예레미야에게 하나님이 보여주실 '크고 은밀한 일'이 무엇인지 대충 알 수 있다. 그것은 크게 두 가지이다. 첫째는 바벨론에 의해 나라가 망하고 포로로 끌려간 유다 백성들이 70년 후에 본국으로 다시 돌아와 번성하게 되리라는 것이다. 둘째는 장차 다윗의 자손에서 메시아 예수 그리스도가 태어나시게 되며, 그가 그의 십자가 죽음을 통해 온 백성의 죄악을 사하실 것이라는 것이다.

첫 번째 메시지는 지금 예레미야와 유다 백성들의 가장 간절한 관심사인 현실적인 문제, 즉 '나라의 운명이 어떻게 될 것인가, 포로로 끌려간 사람들은 다시 돌아올 수 있을 것인가, 망한 나라가 다시 회복될 수 있을 것인가'에 대한 하나님의 구체적인 응답이었다. 이것도 정말 놀라운 비전이다.

그런데 두 번째 메시지인 구원자 예수 그리스도를 통해 온 백성의 죄를 사하실 것이라는 예언은 도저히 상상할 수 없는 놀라운 비전이다. 이것은 오로지 광야 속에서 간절히 기도하는 자에게 하나님이 보이신 '크고 은밀한 일'이다.

우리는 인생에 닥친 고난을 뚫고 나가기 위해 우리를 살려달라고 열심히 기도한다. 그러나 우리가 기도하는 대로 하나님이 응답해주셔서 우리의 소원 그대로 들어주신다면, 기도는 마법이 되고 말 것이다. 그러나 기도는 마법이 아니다. 우리는 기도 자체를 믿는 것이 아니라 하나님을 믿는다. 기도를 통해 하나님을 더욱 알아가게 되고 경험하게 된다. 하나님은 예레미야가 당장 직면한 바벨론 포로생활과 나라 운명의 문제에 대답해주신다. 하나님의 때가 되면 회복시켜주고 살려주겠다고 하신다.

그러나 그것은 일차적인 것이고, 하나님은 우리가 기도하면 영의 눈을 열어주겠다고 하신다. 영의 눈이 열려야 고통을 다루고 계시는 하나님을 보게 되기 때문이다. 우리의 고난 속에는 우리가 모르는 2차적인 의미, 더 깊은 영적 의미가 숨겨져 있다. 우리의 고난 속에서 우리는 기도를 통하여 영안이 열려야 하고, 영안이 열리면 고난을 영적으로 제대로 해석할 수 있게 된다. 하나님은 우리의 고난 속에 하나님의 비밀스런 계획을 숨겨 놓으셨다.

그 비밀의 핵심은 예수 그리스도이시다. 고난 가운데서도 포기하지 않고 기도하면, 우리는 예수님의 음성을 듣게 된다. 고난 가운데 우리 속에서 역사하고 계시는 예수 그리스도의 놀라운 임재와 섭리를 새롭게 발견하게 된다.

믿음의 눈으로 크고 은밀한 계획을 보라

3년째 신년 40일 특별새벽기도회를 하면서 우리 교회 강단에서는 기도에 대한 여러 메시지가 선포됐고, 또 많은 기도의 응답을 체험했다. 병이 낫고, 직장을 얻고, 가정이 회복되고, 사업의 활로가 뚫리고…. 그러나 무엇보다도 가장 축복된 기도 응답은 영의 눈, 믿음의 눈이 열리는 것이다. 그래서 하나님이 보여주시는 비전을 보는 것이다.

기도하면 믿음이 커지는데, 믿음은 보이지 않는 것을 보는 것이다. 남들은 보아야 보이는데 믿음의 사람들은 보지 않고도 이미 본 것처럼 믿음을 갖는다. 그리고 기대감을 가지고 살게 된다. 아직 육의 눈으로 보지는 않았지만 하나님께서 보여주신 그림이 있기 때문이다.

믿음은 바라는 것들의 실상이요 보이지 않는 것들의 증거니 히 11:1

하나님이 기도하는 자에게 주시는 은혜는 믿음의 눈을 열어 아직 보이지 않는 것들을 보게 하시는 것이다. 하나님의 비전을 본 사람의 가슴에는 열정이 일어나고, 열정이 있는 사람은 위험을 선택하는 용기를 갖게 된다. 현실에 만족하지 않게 되고, 힘들다고 쉽게 주저앉지도 않게 된다. 하나님은 우리에게 보여주신 그림대로 우리를 이끌어가신다.

가장 높이 나는 새가 가장 멀리 보고, 가장 멀리 보는 새가 가장 멀리 간다. 기도는 우리를 높은 하나님의 관점에서 보게 해준다. 그래서 기도의 사람은 비전의 사람이 되며, 비전의 사람이 영적 리더가 된다. 영적 지도자는 단순히 사람들이 일 잘하게 챙겨주는 사람이 아니다. 영적 지도자는 사람들을 하나님이 예비하신 약속의 땅으로 한 걸음씩 이끌어가는 사람이다. 그러므로 기도로 하나님의 비전을 봐야 영적 리더의 책임을 다할 수 있다.

우리는 기도하며 정신 바짝 차려야 한다. 왜냐하면 하나님이 우리에게 보여주시는 것이 있듯이, 사탄도 세상 문화를 가지고 우리에게 보여주는 것이 있기 때문이다. 우리가 성령 충만하여 기도하는 가운데 하나님이 보여주시는 것을 먼저 보지 않으면, 사탄이 보여주는 것을 보게 되어 엉뚱한 곳으로 끌려가 인생을 낭비하게 된다. 그러므로 우리는 기도하며 늘 깨어 있어야 한다. 기도로 깨어 있는 사람만이 하나님이 보여주실 '크고 은밀한' 비전을 보기 때문이다.

예레미야의 조국이 망해가고 있을 때, 인간적인 눈으로는 아무 소망이 없을 때 하나님께서는 놀라운 하나님의 비전을 보여주셨다. 우리가 "너무 힘들어서 더 못하겠습니다"라고 포기하려 할 때 하나님은 결코 우리의 포기를 받아들이지 않으실 것이다. 하나님은 오히려 우리가 우리의 시각을 바꾸고 마음을 바꾸길 원하고 계신다.

신비롭게도 하나님은 우리가 텅 비워져 있을 때, 그 비워짐에 끌리신다. 당신의 세계가 잿더미가 된 것처럼 느껴질 때, 하나님 앞에 와서 기도의 눈물을 흘려라. 하나님은 당신의 깨어지고 통회하는 마음에 즉시 응답하실 것이다. 당신이 기도 중에 하나님의 임재 가운데 사로잡히면 당신의 관점이 변한다. 하나님께서 당신의 영을 높이 들어 올려 하나님

옆자리 전망대에 앉히셔서 하나님의 관점으로 인생을 보고, 미래를 보게 하실 것이다. 보이는 것을 보지 말고 보여주시는 것을 보라.

하나님의 계획에 온전히 맡기라

하나님이 기도 중에 보여주실 '크고 은밀한' 비전은 나를 위해 예비하신 하나님의 약속이다. 은혜 중의 은혜는 영의 눈이 열려서 나를 위해 예비하신 하나님의 약속을 보는 것이다. 이 약속의 풍성함을 보지 못하면 우리는 조금만 힘들어도 주저앉게 된다. 청년들 사이에 '흙수저, 헬조선'이라는 말이 유행하고 있다. 이미 너무 경쟁이 치열해서, 부모 잘 만나서 어느 정도의 배경을 등에 업고 시작하지 않는 한 이 땅의 젊은이가 성공하기는 너무 어렵다는 것이다. 21세기 한국에선 젊은이에게 미래가 없다는 것이다.

나는 우리 교회 청년들에게 하나님을 믿는 사람은 그런 말을 절대 입에 올려선 안 된다고 부탁한다. 물론 청년 실업률이 심각하고 여러 가지 사회 정황이 만만치 않은 것이 사실이다. 그러나 그것은 인간의 눈, 세상의 눈, 상식의 눈으로 볼 때 그런 것이고, 영의 눈, 믿음의 눈, 하나님의 눈으로 보면 전혀 다른 세계를 보게 될 것이다.

하나님은 하나님의 자녀 한 사람 한 사람을 향해 크고 놀라운 계획을 갖고 계신다. 당신의 인생은 그렇게 평범하고 지루하고 초라하게 끝나지 않을 것이다. 기도하면 하나님께서 세상이 알지 못하는 놀라운 하나님의 블루오션, 당신을 위해 예비하신 약속의 땅을 보여주실 것이다.

크리스천 젊은이들에게 부탁한다. 세상의 트렌드에 휩쓸려 불안한 마음으로 흔들리지 말고, 기도하며 하나님의 음성에 귀를 기울이라. 당신의 직업과 직장을 선택할 때 특별히 기도를 많이 하라. 남들이 다 몰려드는 곳, 세상이 좋다고 부추기는 곳, 가장 안전하다고 말하는 곳을 무조건 따라가선 안 된다.

하나님은 하나님의 자녀가 인생에서 실패하길 원치 않으신다. 하나님은 우리 각자의 인생을 향한 크고 놀라운 계획을 준비해 놓으셨다. 물론 인간적으로 당신이 해야 할 노력도 열심히 해야 하지만, 잠잠히 기도하면서 하나님의 인도하심을 끊임없이 구하기 바란다.

특히 결혼 문제를 놓고 많이 고민하며 기도하는 청년들이 있을 텐데, 더 열심히 기도하기 바란다. 어떤 자매는 "예수 믿는 좋은 남자 청년들이 주위에 너무 없어요"라고 현실적인 고민을 호소한다. 그러나 현실적으로 어려워도 열심히 기도하며 준비하면 '당신이 알지 못하는 크고 은밀한' 믿음 좋은 형제를 보여주실 것이다! 그리고 기도하는 가운데 자기 자신이 다듬어지고 준비되어야 할 부분들, 이때까지 몰랐던 부분들도 성령께서 보여주실 것이다. 인간적으로 눈에 보이는 조건을 보고 배우자를 선택하지 말고, 꼭 기도하는 가운데 하나님의 눈으로 결혼 상대를 택하기를 바란다.

이미 결혼한 장년들 가운데 부부 관계의 위기를 겪고 있는 분들은 기도를 통해 완전히 부부 관계가 회복되기를 바란다. 인간적인 감정들이 많이 쌓이고 상처가 많을 것이다.

그러나 인간적인 눈으로 서로를 보지 말고 기도하며 영의 눈으로 서로를 보라. 남편을 통하여 하나님이 당신이 알지 못하는 '크고 은밀한 계획'을 준비하셨음을 믿고 남편을 존경해주어야 한다.

또한 남편들은 자기 아내를 위한 하나님의 '크고 은밀한 계획'이 있음을 믿고, 아내를 사랑해야 한다. 마귀가 얼마나 극심하게 이 시대의 가정을 깨려고 하는가? 작은 일도 크게 만들고, 오해하게 하며, 반복하게 해서 가정을 깨뜨리는 일들이 많다. 부부가 함께 기도하며 가정을 지키라.

평소 자녀를 위해 열심히 기도하겠지만, 특별히 자녀를 위한 기도의 차원이 달라지기를 바란다. 좋은 대학, 좋은 직장에 들어가고, 좋은 조건의 사람을 만나 결혼해서 세상적으로 잘사는 것만이 복이 아니다. 하나님께서 우리 자녀를 이 시대의 다니엘과 에스더처럼 하나님의 영광을 흘려보내는 축복의 통로로 쓰실 것을 믿으라.

그런 비전의 아이로 키우기 위해 부모가 무엇을 고쳐야 하고, 무엇을 해야 하는지 기도하며 하나님의 음성을 들어보라. 우리의 자녀를 향한 하나님의 '크고 은밀한 계획'은 우리 부모의 야심보다 훨씬 더 크고 아름답기 때문이다. 지금은 자식이 아무리 말썽을 피우고 있다고 해도, 기도하고 가서 자녀를 보면 애물단지가 아니라 축복의 통로로 보일 것이다.

특히, 현재 자녀가 아프거나 어떤 어려움에 처해 있어서 자녀의 앞날을 놓고 눈물로 기도하는 부모들이 많을 것이다. 현재의 어려움을 이기는 것도 중요하지만, 정말 자녀를 하나님의 계획에 온전히 맡겨드리는 내려놓음의 결단, 헌신과 서원의 결단이 있기를 바란다.

직장이나 사업을 위해서 기도할 때도 기도의 시각이 달라지기를 바란다. 돈을 많이 벌어 세상적 성공을 하는 것 이상의 영적 의미를 발견하기를 바란다. 하나님께서 준비하신 '크고 은밀한 일'이 직장과 사업 속에 숨겨져 있을 것이다. 그것을 발견하길 바란다.

나라와 민족을 위해 많이 기도해야 한다. 지금 이 나라는 여전히 정치, 경제, 교육 등 모든 분야가 위기 상황이다. 이럴 때 비판만 할 것이 아니라 지도자들을 위해 기도해야 한다. 그리하여 주님이 건강하고 깨끗한 나라, 따뜻한 나라, 열방을 향해 선교할 수 있는 나라로 세워주시도록 기도하자.

교회를 향한 하나님의 크고 은밀한 계획을 우리 모두 기도하면서 발견해가길 바란다. 처음 새로운교회를 개척했을 때만 해도 하나님이 이토록 놀랍고 아름다운 부흥을 주실 줄 미처 상상하지 못했다. 그동안 교회가 여기까지 오면서 여러 가지 크고 작은 어려움이 많았지만, 그때마다 기도로 엎드렸다. 그러면 하나님께서 당장 눈앞에 보이는 어려움을 넘어 하나님이 우리 교회를 위해 예비하신 크고 은밀한 비전을 바라보게 하셨다.

항상 기도하는 사람의 믿음은 커지게 되어 있다. "믿음은 바라는 것들의 실상"이라고 했다. "한국교회 너무 어렵습니다"라는 말만 하는 사람은 현재 한국교회의 실상만 보고 있는 것이다. 그러나 "한국교회는 새로운 부흥으로 일어날 것입니다"라고 말하는 사람은 "바라는 것들의 실상"을 보고 있는 것이다. 기도하는 사람이기에 믿음의 눈을 가졌기 때문이다. 비전이란 절망적인 현실을 넘어서 하나님이 고쳐주실 축복의 미래를 보는 것이다.

오직 기도의 사람만이 비전의 사람이 된다. 비전의 사람만이 하나님의 백성을 이끌어 나갈 수 있다.

PART

2

우리가 혼자도 기도할 수 있지만 함께 기도하는 것이 얼마나 큰 파워가 되는지 모른다.
영적 실력은 절대 혼자 산에서 도 닦듯이 만들어지지 않는다.
모든 영적 용사들은 공동체 안에서 만들어졌다.

서로를 위해
기도하는 교회

5
일꾼들을 위해 기도하라

무리를 보시고 불쌍히 여기시니

이는 그들이 목자 없는 양과 같이 고생하며 기진함이라

이에 제자들에게 이르시되 추수할 것은 많되 일꾼이 적으니

그러므로 추수하는 주인에게 청하여 추수할 일꾼들을 보내주소서

하라 하시니라

마 9:36-38

여기에 나오는 '추수할 일꾼들'은 하나님의 말씀을 전하는 사람들이다. 하나님이 귀히 여기시는 사역들이 많지만, 교회의 머리 되신 주님이 교회에게 주신 가장 큰 사명은 '세계 복음화'이다. 이보다 더 귀하고 이보다 더 급박한 사명이 없다.

주님은 어린 양의 혼인 잔치에 사람들이 가득하기를 원하신다. 모든 백성과 족속과 방언에서 초대받아 온 사람들로 가득하기를 원하신다. 또한 세상 모든 민족이 복음을 들을 때에야 주님이 다시 오신다고 하셨다. 이 복음은 하나님의 일꾼들을 통해 전 세계로 전파되는 것이다.

그리스도의 말씀을 전하기 위해

하나님은 우리 안에 성령의 불을 주셨다. 그 불꽃은 우리를 세상 속으로 보내기 위해 타오르고 있는 것이다. 우리는 부흥을 원하고 성령의 불을 받기 원한다. 그러나 부흥과 성령의 불은 복음 전파를 위해 주어지는 것이다. 오순절 성령의 불이 마가 다락방에서 120명의 성도에게 임했을 때, 그들은 각 나라의 방언으로 말하기 시작했다. 중요한 것은 거기에 전 세계에서 몰려온 사람들이 구경 왔다가 각자 자기 나라 말로 말하는 복음을 들었다는 사실이다. 불처럼 바람처럼 성령이 임한 120명의 성도들은 그 순간부터 모든 열방과 족속과 방언에게 복음 전하는 일꾼들로 부름받았다.

하나님께서는 낙심과 불의와 악이 가득한 세상 속으로 하나님의 일꾼들을 보내신다. 그래서 치유와 소망과 위로를 주기 원하신다. 누구도 항구에 정박해 놓고 감상이나 하려고 배를 만들지 않는다. 배는 바다로 나가 파도에 부딪히고 때로는 사나운 풍랑에 난파당할지라도 항해하기 위해 만들어진 것이다.

교회가 정말 건강하게 성장한다면 그 교회를 통해서 복음의 전파자들인 일꾼들이 많이 나와야 한다. 나는 우리 교회를 통해 좋은 목사님, 선교사님, 평신도 전도자들이 많이 나오기를 기도하고 있다. 교회가 자꾸 편하고 안정된 것만을 추구하고 복음 전파의 야성을 잃어버리면 안 된다. 예수 믿는다는 것은 지금까지 인생과는 전혀 다른 새로운 모험의 세계가 시작됨을 의미한다. 하나님의 일꾼은 모험의 땅으로 파송되는 개척자이다.

하나님의 일꾼들이 하나님이 가라고 명하신 곳으로 가서 담대히 복음을 전해야 사람들이 구원받고 하나님의 자녀가 된다.

그러므로 믿음은 들음에서 나며 들음은 그리스도의 말씀으로 말미암았느니라

롬 10:17

하나님의 일꾼들이 그리스도의 말씀을 전해주어야 믿음 없는 자들에게 믿음이 생기고, 구원받게 된다.

그뿐이 아니다. 믿음이 있는 사람들도 말씀을 계속 들어야 믿음이 업그레이드 된다. 말씀을 통해 믿음이 계속 성장하게 되고, 단단해지게 된다. 그래서 하나님의 일꾼들로부터 하나님의 말씀을 계속해서 듣는 것이 너무나 중요하다. 예수님을 믿지 않는 자들의 구원을 위해 중요하고, 구원받은 백성들의 영적 성장을 위해서 중요하다.

좋은 목자를 만나려면 기도하라

본문인 마태복음 9장 36-38절의 문맥을 이해하기 위해서는 먼저 그 앞 구절을 읽어야 한다.

예수께서 모든 도시와 마을에 두루 다니사 그들의 회당에서 가르치시며 천국 복음을 전파하시며 모든 병과 모든 약한 것을 고치시니라 무리를 보시고 불쌍히 여기시니 이는 그들이 목자 없는 양과 같이 고생하며 기진함이라 마 9:35,36

예수님은 병들고 약한 무리를 보셨는데, 정작 그들을 불쌍히 여기신 이유는 그들이 '목자 없는 양'이었기 때문이다. 여기서 '목자'는 하나님의 말씀을 전해주는 사람, 다시 말해 37,38절에 나오는 '추수할 일꾼들'이다. 우리는 겉으로 드러난 현상만 보는 경향이 있다. 그러나 진짜 문제의 근원은 보이지 않는 영적 메마름이다. 영적 메마름의 근원은 제대로 된 영적 목자를 통해 말씀의 꼴을 공급받지 못했기 때문이다.

이에 제자들에게 이르시되 추수할 것은 많되 일꾼이 적으니 그러므로 추수하는 주인에게 청하여 추수할 일꾼들을 보내주소서 하라 하시니라 마 9:37,38

하나님의 말씀으로 양들을 목양할 일꾼은 사람이 만드는 게 아니라 하나님이 주셔야 한다. 그러나 하나님은 그냥 주시는 것이 아니라 기도의 응답으로 주신다. 그렇기 때문에 좋은 목자를 원하면 성도들이 겸손하고 간절하게 기도해야 한다.

오래전 미국의 한 교회에서 담임목사님을 청빙하려고 할 때였다. 그 교회는 크고 좋은 건물도 갖고 있었고, 교인 숫자도 많아서 꽤 유명한 교회였다. 그 교회 청빙위원회 장로님들은 자기 교회에 오고 싶어서 이력서를 낸 목회자가 수십 명은 된다고 자랑하였다. 그때 나는 조용히 그분들께 말했다.

"제가 조심스럽게 말씀드리지만 그 가운데 이 교회를 위해 하나님이 예비하신 종은 아마 없을 것입니다. 이 교회 청빙위원회의 교만이 너무 큽니다. 어떻게 여러분을 목양할 담임목사님을 모시면서 마치 회사 이사들이 전문 경영인 사장을 뽑는 방법으로 하려고 하십니까? 여러분의 교회가 크고 유명하다고 하여 어떤 목사든지 부르면 온다고 생각하지 마십시오. 진짜 하나님이 기름부으신 종들은 성령의 날개 아래 숨겨져 있고, 야심을 가지고 좋은 조건을 보며 교회를 옮겨 다니지 않습니다. 진짜 하나님의 종을 청빙하고 싶으시면 청빙위원회 장로님들이 모든 성도들과 함께 정기적으로 금식하시고 겸손히 기도해야 합니다. 하나님은 겸손히 기도하는 양들에게 좋은 목자를 보내주십니다."

또 사역지를 놓고 고민하는 후배 목회자들 중에 너무 여러 조건을 따지며 고민하는 이들을 볼 때마다 나는 안타깝다. 사사기 17,18장에는 레위인 청년이 경제적 혜택을 보고 미가라는 사람의 개인 제사장으로 들어갔다가, 단 자손들이 와서 더 좋은 조건으로 영입하겠다고 하니까 뒤도 안 돌아보고 따라가는 이야기가 나온다. 그 레위인 청년은 모세의 손자였다고 했다. 너무나 좋은 믿음의 가문에서 태어난 사람이 어떻게 돈에 팔려서 조건 보고 이곳저곳 자리를 옮기는 수준으로 전락했는지 너무나 비참하다. 그런데 오늘날에도 더 좋은 인간적 조건을 보고 사역지를 쉽게 옮겨 다니는 이들이 의외로 많아 가슴이 아프다.

목회자도 사람인 이상 여러 가지 대우와 혜택, 교회 위치와 규모, 조건과 아이들의 교육 문제 등의 조건을 고려하지 않을 수는 없겠지만, 정말 마음을 비우고 겸손히 기도하며 하나님이 부르시는 곳을 찾는 자세가 필요하다. 목회자가 더 좋은 대우를 찾아 철새처럼 움직이는 자들이어선 안 된다. 내가 가고 싶은 곳이 아니라 내가 가야 할 곳, 하나님이 보내시는 곳을 분별해서 가야 하는데, 그러기 위해서는 너무 이곳저곳 이력서를 넣거나 이 사람 저 사람에게 부탁하는 일을 자제해야 한다. 그 대신, 하나님 앞에 심각하게 엎드려 다리가 저리도록 기도해야 한다.

목회자들은 "갈 만한 좋은 교회가 없다"고 하고, 교회들은 "모실 만한 좋은 목회자가 없다"고 하는 영적 미스매칭 현상이 최근 한국교회 안에 심각하다. 양쪽 다 좀 더 세상적인 조건부 청빙 패러다임을 버리고 더 깊이 기도하며 성령님의 매치 메이킹을 기다려볼 필요가 있어 보인다.

당장 내게만 해도 좋은 담임목회자 추천을 부탁한 국내외 교회들이 있고, 좋은 목회지 추천을 부탁한 개인적으로 친한 목회자들이 꽤 된다. 그러나 나는 대부분 연결시켜주질 못하고 있다. 내 안에 있는 거룩한 양심이 허락지 않기 때문이다. 양측 다 정말 기도하며 하나님께 온전히 의지하는 내려놓음이 필요하고, 성령께서 주시는 마음의 평안이 있어야 하기 때문이다.

나는 어떤 중형교회로부터 담임목회자 청빙을 받은 후에 암 선고를 받은 목사님 이야기를 들은 적이 있다. 암이 몸에 꽤 퍼진 상태였기 때문에 목사님은 청빙한 교회에 솔직히 그 이야기를 전하고, 청빙을 취소해달라고 했다. 그 교회는 이 문제로 당회, 제직회 등을 열어서 깊이 고민했다. 상당수의 제직들이 암 걸린 목사님을 어떻게 청빙하느냐고 했지만, 더 많은 수의 사람들이 기도한 끝에 그래도 모시자고 하여 청빙이 그대로 진행되었다. 그리고 그 목사님은 가서서 정말 은혜로운 목회를 하시며 교회를 건강하게 키우셨다고 한다. 이런 경우야말로 성령이 역사하신 목자와 양들의 만남 아니겠는가. 우리 시대의 교회는 이런 감동에 목말라하고 있다.

기도의 일꾼이 일으키는 역사

일꾼을 달라고만 기도하지 말고 일꾼들이 잘 사역할 수 있도록, 사역의 기름부으심을 위해 기도해야 한다. 19세기 중반 수십만이 넘는 사람들을 그리스도께로 인도했던 미국의 부흥사 찰스 피니 목사님의 놀라운 능력의 근원은 기도였다. 피니 자신도 대단한 기도의 용사였지만, 그를 위해 기도하는 기도의 동역자가 많았다.

특히 피니는 각지를 여행하며 부흥 집회를 인도할 때마다 클러리와 내쉬라는 두 분의 연세 많으신 동역자들과 동행했다. 피니가 그 주간의 특별 부흥 집회로 영국을 방문했을 때, 이 사람들도 동행하여 싼 가격에

빌린 어둡고 축축한 지하실 방에서 일주일 동안 머물며 무릎 꿇고 기도에 전념했다. 그들은 바로 피니 목사의 중보기도 동역자였던 것이다.

같은 시대 영국 최고의 설교자였던 찰스 스펄전 목사님 뒤에도 엄청난 중보기도 사역자들이 있었다. 이미 22살의 나이에 런던에서 가장 영향력 있는 설교자가 된 그의 설교를 들으러 매주 만 명이 넘는 성도들이 몰려들어 메트로폴리탄 태버내클을 가득 메웠다. 한번은 영국 크리스탈궁에 가서 설교하게 되었는데, 2만 명이 넘게 들어가는 큰 홀이다 보니 미리 가서 목소리 테스트를 해야 했다.

그래서 그 전날 리허설을 했다. 스펄전이 요한복음 1장 29절 말씀인 "보라 세상 죄를 지고 가는 하나님의 어린 양이로다"를 크게 외쳤더니 갑자기 저쪽 구석에서 누가 통곡하는 소리가 났다. 가보니까 다음 날 행사를 준비하느라 일하던 인부가 말씀을 듣고 은혜를 받아 회개하고 눈물을 흘리는 것이었다. 하나님의 말씀은 살았고 운동력이 있어 좌우에 날 선 어떤 검보다도 예리하여 우리의 영과 혼과 및 관절과 골수를 찔러 쪼개기까지 한다고 했는데 스펄전의 설교가 바로 그랬다.

만 명이 넘는 성도들이 예배 때마다 모이게 하는 그 엄청난 기름부으심 넘치는 설교의 비결이 어디 있는가? 사람들이 스펄전 목사님께 그 비결에 대해 물어보러 오기도 하고 또 교회를 방문하기도 했는데, 그때마다 목사님은 아무 말씀도 안 하시고 사람들을 데리고 한 조그만 성전 지하로 내려가셨다. 그 문을 여니 거기에 몇백 명의 중보기도단이 모여서 간절히 기도하고 있었다고 한다.

이 내용을 교회사 책에서 읽었을 때 너무 부러웠다. 그래서 지난 몇 년 동안 공을 들여서 현재 3백 명 가까운 중보기도팀을 우리 교회에도 만들었다. 주일 1부에서 4부까지 네 번의 예배를 감당할 네 팀으로 나뉘어서 날마다 예배 전후로 1시간 이상씩 중보기도한다. 형식적으로 시간만 때우는 기도가 아니라 한 번 참석해본 사람들은 혀를 내두를 정도로 진실하고 뜨겁게 합심기도를 한다. 그들의 불같은 기도가 얼마나 설교와 예배 전체에 성령의 힘을 실어주는지 모른다.

모든 하나님의 종들의 뒤에는 이렇게 기도의 짐을 나눠 지는 기도의 용사들이 있어야 한다. 항상 힘써 중보기도하는 기도 동역자들이 있는 지도자나 교회, 선교단체는 축복받은 것이다. 거기에는 성령의 특별한 기름부으심과 은혜와 열매가 가득할 것이다. 기도는 일꾼들이 뿌린 말씀의 씨앗에 물을 댄다. 예수님은 뿌려진 씨앗이 어떤 땅에 떨어지느냐에 따라서 추수에 큰 차이가 난다고 가르치셨다. 씨앗은 하나님의 말씀이다. 하나님의 말씀이 신실한 일꾼들에 의해서 아무리 많이 뿌려져도, 뿌려진 마음밭이 좋은 땅이 되도록 충분한 물이 공급되어야 한다.

성경에서는 물을 성령의 상징으로 사용한다. 심령에 성령의 생명수가 흘러들 수 있게 하는 가장 주된 방법이 기도이다. 영적으로 메마르고 건조한 심령들에게 하나님의 성령의 물이 흘러들게 하려면 기도해야 한다. 기도를 많이 하면 할수록 성령의 강물이 더 풍성하게 흐른다.

지금은 기도를 통해 일꾼들이 뿌린 씨앗에 물을 대야 할 때이다. 스펄전이 설교할 때 후방을 지킨 중보기도팀들의 기도는 설교를 듣는 청중들의 마음에 성령의 생명수를 끊임없이 공급했을 것이다. 그러니 그 말씀의 씨앗이 엄청난 추수를 거둘 수 있었다. 당신도 한국교회 목회자와 당신이 속한 교회 담임목사의 설교를 위해서 그렇게 기도해주길 바란다.

생명력 있는 설교는 기도에서 나온다

목사의 설교에는 기름부으심이 필수다. 설교에서 중요한 것은 유창한 언변도 아니고 많은 학식도 아니며, 뜨거운 감정 표현도 아니다. 기름부으심은 위로부터 임하는 초자연적인 능력이다. 설교를 통해서 모든 사람들이 하나님의 임재를 느끼는 거룩한 생명력이다. 성도들의 잠자는 양심을 깨우고, 그들의 은밀한 죄까지 드러내주는 예리한 칼이면서, 동시에 그들을 용서하고 치유하고 회복시켜주는 은혜의 강물이다.

기도의 거장 E. M. 바운즈는 기도의 골방에서 눈물과 진정으로 하나님 앞에 엎드린 설교자에게는 이런 기름부으심을 주님이 주신다고 했다. 설교자 자신의 기도생활이 가장 중요하지만, 그를 위한 성도들의 중보기도가 이 기름부으심을 더 크고 강하게 만들어준다.

생명을 주는 설교는 생명을 주는 기도에서 나온다. 설교와 기도는 항상 붙어 다닌다. 선포된 말씀이 신속히 퍼져 나가려면 기도를 통해 최고의 영적 에너지를 공급받아야 한다. 성도들이 중보기도하면 설교자는 더욱 강하고 능숙하게 성공적으로 말씀을 선포할 수 있다. 그러나 성도들의 기도 지원을 받지 못하면 말씀 선포는 무기력해진다.

성도들의 중보기도를 통해 설교자 자신이 성령의 충만함을 입지만,

동시에 설교를 듣는 성도들 자신들의 마음밭도 변한다. 교인들의 삶이 악하고 마음이 완고하면 그것이 장벽이 되어 강단에서 전파된 말씀들을 가로막는다. 그러나 교인들이 함께 기도하면 그 장벽들이 제거된다. "형제들아 우리를 위해 기도하라"라는 바울 같은 목회자들의 간청에 따라 성도들이 진정으로 열심히 기도하면 기도가 그들의 악한 삶을 깨뜨린다 (반대로 계속 죄를 지으면 기도가 완전히 무너진다).

진실한 중보기도를 계속하는 사람 안에 죄가 계속 남아 있기 힘들다. 설교자를 위해 중보기도하는 성도들의 마음을 성령께서 연하고 부드럽게 만들어주시고, 성령의 생수로 촉촉하게 적셔주신다. 그래서 스펀지처럼 설교를 흡수하고 그 설교에 은혜 받게 하신다. 그리고 삶이 변하게 하신다. 성도들의 중보기도를 통해서 설교자가 선포한 말씀이 파죽지세로 전진한다. 듣는 자들의 심령의 족쇄를 부숴버리고, 영혼 깊은 곳까지 단숨에 돌진한다. 그러므로 말씀 사역에는 설교자와 성도 모두가 함께 기도로 참여해야 한다.

주의 일꾼들의 안전을 위해 기도하라

말씀 전하는 일이 너무 중요하기 때문에 말씀 전하는 종들의 육체적, 정신적, 영적 안전을 위해 항상 중보기도해주어야 한다. 1960년 아프리카 케냐에서 마우마우 폭동이 일어났을 때 일이다. 수많은 케냐인과 선교사들이 살해되는 끔찍한 일들이 일어났다.

어느 날 매트 히겐스 선교사 부부가 폭동이 일어난 마우마우 지역 중심부를 통과하여 수도 나이로비로 돌아오고 있었는데, 나이로비 밖 17마일 지점에서 갑자기 차가 멈춰섰다. 히겐스는 어둠 속에서 차를 고치려고 했으나 시동을 걸 수가 없었다. 히겐스 부부는 위험 지역에서 밤을 보내는 수밖에 없었다. 두려웠지만 말씀을 암송하고 기도하는 가운데 하나님이 평안을 주셨다. 그들은 아침이 되어 차를 수리할 수 있었다. 차를 몰고 돌아오다가 한 교회를 발견하여 차를 세웠더니, 마침 그곳 목사님이 아는 사람이었다. 그 분은 반갑게 선교사 부부를 맞아주며 아침을 대접했다.

그때 밖에서 무슨 소리가 나서 목사가 나가보았더니 험상궂게 생긴 한 사람이 덜덜 떨면서 밖에 세워둔 선교사 부부의 차를 가리키면서 뭐라고 한참 말하면서 땅에 엎드려 우는 것이었다. 히겐스 선교사가 무슨 일이냐고 물었더니, 그 교회 목사가 너무나 놀랍다는 표정으로 이렇게 말했다.

"이 사람은 마우마우 폭동에 가담했던 사람인데, 어젯밤에 선교사님 차가 고장 나서 서 있는 것을 보고 동료 서너 명과 함께 흉기를 들고 접근했답니다. 그런데 가까이 가보니 열여섯 명이나 되는 무서운 거인들이 자동차 주변을 지키고 있어 그냥 도망갔었답니다. 그런데 오늘 우리 교회에 주차되어 있는 이 차를 보고 나한테 이 차의 주인이 누구냐고 물어서 선교사님 차라고 했더니, 너무 놀라서 자기를 용서해달라고 비는군요."

히겐스 선교사 부부는 너무 놀라 아무 말도 할 수가 없었다. 그날 차를 몰고 집으로 돌아오니, 미국에서 히겐스 선교사 부부를 파송한 교회 목사님에게서 전화가 왔다. 어젯밤에 어떤 위험을 겪지 않았느냐는 것이다. 왜 그러느냐고 물으니, 어젯밤에 갑자기 선교부 성도들이 히겐스 부부를 위해 기도해야겠다는 강한 부담감을 느껴서 모두 교회에 모여서 결사적으로 중보기도했다는 것이다. 그 이야기를 듣는 순간 히겐스 선교사는 가슴이 떨렸다.

"혹시 중보기도로 모인 사람들이 열여섯 명이었나요?"

그러자 목사님의 놀란 목소리가 전화기로 들려왔다.

"아니, 어떻게 아셨어요? 그래요. 정확히 저까지 포함해서 열여섯 명이었습니다."

기도의 지원을 받는 하나님의 일꾼 주변에는 이렇듯 육체적, 정신적, 영적 보호막이 형성되어 마귀가 함부로 접근하지 못한다.

복음을 전하는 주의 종들은 사람의 얼굴을 두려워하는 마음이 생기려고 할 때, 그 두려움을 믿음으로 물리쳐야 한다. 그리고 성도들은 그가 이런 두려움을 극복할 수 있도록 기도로 도와야 한다. 자신이 기도하고 성도들이 그를 위해 기도해줄 때, 그래서 기도로 서로가 하나 되었을 때, 설교자의 영의 눈이 열려서 하늘의 군대가 자신을 호위하고 있음을 보게 된다. 기도의 불 병거는 설교자를 두려움에서 해방시키고, 강하고 담대한 복음의 전달자로 서게 한다.

부모의 기도가 신실한 일꾼을 만든다

신실한 말씀의 종들이 세워지는 데 결정적 역할을 하는 것이 바로 부모의 중보기도다. 조나단 에드워드, 빌리 그레이엄 등의 귀한 말씀의 종들은 모두 몇 대째 내려오는 믿음의 가문에서 자라났으며, 특히 그들 부모의 기도를 통해 만들어졌다.

1832년, 허드슨이라는 아이가 영국에서 태어났다. 약사이면서 평신도로서 복음을 전하는 설교자였던 아버지와 온유한 어머니는 신실한 크리스천 부모였다. 아이를 믿음으로 잘 키웠지만 십 대가 되면서 허드슨은 반항아가 되어 기독교 신앙을 거부하며, 어머니의 마음에 대못을 박았다. 그런데 그가 17세 되던 해 아버지의 서재에서 책을 찾다가 우연히 《가난한 리처드》라는 전도책자를 발견하여 읽게 되었다. 그 과정에서 그는 예수 그리스도께서 십자가에서 자신을 위해 돌아가신 의미를 깨달으면서 순식간에 무릎을 꿇고 그리스도를 자신의 구주로 영접했다.

그때 어머니는 100킬로미터나 떨어진 먼 지방에 있었다. 아들이 그리스도를 영접한 뒤 열흘이 지나서야 집으로 돌아왔는데, 허드슨이 너무나 흥분하여 어머니에게 자신이 거듭난 이야기를 하자, 기쁨으로 펄펄 뛸 줄 알았던 어머니가 너무나 침착하게 반응하는 것이었다. 어머니는 인자하게 웃으며 말했다.

"아들아, 나는 이미 알고 있었단다."

"어떻게 말이에요?"

"열흘 전, 네가 그 책자를 읽고 예수님을 구주로 영접했다는 그날, 나는 저녁 식탁에서 일어나면서 네가 예수님께 자신의 삶을 드려야 한다는 강한 압박감을 느꼈단다. 그래서 내 방에 들어가 문을 잠그고, 무릎 꿇고 너를 위해 간절히 기도했단다. 나는 주님이 응답 주시기 전까지는 결코 그 자리를 떠나지 않겠다고 다짐했지. 나는 기도할 수 없을 때까지 혼신의 힘을 다해 주님께 매달렸어. 그리고 어느 순간, 성령께서 모든 것이 잘될 것이라는 확신을 주심을 느낄 수 있었다. 그 순간 엄마는 알았지. 네가 주님을 영접했다는 것을."

그렇게 어머니의 뜨거운 중보기도로 예수님을 영접한 허드슨은 중국 선교사로 헌신했다. 그는 51년이라는 긴 시간을 중국에 있으면서 OMF라는 선교단체를 세우고, 8백 명이 넘는 선교사를 길러냈으며, 중국 전역에 3백 개의 선교 스테이션을 세우고 125개의 기독교 학교를 세웠다. 그리고 죽기 전까지 수천, 수만 명의 중국인들을 그리스도께 인도했다. 그는 단순히 복음만 전한 것이 아니라 진정으로 중국인과 그들의 문화를 존중하고 사랑했다. 이 위대한 선교사 허드슨 테일러(Hudson Taylor)는 어머니의 간절한 중보기도를 통해 탄생된 것이다. 우리 자녀들 중에 그런 신실한 말씀의 종이, 한국교회 다음세대에게 복음을 전할 종들이 일어나길 바란다.

사도행전적 교회의 필수 조건

성도들에게 기도 부탁을 강조하지도 않고, 기도의 지원을 받지도 못하면 목회자의 영적 생명력이 말라버린다. 마귀의 작은 유혹과 시험에도 휘청거리게 된다. 그러면 큰일 난다. 목회자는 늘 교회 공동체에 간절하고 진실한 중보기도를 부탁해야 한다. 나는 우리 교회 중보기도팀을 정말 사랑한다. 그들의 기도가 없으면 목회를 할 수 없다는 것을 알고 있기 때문이다. 기도가 목사에게 힘을 실어주고, 교회 전체에 힘을 불어넣는다.

권위를 존중하라

오늘날 우리 시대는 곳곳에서 모든 권위가 무너지고 무시되는 시대다. 대통령의 권위, 사장의 권위, 부모의 권위, 스승의 권위가 다 땅에 떨어졌다. 잘못된 몇몇 권위자들의 갑질 때문에 모든 권위가 다 불신과 비판의 대상이 되어버렸다. 그러다 보니 교회에서도 영적 권위와 질서가 무너지는 징후가 곳곳에서 포착된다.

민주화라는 명목으로 교회 안에서도 여론의 힘을 모아 하나님이 세우신 권위자들을 불신하고 견제하려는 시도들이 있다. 사람들이 잘못된 권위에 상처받으면 권위 자체를 대적하게 된다. 그러나 권위주의에 대한 상처 때문에 권위를 무시해선 안 된다. 예수님도 집 안에 강도가 들어올 때는 먼저 그 집안에 힘센 자(즉 권위자)를 결박한다고 하셨다.

열방대학(YWAM)의 딘 셔만 목사님이 아주 재미있는 지적을 하셨는데, 세상 나라와 기업, 조직에도 권위자가 있는 조직이 없는 조직보다 훨씬 안전하고 힘이 있다고 했다. 예를 들어서 이라크의 독재자 후세인을 없애면 될 줄 알았더니 그 권위가 사라진 공백 속에 IS라는 무시무시한

테러 조직이 곳곳에서 중동을 공포에 빠뜨리고 있다. 다시 말해서, 어떤 권위도 없는 무정부 상태보다 차라리 독재자라도 확실한 리더십의 구심점이 있는 게 낫다는 것이다.

세상 나라나 조직도 그렇지만, 특히 교회는 올바른 영적 권위와 질서가 서야 한다. 목회자는 교회의 머리이신 주님이 세우신 영적 권위자이다. 교회가 정말 성경적으로 생명력 있게 살아 움직이려면, 구심점이 될 목회자가 반드시 있어야 한다. 초대교회는 주님이 기름부어 세우신 사도들의 영적 권위가 살아 있는 교회였다.

권위주의는 안 되지만, 목회자의 권위는 교회에서 반드시 존중되어야 한다. 혹자는 "목회자도 인간이다. 목회자나 평신도나 다 똑같은 하나님의 자녀인데 왜 목회자에게 순종해야 하느냐? 우리는 사람이 아닌 주님께만 순종한다"라고 주장한다. 그러나 에베소서 4장에 보면, 주님은 목회자를 통해서 성도를 훈련시켜서 사역하게 하시며, 이를 통해 교회를 세워간다고 하셨다.

> 그가 어떤 사람은 사도로, 어떤 사람은 선지자로, 어떤 사람은 복음 전하는 자로, 어떤 사람은 목사와 교사로 삼으셨으니 이는 성도를 온전하게 하여 봉사의 일을 하게 하며 그리스도의 몸을 세우려 하심이라 엡 4:11,12

오순절 성령 강림 전에 하나님께서는 먼저 가룟 유다의 빈자리를 새로운 사도 맛디아로 채우셨다. 교회를 이끌 영적 권위자들을 온전히 세우신 것이다. 성령께서는 사도들을 통해 말씀을 주셨고 기적을 행하셨다. 교회가 커지자 집사들을 세웠지만, 이들 또한 사도들이 기도하고 안수했다. 집사들이 사도들의 영적 권위 아래 있었다는 것이다. 영적 권위가 제대로 세워지는 것은 건강한 사도행전적 교회의 필수 조건이다. 목회자의 권위는 주님이 주신 권위이기 때문에, 그 권위는 존중되어야 한다.

목회자 또한 이 권위가 주님이 양들을 섬기라고 위임해주신 권위임을 알고 두렵고 떨리는 마음으로 겸손히 사용해야 한다. 목회자도 인간이기 때문에 타락할 수 있다. 그래서 "장로나 집사 같은 평신도 지도자들이 목사를 견제하지 않으면, 목사가 잘못하면 누가 다루는가?"라고 주장하는 이들이 있다.

내가 감히 대답하건대, 주의 종인 목사들이 선을 넘으면 반드시 그들을 세우신 하나님이 직접 다루신다. 그것도 아주 무섭고 단호하게 다루신다. 성경을 보라. 구약의 예레미야 시대에 거짓되게 말씀을 전한 하나냐 같은 목회자는 즉시 죽임을 당했고, 잘못된 예배를 드린 아론의 아들들도 불사름을 당했다. 이스라엘 백성의 약속의 땅 진입을 앞두고 모세는 충분히 계속해서 이스라엘 백성을 이끌 수 있는 건강이 있었지만, 하나님께서 단호하게 은퇴시키셨다.

그래서 나는 항상 하나님과 성도들 앞에서 매 주일 두렵고 떨리는 마음으로 설교하고 목회한다. 하나님이 허락하시는 날까지 신실하게 목회하고, 하나님께서 그만하라고 하시면 깨끗하게 물러날 것이다. 인간은 속일 수 있어도 하나님은 속일 수 없기 때문에 제대로 된 목사라면 평생 영적 긴장을 한시도 늦추지 못한다.

목회자로서 나는 사도 바울이 말한 것처럼 '영적 아비'의 마음으로 성도들을 목양하려고 몸부림치고 있다. 자식들이 부모에게 함부로 해도 부모는 다 속으로 삭이듯이, 목회자가 교인을 대할 때도 그렇다. 억울해도 참고, 하고 싶은 말이 있어도 대부분 참는다. 아무도 안 보는 데서 홀로 삭이며 눈물로 기도할 뿐이다. 사람들의 평가도 평가지만, 언젠가 하나님 앞에 설 때 목회자들은 주님 앞에 엄하게 평가받을 것이다.

서로를 기도로 지원하라

목회가 정말 쉽지 않은 일이지만, 그래도 성도들이 격려해주고, 순종하며, 기도해주면 목회자들은 힘이 나고 기뻐서 목회할 수 있다. 목회자가 그렇게 행복해야 목양받는 성도들도 행복할 것이다.

> 너희를 인도하는 자들에게 순종하고 복종하라 그들은 너희 영혼을 위하여 경성하기를 자신들이 청산할 자인 것같이 하느니라 그들로 하여금 즐거움으로 이것을 하게 하고 근심으로 하게 하지 말라 그렇지 않으면 너희에게 유익이 없느니라 히 13:17

목사들은 항상 하나님 앞에 기도하며 겸손히 섬기고, 또 성도들은 목사들을 세우신 주님을 생각하며 권위를 존중하고 순종하고 기도해줄 때, 그 교회는 건강하게 성장할 수 있다. 교회의 권위, 가정의 권위, 직장의 권위, 나라의 권위 등이 다 연결되어 있다. 반역의 영에 잘못 물들면 안 된다. 나는 우리 교회 성도들이 교회의 영적 권위자들에게 순종할 뿐만 아니라, 가정에서 부모님께도 순종하는 효자, 효녀들이 되길 바란다. 직장에서 상사들의 권위, 나라를 다스리는 위정자들의 권위도 존중하고 그들을 위해 기도하는 사람이 되길 바란다. 하나님이 세우신 권위자들을 통해서 우리를 보호하고 축복하심을 믿으라.

목회자들은 성도들의 중보기도가 꼭 필요하다. 사도 바울은 자기가 세운 교회들 내에서 너무나 많은 영적 공격을 받아 자칫 잘못하면 목회를 그만둘 지경까지 갔었지만, 신실한 교인들의 중보기도로 다시 살아날 수 있었다. 바울처럼 훌륭한 목회자가 그토록 절실히 성도들의 기도에 의존하며 목회했다면, 우리같이 부족한 목회자들은 얼마나 더 많이 성도들의 기도에 의존해야 하겠는가.

기도의 지원을 받는 목회자 주변에는 영적 보호막이 형성되어 마귀가 쉽게 뚫지 못한다. 그렇게 되면 목회자는 자유롭고 기쁘게 사역할 수 있으며, 사소한 문제들로 인하여 마음고생하거나 다툼을 벌일 필요가 없다. 성도들의 기도를 통해 성령께서 교회 분위기를 사랑과 격려와 평화로 채우시기 때문이다.

6

환난을 뚫고
나오는
목회 리더십

너희도 우리를 위하여 간구함으로 도우라

이는 우리가 많은 사람의 기도로 얻은 은사로 말미암아

많은 사람이 우리를 위하여 감사하게 하려 함이라

고후 1:11

이는 바울이 고린도교회에게 쓴 편지인 고린도후서 중 한 절이다. 그래서 이 말씀을 다루기 전에 2천 년 전, 당시 고린도교회와 사도 바울 사이의 관계에 대한 배경 설명이 조금 필요하다.

고린도교회는 바울의 2차 전도여행 도중인 주후 50년경에 바울이 고린도에 1년 6개월 동안 머물면서 세운 교회다. 바울은 고린도교회를 떠난 지 3년여 정도 지난 주후 55년경 에베소에 머무는 동안 고린도교회의 회개와 각성을 촉구하기 위해서 편지를 보냈는데, 이것이 바로 고린도전서이다.

이 편지에서 바울은 교회 안에서의 파벌 문제, 성만찬 문제, 우상에게 바쳐진 제물을 먹는 문제, 교인들 안의 성적 타락 문제, 방언 은사로 인한 교만과 형제 사랑 부족의 문제 등을 일일이 다루면서 그들을 가르치고 권면했다. 이 내용은 모두 고린도교회가 바울에게 보낸 편지에 담긴 질문에 대한 대답이다.

바울은 아직 믿음이 어린 고린도교회 성도들이 겪고 있는 아픔을 기도로 느끼면서 정성껏 목회적이고 신학적인 대답을 써서 보낸다. 그 내용을 보면 거의 모든 문제에 있어서 많은 고린도교회 성도들이 바울의 가르침과 갈등을 빚고 있었음을 알 수 있다. 믿음이 어린 그들은 세상적인 문화와 복음을 섞어서 믿고 있었던 것이다.

바울은 고린도전서 말미에, 자신이 3차 전도여행 중이기 때문에 당분간 고린도교회를 직접 방문할 수는 없을 것 같다고 썼다. 그런데 그렇게 고린도전서 서신을 발송한 직후, 고린도교회 상황이 급작스럽게 악화되었다는 소식을 듣게 된다. 그래서 바울은 자신이 고린도를 당분간 방문하지 못할 것 같다고 편지에 언급한 것과는 달리, 고린도교회를 직접 방문하게 된다.

그러나 직접 교인들과 만나고 나서 상황이 더 좋아진 게 아니라 오히려 바울에 대한 오해가 쌓이고 감정이 더 상하는 일이 발생하였다. 바울은 안타까운 마음으로 다시 고린도를 떠나게 된다. 그러고 나서 1년 후인 주후 56년에 다시 쓰게 되는 편지가 바로 고린도후서이다.

고린도후서의 내용을 보면 고린도 교인들이 이렇게 바울과 안 좋은 감정을 갖게 된 원인 설명이 나온다. 일찌감치 고린도교회 안에 침투해 있었던 불손한 영적 지도자들이 교인들과 바울의 사이를 이간질했던 것이다. 이들은 바울에 대한 여러 악성 루머를 퍼뜨려서 교인들이 바울을 오해하고 불신하게 만들었다.

첫째는 바울이 사랑이 없고 말을 바꾸는 사람이라고 했다. 원래 바울은 고린도에 들렀다가 마게도냐로 가기로 했는데, 고린도에 들르지 않고 바로 마게도냐로 갔다. 그들은 이것이, 바울이 고린도교회 성도들을 별로 중요하게 생각하지 않기 때문이라고 주장했다. 그리고 고린도에 당분간 못 들른다고 하다가 또 들른 것을 문제 삼아, 바울은 이랬다 저랬다 말 바꾸는 사람이니 믿을 수 없다고 했다.

사실 바울의 선교여행 일정은 숨 가쁘게 바쁘고 고된 일정이었다. 게다가 배편이나 교통수단이 일정한 것도 아니고, 수시로 핍박 받고 얻어맞으면서 쫓겨다니는 일도 다반사니, 계속된 일정 조정이 불가피했다. 전화도 없던 당시에 그런 사정을 일일이 설명할 수도 없었다. 오해하자고 들면 끝이 없었다.

둘째는 바울의 사도성에 대한 의심을 던졌다. 바울은 예수님의 열두 제자 중 하나가 아니고, 예루살렘교회가 인정한 정통성이 있는 사도도 아닌데 무슨 자격으로 세계를 돌아다니며 교회를 세우고 우리를 가르치려 드느냐는 것이다.

셋째는 사도 바울의 외모의 초라함에 대한 비난이었다. 다른 사도들은 모두 권위가 있고 멋이 있는데 바울은 멋도 없고 당당하지도 못하며, 아볼로처럼 유창한 언변도 없다는 것이다.

넷째는 바울이 예루살렘교회의 구제를 위해서 각지에서 헌금을 걷는데, 그 돈을 걷어서 자기 배를 불린다는 모함이었다. 재정적 불투명성을 놓고 또 바울의 권위를 의심하게 했다. 믿음이 어린 성도들에게 목회자 바울에 대한 이런 거짓된 악성 루머를 퍼뜨리니, 고린도교회가 분열되고 흔들릴 수밖에 없었다.

목자의 괴로움

목회자가 목회를 하면서 가장 가슴 아플 때가 있다면 아마도 바울처럼 자신이 전혀 의도하지 않았던 어떤 일로 인하여 일부 교인들로부터 불신을 당할 때일 것이다. 고린도전서에서는 주로 고린도교회가 안고 있는 자체적 문제들이 이슈였기 때문에, 바울이 여유를 가지고 차근히 성경적 해답을 줄 수 있었다.

그러나 고린도후서에서는 불손한 지도자들에게 선동당한 일부 교인들이 사도 바울의 인격과 사도적 권위, 재정의 투명성 등을 공격하고 있음을 알 수 있다. 신학적 문제, 실제적 생활의 문제에 대해서는 여유를 가지고 성경적 상담과 충고를 해주던 목회자도 막상 논쟁의 핵심이 자신의 도덕성이나 인격적 문제에 대한 것일 때는 너무 충격이 커서 감정적으로 심하게 흔들릴 수밖에 없다.

이것은 전쟁 중에 군사령부가 적으로부터 공격당한 것과 같다. 대개 일선 부대끼리 서로 대포나 총을 쏘면서 밀고 밀리는 전쟁을 할 때는 후방의 사령부에서 전체적인 보고를 받고 작전 지시를 하게 된다. 그런데 적이 과감하게 낙하산 특수부대를 투입해서 사령부 자체를 공격하게 되면 지휘가 흔들리며 전 부대가 혼란에 빠지게 된다. 고린도후서를 읽어보면, 사도 바울은 가장 큰 시험의 소용돌이에 빠져 있었고, 이것은 당시 세계 선교의 중심, 복음의 사령부가 사탄에 의해 공격당하고 있는 형국임을 알 수 있다.

자칫 잘못하면 사탄의 이 무서운 시험은 성공할 뻔했다. 마귀는 시시하게 교인 한 명 한 명을 넘어뜨리려고 한 것이 아니라 목회자인 바울을 공격했다. '목자를 치면 양들이 다 흩어지는 것'을 너무나 잘 알고 있었다. 교회 안에서 목회자에 대한 악성 루머가 돌고 불신이 생겼다면 사령부를 치는 마귀의 큰 공격이 시작되어 이미 큰 피해가 발생한 것이다.

우리는 마귀가 늘 목자를 공격하는 전략을 생각하고 있다는 사실을 잊지 말아야 한다. 마귀는 평소에는 교인 한 명 한 명을 공격하고 시험에 빠뜨리려 하지만, 틈이 보이면 바로 목회자에게 화살을 돌려서 온 교회를 시험에 빠뜨리려 한다. 그래서 목회자 자신도 마귀가 틈을 보지 못하게 모든 면에서 깨끗하게 살려고 조심할 필요가 있고, 성도들은 항상 목회자를 위해서 기도의 보호막을 쳐줄 필요가 있다.

사도 바울은 선동당한 고린도 교인들이 갖고 있는 자신에 대한 여러 의심에 대하여 하나님께 다 맡기고 침묵할 수도 있었지만, 가만히 있으면 고린도교회가 통째로 날아갈 판이었다. 그래서 쓰게 된 고린도후서는 바울 서신 가운데 가장 사적이고 격한 감정 표출이 많이 담긴 책이기도 하다.

바울 일행은 안 그래도 아시아에서 선교여행을 하면서 각지에서 수많은 핍박과 굶주림을 겪고 강도를 당하여 지쳐 있었다. 그런 와중에 고린도교회의 문제까지 덮쳤기 때문에 바울의 몸과 마음은 최악이었다. 그 당시 바울이 얼마나 힘들었는지 고린도후서 서문에서 알 수 있다.

형제들아 우리가 아시아에서 당한 환난을 너희가 모르기를 원하지 아니하노니 힘에 겹도록 심한 고난을 당하여 살 소망까지 끊어지고 우리는 우리 자신이 사형 선고를 받은 줄 알았으니 이는 우리로 자기를 의지하지 말고 오직 죽은 자를 다시 살리시는 하나님만 의지하게 하심이라 그가 이같이 큰 사망에서 우리를 건지셨고 또 건지실 것이며 이후에도 건지시기를 그에게 바라노라 고후 1:8-10

고린도후서가 바울의 사역기간 중 가장 어렵고 힘들 때, 아시아에서 거의 죽음에 이르는 경험을 하고 고린도에서 격한 다툼과 분쟁이 있을 때 기록된 책임을 엿볼 수 있는 서문이다. 고린도후서 1장 11절 말씀은 바로 이 말씀 직후에 나오는 구절이다.

성도들의 중보기도

고린도후서 1장 11절 말씀을 다시 보자.

너희도 우리를 위하여 간구함으로 도우라 이는 우리가 많은 사람의 기도로 얻은 은사로 말미암아 많은 사람이 우리를 위하여 감사하게 하려 함이라 고후 1:11

여기 "많은 사람이 우리를 위하여 감사하게 하려 함이라"에서 '많은 사람'의 문자적 의미는 '많은 얼굴'이다. 아마도 바울은 이 글을 쓸 때 자신을 위해서 기도하는 많은 성도의 얼굴을 회상하며 썼을 것이다. 고린도교회 교인들이 다 선동당하고 시험 든 것은 아니었다. 어떤 악성 루머에도 흔들리지 않고 바울을 영적 지도자로 존경하고 믿어준 성도들이 있었는데, 그들은 기도하는 사람들이었다. 그들은 바울이 개인적으로 친하거나 일일이 내 편이 되어달라고 설득한 사람들이 아니었다. 그렇게 되면 오히려 더 분열이 커졌을 것이다.

그들은 기도를 통해서 성령의 설득을 받은 사람들이었다. 교회에서 기도의 용사들은 쉽게 시험 들지 않고, 여러 가지 거짓된 루머에 흔들리지 않는다. 하나님은 진리의 영이시고, 기도하면 하나님의 성령이 우리의 영안을 열어 거짓과 진리를 분별하게 해주시기 때문이다. 신앙생활하면서 교회 내에 여러 루머가 돌면 사람 말 듣고 흔들리지 말고 반드시 침묵하며 기도하는 가운데 성령님의 지혜를 구하라. 그러면 성령께서 분별해주실 것이다. 바울은 바로 그 기도하는 성도들의 얼굴을 기억하며 안심했던 것이다. 기도하는 사람들이 있으면 교회가 잠시 시험에 들어도 금방 회복될 수 있다.

바울은 그들에게 기도를 부탁한다. "너희도 우리를 위하여 간구함으로 도우라"라는 말은 중보기도를 의미한다. 바울은 하나님께서 하나님의 백성의 중보기도를 통해 역사하신다는 것을 알고 있었다. 이미 기도하고 있는 성도들에게 한층 더 열심히 중보기도해줄 것을 요청하고 있다. 교회 안에 문제가 생겼을 때, 사람은 적이 아니라는 것을 알아야 한다. '우리의 씨름은 혈과 육을 대항하는 것이 아니라 마귀를 대항하는 것'임을 알아야 한다. 나를 공격하고 때로는 비난하고 욕하는 사람이 적이 아니라, 그 뒤에 있는 마귀가 적이다. 그러므로 결코 사람을 대하여 화내거나 말로 이기려고 하지 말고, 오직 하나님 앞에 기도하며 엎드려야 한다.

중보기도의 힘이 세다

나도 정말 힘들 때면 오직 목회자들과 교회 내 기도의 용사들에게 중보기도를 부탁할 뿐이다. 처절하게 힘들면 처절하게 기도하면 된다. 바울은 기본적으로 취해야 할 조치는 다 취하지만, 그래도 이 위기를 뚫고 나올 수 있는 결정적인 힘은 성도들이 합심하여 드리는 중보기도임을 알았다.

작은 물방울이 무수히 모여 바다를 이루듯이, 작은 기도가 무수히 모이면 저항할 수 없는 엄청난 힘을 발휘하게 된다. 이 영적 법칙을 잘 알았던 바울은 수많은 성도의 기도를 모아 그의 사역에 집중시켰다. 그래서 그의 사역을 바다처럼 강하고 지속적이며 압도적인 것으로 만들었다. 바울이 열심히 사역하고 설교하며 인간적으로 최선을 다했지만, 그의 사역이 그토록 엄청난 열매를 맺었던 것은 각지의 교회와 동역자들과 성도들의 중보기도를 자신과 자신의 사역에 집중시키는 능력이 그 누구보다 뛰어났기 때문이다. 신약성경을 보면 바울은 로마에 있는 성도들에게도, 에베소에 있는 성도들에게도, 골로새, 데살로니가, 빌립보, 고린도에 있는 성도들에게도 몇 번씩 자신을 위한 중보기도를 잊지 말아달라고 간절히 부탁한다.

그는 잠시라도 자신과 관계를 맺었던 성도들이 가장 먼저, 가장 지속적으로, 가장 열심히 해야 할 사역이 무엇인지 알고 있었다. 그것은 목회자인 자신을 위한 중보기도였다. 바울같이 뛰어난 사람이 그토록 절실히 성도들의 기도에 의존하며 목회했다면, 오늘날의 목회자나 사역자들은 자신의 목회를 위해 얼마나 더 많이 성도들의 기도에 의존해야겠는가!

그러므로 목회자는 성도들에게 기도를 부탁할 때 형식적으로 해선 안 된다.

"여러분의 기도가 없으면 저는 정말 살 수 없습니다. 여러분의 중보기도 때문에 제가 마귀의 시험을 이기고, 이렇게 목회할 수 있습니다."

진실로 이런 마음을 가지고 기도를 부탁해야 한다. 자신의 연약함과 하나님의 기름부으심을 절박하게 느껴야 목회자가 이런 간절한 중보기도 요청을 할 수 있다.

목회자가 기도의 부탁이 필요하다는 것을 모르면 영적 승리의 근원을 모르는 것이다. 목회자 자신의 기도와 성도들의 중보기도가 함께 시너지를 이룰 때 불가능한 장벽이 뚫린다. 성도들에게 기도의 부탁을 강조하지도 않고, 기도의 지원을 받지도 못하면 목회자의 영적 생명력이 말라버린다. 그러면 큰일 난다.

목회자는 교회 공동체에 간절하고 진실한 중보기도를 부탁해야 한다. 바울은 자신에게 일어나는 악한 일들도 성도들의 중보기도로 인해 선한 것으로 변할 수 있음을 믿었다. 한 예로 빌립보교회 내에서 바울의 영향력을 견제하고 자기 사람들을 만들기 위해 열심히 전도하고 목회하는 사람들이 있었다. 그러나 바울은 이렇게 말했다.

> 이것이 너희의 간구와 예수 그리스도의 성령의 도우심으로 나를 구원에 이르게 할 줄 아는 고로 빌 1:19

바울을 질시하고 견제하는 세력들이 있지만, 자신을 위한 성도들의 중보기도로 오히려 더 선한 결과를 낳을 수 있다는 것이다. 바울에게는 많은 힘든 일이 있었지만, 그를 위해 중보하는 사람들로 인하여 그 모든 것이 변하여 선한 것이 되는 역사가 있었다. 바울을 싣고 가던 배가 폭풍우를 만나 다 죽게 되었을 때도 오히려 전 선원들에게 복음을 전하는 기회가 되었다. 그렇게 상륙한 섬에서 독사에게 물렸어도 바울은 멀쩡히 살아났고 오히려 그것을 지켜본 사람들에게 복음을 전하는 기회가 되었다. '모든 것이 합력하여 선을 이루는 역사'가 중보기도를 통해서 바울에게 계속 일어난 것이다. 이러니 우리가 어떻게 기도를 받지 않고 이 험한 세상을 살 수 있단 말인가?

성도들은 목회자를 위해 기도해야 한다. 목회자를 위해 기도하지 않고 비판만 한다면 교회가 흔들리게 된다. 목회자는 성도들의 기도 지원을 간절히 기다린다. 기도의 능력이 임하면 오랫동안 굳게 닫혀 있던 문이 열리기 때문에 목회자들은 사도 바울처럼 담대히 목회할 수 있다.

성도들의 기도를 받는 목회자는 자유롭고 기쁘게 사역할 수 있으며, 불필요한 일들 때문에 마음고생할 필요가 없다. 사소한 문제로 다툼을 벌일 필요도 없다. 성도들의 기도를 통해 성령께서 교회 분위기를 사랑과 격려와 평화로 채우시기 때문에 목회자가 자신감을 가지고 평안하게 목회할 수 있다.

복음의 능력

고린도교회 교인들과 바울은 마귀의 공격에 제대로 한 방 맞고 비틀거리고 있었다. 그러나 마귀에게도 약점이 있었다. 그것은 복음의 능력 앞에 무력하다는 것이었다(고린도후서에는 '복음'이라는 말이 무려 9번이나 나오고, 고린도전서에도 8번이나 나온다. '말씀'이란 단어도 각각 7번씩 나온다). 사도 바울이 궁극적으로 믿었던 것은 복음의 능력, 말씀의 능력이었다.

사탄이 아무리 거짓 수단을 동원하여 교회를 어지럽게 하여도, 참된 양들은 목자의 음성을 듣게 되어 있다. 기도하는 성도들은 금방 전열을 재정비하게 되어 있다. 그래서 바울은 고린도 교인들에게 그들이 의심하는 것에 대하여 하나도 숨기지 않고 사실 그대로 다 말했다. 그리고 무엇보다 복음의 영광과 능력에 대하여 담대히 전했다. 바울은 교회가 아무리 혼란스러워도 바른 복음이 증거되면 성령께서 그 복음을 통해 역사하실 것이고, 그 결과 양들은 모든 의심을 이기고 믿음을 붙들게 될 것이라고 믿었다.

사도 바울은 고린도후서를 통해서 자신의 개인적인 변명을 하거나 자기를 비난한 사람에 대한 공격을 한 것이 아니라 복음의 영광을 전했다. 기도의 사람들에게 중보기도를 부탁하면서 그 자신도 사람과 싸우지 않고 하나님 앞에 엎드려 계속 기도하면서 말씀을 전했다. 그랬더니 사람들의 말에 속아서 흔들리고 있었던 고린도 교인들이 빠르게 회복되었다.

마귀가 바울 같은 목회자를 공격하는 이유는 그가 복음을 전하는 자, 하나님의 말씀을 대언하는 사람이기 때문이다. 교회를 정결하게 하고, 교회를 새롭게 하며, 교회를 성장시키는 것은 하나님의 말씀이다. 말씀은 어둠의 권세를 물리치는 예리한 검이다.

마귀가 그 말씀의 파워를 알기 때문에 말씀을 전하는 자의 마음과 생각과 가정을 공격하는 것이다. 말씀을 듣는 사람들의 마음에 목회자에 대한 불신을 잔뜩 심어서 그 말씀에 은혜를 받지 못하게 한다. 그렇게 되면 말씀 전하는 자는 영적 기쁨이 사라지고, 자신감을 잃게 되며, 강단에 설 때 자신감이 없어진다. 그러면 말씀이 힘을 잃는다. 결과적으로 목회자와 성도, 교회 전체가 다 같이 죽게 되는 것이다. 그래서 바울은 오히려 역공으로 나갔다. 힘들고 어려울수록 더 강하고 담대하게 복음을 전파하며 나갔다.

바울이 전하는 복음의 핵심은 바로 '예수 그리스도의 십자가'였다. 고린도는 헬라문화의 상징이라고도 할 수 있는 세련된 인텔리들이 모인 대도시였다. 서구 엘리트 교육의 핵심인 치밀한 논리와 세련된 언어 구사법, 이것의 원조가 바로 헬라문화였고 고린도교회도 그런 교인들로 가득했다. 그러다 보니, 예수님을 믿고 나서도 그들은 지적인 교만을 쉽게 벗어버리지 못했다. 지적으로, 합리적으로 믿으려 했고, 성경공부도 아주 세련된 지혜와 언어로 가르치는 사람들이 서로 경쟁적으로 일어났다. 바울은 고린도 교인들의 이런 지적인 교만과 경쟁심, 남을 함부로 평가하는 습성에 대해 잘 알고 있었다. 하지만 바울은 그런 고린도에서도 복음의 핵심을 타협하지 않았다.

형제들아 내가 너희에게 나아가 하나님의 증거를 전할 때에 말과 지혜의 아름다운 것으로 아니하였나니 내가 너희 중에서 예수 그리스도와 그가 십자가에 못 박히신 것 외에는 아무것도 알지 아니하기로 작정하였음이라 고전 2:1,2

바울은 그야말로 자기 잘난 맛에 사는 인텔리들로 가득 찬 고린도교회에서 설교하면서도, 그들이 그토록 중시하는 '말과 지혜의 아름다운 것'(세련된 수사학이나 웅변)으로 승부하지 않았다. '예수 그리스도와 그가 십자가에 못 박히신 것'만을 있는 그대로 전했다.

사실 바울도 학문으로는 그 누구에게도 뒤처지지 않았다. 유대 최고의 랍비인 가말리엘의 수제자로서 어려서부터 성경과 율법에 통달했을 뿐 아니라, 국제도시 다소에서 성장하면서 헬라학문도 최고 수준으로 배웠다. 그러나 바울은 복음을 전할 때 심플하고 쉬운 언어로, 가식 없이 있는 그대로 전했다. 원래 심플한 것이 강력한 법이다.

바울의 설교는 주제가 분명했다.

"예수 그리스도와 그가 십자가에 못 박히신 것."

흔히 크게 히트한 대박드라마는 철저하게 주인공에게 포커스를 맞추고 있다. 설교도 철저하게 예수님에게 포커스를 맞춰야 한다. 어떤 본문을 붙잡고 설교해도 예수님과 십자가 이야기로 결론이 나야 한다. 그 외에는 "아무것도 알지 아니하기로" 작정해야 한다.

세련된 직장인들이 많은 미국 뉴욕의 맨해튼에서 목회하는 팀 켈러 목사도 자신은 어느 본문을 설교하든지 '십자가의 예수'를 중심으로 설교한다고 했다. 팀 켈러에게 그리스도 중심의 설교를 하라고 가르쳐준 스승 에드먼드 클라우니는 내게 설교를 가르쳐주신 분이기도 하다. 그분은 내게 "믿음의 확신을 가지고 설교하는 좋은 설교자"라고 칭찬해주시며, 구약에서 신약을 관통하는 예수 그리스도의 모습을 항상 분명히 선포하라고 도전하셨다.

우리 교회도 강남 교인들이라 평균 교육 수준이 굉장히 높다. 외국 유학을 다녀온 이들도 많고, 명문대 출신, 박사 학위 소지자들도 꽤 된다. 그러나 나는 쉽게 설교하고, 항상 예수님 십자가 중심으로 설교한다.

세상적 지식 설교를 하지 않는다. 너무 심플해서 놀랄 정도로 예수님 이야기, 십자가 부활 이야기에 초점을 맞추고 흔들리지 않는다. 나는 세상 그 어떤 지혜보다 예수님을 아는 것이 더 소중하다고 믿는다. 세상의 지혜를 구하면 찾을 수 있는 데가 많은데, 왜 군이 교회를 오겠는가? 교회는 예수님을 이야기하는 곳이다. 어린아이도 알아들을 수 있도록 쉽게, 반복해서 예수님 이야기를 하자. 신비하게도 그러면 모든 계층의 교인들이 다 영적으로 살아나고 변화되기 시작한다.

바울이 처음 고린도교회에 와서 목회할 때 그는 심적으로 힘든 상태에 있었다.

내가 너희 가운데 거할 때에 약하고 두려워하고 심히 떨었노라 고전 2:3

인텔리들을 대상으로 목회하기 때문에 겁먹은 게 아니다. 말했듯이 바울도 학문으로는 결코 그들에게 뒤지지 않았다. 여기서 '약하고'라는 말은 바울이 육체적으로 건강하지 않았다는 뜻이다. '두려워하고 심히 떨었다'라는 것은 두 가지 의미가 있다.

첫째는 바울이 하나님의 복음 사역자로 쓰임받기에 부족함을 스스로 깨닫고 하나님 앞에 엎드려 힘을 구하는 겸손이었다. 둘째는 거대한 로마제국의 대도시들을 향해 복음사역을 할 때 이를 방해하는 어둠의 권세들이 불러일으킨 두려움이었다. 그러나 바울은 하나님의 능력으로 이 모든 심적인 부담감을 극복하고 일어난다.

내 말과 내 전도함이 설득력 있는 지혜의 말로 하지 아니하고 다만 성령의 나타나심과 능력으로 하여 너희 믿음이 사람의 지혜에 있지 아니하고 다만 하나님의 능력에 있게 하려 하였노라 고전 2:4,5

바울은 다시 한번 강조한다. 헬라인들이 기대하는 유창한 웅변으로 설교하지 않고, '성령의 나타나심과 능력'으로 가르쳤다고 한다. 그래야 나중에 고린도교회 사역의 열매를 놓고 사람들이 혹여 "야, 역시 배운 목사는 달라. 역시 바울이 엘리트니까 고린도 같은 엘리트 교회에서 목회할 수 있는 거야"라고 말하게 하지 않기 위함이다.

"다만 하나님의 능력에 있게 하려 하였노라."

오래전 나는 교회사로 박사학위를 받고 나서 항상 하나님 앞에 엎드려 기도한 것이 있다.

"주님, 제가 박사학위를 받았지만 학위를 의지하여 목회하는 일이 결단코 없게 하옵소서. 배울 기회를 갖지 못한 분들을 섬길 수 있게 하옵소서. 설교하고 목회할 때, 100퍼센트 예수님의 은혜, 성령님의 도우심으로만 하게 하옵소서."

나는 설교 준비할 때 어떤 주석이나 참고서적 연구보다 중요한 것이 목회자의 기도생활이라고 생각한다. 골방에서 기도해서 설교자가 먼저 성령의 불을 받아야 오직 '성령의 나타나심과 능력'으로 가득 찬 설교를 할 수 있다. 기도해야만 '하나님의 능력'으로 설교할 수 있다. 하나님의 능력으로 설교해야만 사람이 변하고, 사람이 변해야만 교회에 진정한 부흥이 올 수 있다.

기도가 기름부으심이 있는 설교를 만든다

설교자에게는 기름부으심이 필수다. 고린도교회뿐 아니라, 각처의 성도들에게 자신을 위한 중보기도를 부탁할 때 바울이 가장 많이 강조했던 기도제목은 담대하게 복음을 전할 수 있는 능력이었다.

> 또 나를 위하여 구할 것은 내게 말씀을 주사 나로 입을 열어 복음의 비밀을 담대히 알리게 하옵소서 할 것이니 엡 6:19

말씀을 전하는 것은 쉬운 일이 아니다. 세상의 화려함과 풍요에 젖어 있는 사람들, 강퍅하고 냉소적이며 상처 많은 사람들을 상대로, 마귀의 온갖 방해와 유혹과 핍박을 이겨가면서 말씀을 전하는 것은 엄청난 담대함을 요한다.

바울 같은 사람도 복음을 전할 때마다 다음 기회로 미루고 싶고, 도망가고 싶고, 살짝 타협해서 사람들이 듣기에 달콤한 말을 전하고픈 유혹에 시달렸다. 설교자가 이겨내야 하는 이런 두려움이 얼마나 괴롭고 강력한지는 겪어보지 못한 사람은 모른다. 게다가 고린도 교인들처럼 거짓 지도자들의 선동에 속아 바울의 권위를 불신하는 사람들이 청중 속에 섞여 있을 때는 더더욱 설교가 힘들었을 것이다.

이를 극복하기 위해서는 하나님만 두려워하는 마음, 하나님이 함께하신다는 확신, 성령께서 주시는 강하고 담대한 마음을 항상 가져야 했는데, 이것은 오로지 설교자 자신의 기도와 그를 위해 중보하는 성도들의 기도로만 가능했다.

생명을 주는 설교는 생명을 주는 기도에서 나온다. 선포된 말씀이 신속히 퍼져나가려면 기도를 통해 최고의 영적 에너지를 공급받아야 한다. E. M. 바운즈는 성도들이 중보하면 설교자는 더욱 강하고 능숙하며 성공적인 말씀을 선포할 수 있다고 말했다. 그러나 성도들의 기도 지원을 받지 못하면 말씀 선포는 무기력해진다.

설교가 온전히 선포되면 변화가 일어난다

어느 목사님이 1970년대에 서울의 한 문제 많았던 교회에 부임했다. 그전에 있었던 담임목사들이 1,2년도 못 견디고 떠나버릴 정도로 거친 교회였다. 이 목사님도 부임 6개월 만에 보따리 싸서 떠나고 싶을 정도로 처음에 정말 너무나 많이 힘들었다. 전임자들이 왜 그렇게 자주 바뀌었는가를 알겠더라고 했다.

그러나 그는 꾹 참고 한 번 설교에 40,50분씩 강해설교를 7년간 했다. 그는 평소 마틴 로이드 존스 목사님의 설교에 감동받은 목사로서, "하나님의 말씀이 바르게 설교되기만 하면 반드시 변할 것이다"라는 확신이 있었다. 그렇게 묵묵히 복음적인 강해설교를 계속한 지 8년 정도 지나자 교회가 새롭게 변하기 시작했다.

가장 먼저 교회 안에 복음적인 원리들로 인한 영적 원심분리

(centrifugation) 현상이 나타났다. 그동안은 교회 안에 비복음적인 것이 중앙에 있었는데 말씀의 역사로 인해 그것들이 밖으로 밀려나가고, 대신 복음적인 원리들이 교회의 중심을 차지하기 시작한 것이다. 그래서 옛날부터 영향을 끼쳐 왔던 분들이라 할지라도 복음적이지 못하면 교회에서 가장자리로 자꾸 소외되는 것이다. 그렇다고 일부러 누가 소외시킨 것도 아니고 왕따시킨 것도 아닌데 말씀이 그렇게 밀어내더라는 것이다.

그 목사님은 이런 현상을 지켜보면서 "사도행전에 나타난 '말씀이 세력을 얻었다'가 바로 이런 것이었구나" 하고 깨달았다고 한다. 그런 느낌이 8년 정도 되니까 확연히 드러났고, 9년 정도 되니까 온 성도가 "우리 교회가 달라졌구나. 좋은 교회가 되었구나" 하는 것을 느끼게 되었다고 한다. 이렇게 9년 만에 교회 공동체 전체가 복음을 중심으로 하나되는 현상이 일어났다.

오늘날도 마귀는 지상 교회들 안에 온갖 분열과 다툼을 일으키고 있다. 특히 목회자에 대한 거짓 소문과 루머를 퍼뜨려서 양들로 하여금 목자의 인격과 리더십을 불신하게 만드는 비열한 전략을 쓴다. 그럴 때일수록 교회는 인간적으로 반응하지 말고 모든 목회자와 교인이 함께 힘을 모아 기도에 힘써야 한다. 더욱 서로를 사랑하고 믿어야 한다. 목회자는 더욱 혼신의 힘을 걸고 말씀을 계속 전하고, 성도들은 사모하는 마음으로 그 말씀을 듣고 은혜를 받아야 한다. 그러면 당시는 대단해 보였던, 교회를 흔들었던 어둠의 세력이 견디지 못하고 교회에서 물러가게 된다.

2천 년 전 그때나 지금이나 교회는 말씀과 기도로만 살아날 수 있다. 바울과 고린도교회 성도들처럼 우리도 서로 뜨겁게 사랑하고 기도함으로써 승리하고 부흥하는 교회를 만들어가기를 소원한다.

7
목회자의 중보기도 파워

이스라엘의 광야 여정 중에 메말라버린 오아시스 르비딤에서 절망감에 사로잡힌 적이 있었다. 그때 모세의 기도에 대한 응답으로 하나님께서 반석에서 물이 쏟아지는 기적을 베푸셨다. 2백만 명이 넘는 이스라엘 백성들과 가축 떼가 충분히 해갈할 만한 풍성한 물이었다.

수백만 이스라엘 백성들의 목마름을 단번에 해결한 반석은 바로 우리 모두의 죄를 용서하신 예수 그리스도를 상징한다. 그런데 르비딤에서 또 한 가지 중요한 사건이 일어난다.

이스라엘의 대적 아말렉의 습격

그때에 아말렉이 와서 이스라엘과 르비딤에서 싸우니라

모세가 여호수아에게 이르되

우리를 위하여 사람들을 택하여 나가서 아말렉과 싸우라

내일 내가 하나님의 지팡이를 손에 잡고 산꼭대기에 서리라

여호수아가 모세의 말대로 행하여 아말렉과 싸우고

모세와 아론과 훌은 산꼭대기에 올라가서

모세가 손을 들면 이스라엘이 이기고 손을 내리면 아말렉이 이기더니

모세의 팔이 피곤하매 그들이 돌을 가져다가 모세의 아래에 놓아

그가 그 위에 앉게 하고

아론과 훌이 한 사람은 이쪽에서,

한 사람은 저쪽에서 모세의 손을 붙들어 올렸더니

그 손이 해가 지도록 내려오지 아니한지라

여호수아가 칼날로 아말렉과 그 백성을 쳐서 무찌르니라

여호와께서 모세에게 이르시되

이것을 책에 기록하여 기념하게 하고 여호수아의 귀에 외워 들리라

내가 아말렉을 없이 하여 천하에서 기억도 못 하게 하리라

모세가 제단을 쌓고 그 이름을 여호와 닛시라 하고 이르되

여호와께서 맹세하시기를 여호와가 아말렉과 더불어

대대로 싸우리라 하셨다 하였더라

출 17:8-16

"그때에 아말렉이 와서 이스라엘과 르비딤에서 싸우니라"에서 '그때'란 르비딤의 반석에서 물이 쏟아져 나와 이스라엘 백성이 모두 마시고 힘을 얻었을 때를 말한다. 르비딤은 원래 큰 오아시스가 있는 지역인데 가뭄으로 물이 바짝 말라서 인적이 끊겼던 곳이다. 그런데 반석에서 기적같이 물이 솟아나서 2백만 명이 넘는 이스라엘 백성이 마시고 생기를 회복했다는 소문이 쫙 퍼져 나갔다. 그러자 사막의 도적떼 같은 아말렉 족속이 이 오아시스를 차지하러 달려온 것이다. 항상 풍요가 있는 곳은 노리는 약탈자들이 많다. 그러니까 인생에서는 무엇을 소유했을 때 오히려 조심해야 한다.

여기서 잠깐 이스라엘을 공격한 아말렉 족속에 대해 살펴보자. 아말렉 족속은 어릴 때부터 싸움 연습을 많이 해서 싸움에 아주 능한 자들이었다. 이들은 한곳에 있지 않고 계속 돌아다니면서 힘이 약한 부족들을 약탈하는 것으로 생활했다.

아말렉은 광야 행군길의 이스라엘 백성들을, 하나님의 백성인 줄 뻔히 알면서도 자주 공격하여 괴롭혔다. 그들은 하나님을 대적하고, 하나님의 백성들을 대적한다. 그래서 이후, 그들은 하나님의 백성을 공격하는 사탄, 어둠의 세력의 상징이 되었다. 마귀는 아말렉처럼 폭력적이고 사나우며 몹시 교활하다. 하나님의 백성들을 약자부터 공격하고 약탈하는 것이 그들의 주특기다.

아말렉의 공격 타이밍이 절묘하다. 이스라엘이 한참 르비딤의 반석에서 나오는 물을 마시고 한숨 돌리려 하는 직후에 습격해왔다. 이스라엘 백성이 얼마나 놀랐을까? 르비딤의 반석은 예수님을 상징했다. 반석의 물은 예수 십자가 보혈의 은혜다. 영적 전쟁에서 마귀가 공격해오는 때는 많은 경우, 뜻밖에도 우리가 은혜를 충만히 체험하고 하나님의 축복 속에 젖어 있을 때다. 이렇게 고약한 타이밍이 없다. 그래서 성경은 "그런즉 선 줄로 생각하는 자는 넘어질까 조심하라"(고전 10:12)라고 경고한다. 은혜와 축복의 때 바로 직후에 영적 전쟁이 벌어지는 경우가 많기 때문이다.

그러나 어떻게 생각하면 이때에 아멜렉이 습격해온 것은 하나님의 은혜이기도 하다. 왜냐하면 이스라엘이 목말라 지쳐 쓰러져갈 때 아멜렉의 습격을 받았더라면 더 난감했을 것이다. 그래도 지금은 이스라엘 백성이 반석에서 나온 물을 마시고 몸과 마음이 시원해지고 힘이 충전되었을 때니, 놀라긴 했지만 비교적 상태가 괜찮을 때 싸울 수 있었던 것이다. 하나님께서는 실수가 없으시다. 우리가 감당할 만할 시험만 감당하게 하신다.

모세의 작전 지시

모세가 여호수아에게 이르되 우리를 위하여 사람들을 택하여 나가서 아말렉과 싸우라 내일 내가 하나님의 지팡이를 손에 잡고 산꼭대기에 서리라 출 17:9

훗날 모세의 후계자가 되는 여호수아의 이때 나이는 약 45세 정도로 추정된다. 모세는 즉시 여호수아를 아멜렉과 맞서 싸울 이스라엘군 총대장으로 임명한다. 그러면서 "우리를 위하여 사람들을 택하여 나가서 아말렉과 싸우라"라고 했다. 인생에서 하나님이 우리를 쓰시는 때와 방법은 도저히 짐작할 수 없다. 아멜렉의 공격으로 인해 여호수아는 본인의 의사와 전혀 상관없이 이스라엘의 첫 번째 대규모 전투를 지휘하게 된 것이다.

또 한 가지 주목할 것은, 아멜렉이 이미 공격해 들어오는 그 긴박한 상황에서 모세는 여호수아에게 중요한 말을 한다. 아무나 데리고 가지 말고 이스라엘을 위하여 싸울 사람들을 "택하여 나가라"고 했다. 훗날 기드온과 3백 용사 때도 하나님께서는 3만 명이 넘는 지원자들 중에서 3백 명을 택하여 싸우게 하셨다. 하나님의 군대는 아무나 되는 게 아니다. 숫자가 부족하다고 마구 채우면 안 된다. 하나님은 영적으로 강한 사람들을 택하신다. 말씀과 기도가 강하고, 믿음이 강하며, 성령충만한 사람들을 택하셔서 하나님의 군대로 삼으신다.

"나가서 아말렉과 싸우라"라고 했다. 우리는 하나님의 군대로 부르심을 받는 순간 지체 없이 악한 영과의 전쟁에 투입된다. 우리가 영적 전쟁에 승리해야 후방의 백성들을 지킬 수 있다. 하나님의 군대로 한번 뽑히면, 나가서 아말렉과 정면승부해야 한다. 어디로 도피할 수 없다. 등을 보이면 아멜렉은 더 무섭게 달려들 것이다. 우리에겐 다른 선택이 없다. 이 전쟁의 때와 장소를 불행히도 이스라엘이 결정하지 않았고, 적들이 결정해서 기습해왔다. 영적 전쟁도 그렇다. 우리가 주도해서 먼저 공격했으면 좋았겠지만, 할 수 없다. 마귀들이 공격해올 때는 정면으로 맞서야 한다. 성경은 "마귀를 대적하라 그리하면 너희를 피하리라"(약 4:7)라고 했다. 그 말씀을 믿고 예수의 이름으로 전진하자.

그리고 모세는 "내일 내가 하나님의 지팡이를 손에 잡고 산꼭대기에 서리라"(출 17:9)라고 했다. '산꼭대기'는 전황이 훤히 보이는 곳이다. 모세는 거기서 이스라엘을 위하여 하나님께 중보기도하겠다는 것이다. 여호수아를 전선으로 내보내면서, 자신은 영적 전선에 나서겠다는 것이다. 보이는 육의 세계와 보이지 않는 영의 세계는 긴밀하게 연결되어 있다는 것을 모세는 알고 있었다. 싸우러 나가는 여호수아도 반드시 있어야 하지만, 뒤에서 기도로 영의 세계에서 싸우는 모세의 지원이 절대적으로 필요하다.

이미 광야생활 40년 경험이 있던 모세는 아멜렉에 대해서 아마 잘 알고 있었을 것이다. 그들이 얼마나 사납고 싸움을 잘하는 족속인가를 알고 있었기에 이 싸움이 힘든 싸움이 될 것을 짐작했을 것이다. 그런 사나운 군대를 상대로 전혀 전투 경험이 없는 전직 노예 출신들인 이스라엘이 싸우게 되면 객관적으로 절대 불리하다.

그것도 지금은 기습당한 상황이다. 이 불가능한 싸움에서 살아남는 길은 기도밖에 없다는 것을 모세는 잘 알았다. 비록 지금 이스라엘이 반석의 물을 먹고 컨디션을 회복했다고는 하나, 하나님이 개입해주시지 않으면 전멸당할 위기였다. 그래서 모세는 혼신의 힘을 다해 기도로 지원할 것을 결심한다.

모세는 자신이 '하나님의 지팡이'를 손에 잡고 설 것이라고 했다. 분명히 자기 지팡이인데 왜 하나님의 지팡이라고 했을까? 기도할 때 모세의 지팡이는 '하나님의 지팡이'가 되기 때문이다. 애굽에 열 가지 재앙을 내리고, 홍해를 가르며, 르비딤의 반석에서 물이 나게 했던 기적의 지팡이가 되는 것이다. 그 지팡이를 들고 산꼭대기에서 기도하기 시작하면 하늘의 능력을 다운로드할 수 있다. 그때부터 기적이 시작된다.

중보기도의 힘

여호수아가 모세의 말대로 행하여 아말렉과 싸우고 모세와 아론과 훌은 산꼭대기에 올라가서 출 17:10

모세가 기도하러 올라갈 때 두 명이 그를 수행했다. 아론과 훌이었다. 아론은 모세보다 세 살 많은 모세의 형이다. 이때 모세가 80세였으니, 아론은 83세의 노인이다. 훌은 모세의 누나 미리암의 남편으로, 역시 모세보다는 나이가 많았을 것이다. 모세도 늙었지만 모세의 조력자 두 사람은 모세보다 더 늙은 사람들이다. 나이나 체력으로 봐서 저 사람들이 전쟁에 무슨 큰 도움이 되겠나 싶다. 좀 젊은 사람들을 헬퍼로 데리고 가지 왜 모세가 할아버지들만 데리고 갔는지 의문도 든다. 그러나 하나님의 능력과 영적 전쟁을 인간적 기준으로 판단하면 안 된다. 기도의 용사들은 가장 연약해 보이지만 가장 강하다.

기도를 통해 역사하시는 하나님

모세가 손을 들면 이스라엘이 이기고 손을 내리면 아말렉이 이기더니 출 17:11

손을 높이 드는 것은 기도의 상징이다. 성경의 다른 부분들을 보자.

내가 주의 지성소를 향하여 나의 손을 들고 주께 부르짖을 때에 나의 간구하는 소리를 들으소서 시 28:2

신약성경에서 바울도 하늘을 향해 각 지역의 사람들, 특히 가정의 영적 제사장인 남자들이 손을 들어 기도하기를 원했다.

그러므로 각처에서 남자들이 분노와 다툼이 없이 거룩한 손을 들어 기도하기를 원하노라 딤전 2:8

우리가 기도의 손을 들 때 그 손은 하나님의 손을 맞잡게 된다. 그러면 크고 놀라운 하나님의 역사가 시작된다.

모세가 손을 들면 이스라엘이 이기고 손을 내리면 아멜렉이 이겼다는 말은 무엇을 의미하는가? 하나님의 사람이 기도하면 영적 전쟁에서 이기지만, 기도를 멈추면 마귀가 이긴다는 말이다. 영적 전쟁의 향방은 얼마나 강하고 지속적으로 기도하느냐에 달렸다. 손이 들려 있으면 기도하는 것이고, 손이 내려가 있으면 기도를 멈춘 것이다. 당신의 손이 어디 있느냐에 따라서 당신의 인생이 승리하느냐, 마느냐가 결정된다. 우리는 여호수아가 눈에 보이는 전투에서 얼마나 잘 싸우느냐에 따라 승리가 결정된다고 생각한다. 그러나 실은 보이지 않는 모세의 중보기도에 승패가 결정되고 있었다. 영적 전쟁은 보이지 않는 기도의 힘에 의해서 결정된다.

요한계시록 8장에 보면 성도들의 기도의 향이 하늘로 올라간 후 천사는 그 기도를 땅에다가 쏟아부었다. 그랬더니 일곱 나팔이 불리면서, 하나님의 심판이 땅의 권세들에게 임한다. 하나님이 성도들의 신음 소리를 들으시고 악인들을 척결해가시는 것이다. 죄로 물든 이 세상은 결국 우리의 기도 때문에 무너지게 될 것이다. 성도들의 기도가 이 땅에서는 아무것도 아닌 것 같아 보여도, 하늘에서는 얼마나 엄청난 힘이 있는지 모른다.

"의인의 간구는 역사하는 힘이 큼이니라"(약 5:16)라고 했다. 이 땅에서 일어나는 모든 사건은 하늘 보좌에서 다스리시는 하나님의 결정으로 이뤄지는데, 하나님의 그 결정에 황송하게도 우리의 기도가 엄청난 영향을 미친다는 것이다. 성도들의 기도는 하나님의 마음을 움직이는 가장 강력한 도구가 된다. 하나님께서는 홀로 세상을 경영하실 수도 있지만, 성도들의 기도를 통해서 역사하신다. 세상을 향한 하나님의 계획이 성도들의 기도를 통하여 이뤄져간다.

특히 모세가 전선에서 싸우고 있는 이스라엘군대를 위해 중보기도로 지원했듯이, 영적 지도자들은 성도들을 위해 중보해야 한다. 영적 리더가 자기 권위 밑에 있는 사람들을 위해 기도하지 않는 것은 심각한 직무 유기다. 믿음이 강한 자들은 '믿음이 약한 자들의 약점을 담당해야 한다'고 했다(롬 15:1). 그것은 무엇보다도 믿음이 약한 자들을 위해 항상 중보기도하는 것이다.

목회자와 장로님들은 특히 자기가 맡은 공동체와 사역팀에 속한 성도들의 이름을 부르면서 날마다 중보해야 한다. 순장들은 순원들의 이름을 부르며, 주일학교 선생님은 학생들의 이름을 부르면서 기도해야 한다. 부모는 가정의 영적 지도자이다. 자녀들을 위해 밤낮으로 중보해야 할 의무가 있다.

지속적인 기도를 위해 조력자가 필요하다

모세의 팔이 피곤하매 그들이 돌을 가져다가 모세의 아래에 놓아 그가 그 위에 앉게 하고 아론과 훌이 한 사람은 이쪽에서, 한 사람은 저쪽에서 모세의 손을 붙들어 올렸더니 그 손이 해가 지도록 내려오지 아니한지라 출 17:12

모세는 강한 사람이다. 기도의 사람이다. 성령의 사람이다. 그러나 그런 모세도 늙고 지쳐 있었다. 그래서 기도의 팔을 오래 들고 있지 못하고 손을 올렸다 내렸다 할 수밖에 없었다. 하나님의 능력에는 한계가 없지만, 지도자 한 사람의 능력에는 한계가 많다. 따라서 지도자 옆에는 그를 도와줄 아론과 훌 같은 기도의 동역자들이 반드시 필요하다. 홀로 분투하면 넘어지기 쉽지만 세 겹 줄은 끊어지지 않는다. 하나님은 한 명의 영웅을 통해 일하시기보다는, 형제들의 협력을 통해 위대한 일을 이루신다. 비록 모세, 아론, 훌은 셋 다 노인이었지만, 셋이 힘을 합하니 하루 종일 기도의 팔을 내리지 않고 이스라엘군대를 뒤에서 영적으로 지원할 수 있었다.

담임목사인 나도 이를 악물고 교회를 위한 기도의 팔을 내리지 않으려 애쓴다. 그러나 때로는 혼자 이 팔을 들고 있기가 힘들어 내려놓을 때가 있다. 그런데 가만히 보면 혼자가 아니다. 나의 지친 팔을 옆에서 부축해주는 아론과 훌들이 우리 교회에 많다. 아내가 있고, 부목사님들, 장로님들, 중보기도팀 그리고 여러 성도가 있다. 그 기도를 영으로 느낄 때 다시 일어날 수 있는 힘이 생긴다. 내가 좋아하는 찬양 가사가 있다.

누군가 널 위하여 누군가 기도하네
내가 홀로 외로워서 마음이 무너질 때
누군가 널 위해 기도하네

성도들은 자신들을 이끄는 영적 지도자를 위해 중보해야 한다. 우리 목회자들을 위해 기도해주길 바란다. 최선을 다하지만 외롭고 지치는 경우가 많기 때문에 목회자들이 기쁨으로 사역을 감당할 수 있도록 항상 기도해주길 바란다. 장로님들, 순장님들, 주일학교 선생님들을 위해 항상 기도해주길 바란다.

나는 우리 교회가 무엇보다 함께 기도하는 은혜의 공동체, 능력 공동체가 되기를 바란다. 우리의 기도는 사탄이 완전히 물러날 때까지 계속되어야 한다. 완전히 승리할 때까지 기도 공세를 늦추면 안 된다. 계속기도하는 것이 힘들긴 힘들다. 그러나 우리가 힘들면 사탄은 더 힘들다. 그러니 하나님께 끝까지 기도할 수 있는 힘을 달라고 기도하며 기도해야 한다. 어떤 면에서 기도는 누가 더 오래 버티는가의 싸움이다.

피곤하고 힘들면 하나님의 도우심을 요청하고 주변 형제자매들의 기도 지원을 요청하라. 큰 전투에서는 나 혼자의 화력으로는 안 되고 육해공군 동료들의 총체적 지원이 필요한 법이다.

기도의 힘으로 승리하다

여호수아가 칼날로 아말렉과 그 백성을 쳐서 무찌르니라 출 17:13

여기서 '무찔렀다'는 동사는 '약화시켰다'는 의미로, 전부가 아닌 일부의 승리를 암시한다. 이 전투로 아멜렉이 대패하고 물러간다. 그러나 아멜렉이 완전히 멸망한 것은 아니었고, 이후 끊임없이 이스라엘과 다시 전쟁을 치르게 된다. 특히 이 대전투에서 패배한 뒤, 아멜렉은 이스라엘이 뜻밖에 강한 것을 보고 놀라서 이후부터는 작전을 바꾼다. 전면전을 피하고 주로 이스라엘이 피곤하고 지친 때를 틈타 뒤에서 기습하는 비열한 작전을 펼친다.

> 곧 그들이 너를 길에서 만나 네가 피곤할 때에 네 뒤에 떨어진 약한 자들을 쳤고 하나님을 두려워하지 아니하였느니라 신 25:18

아멜렉은 이스라엘 백성들을 멀리서 따라다니며 기회를 엿보다가 무리 중 피곤해서 뒤처진 사람, 즉 몸이 약하고 나이 든 사람과 여자와 어린아이 등을 공격했다. 하나님은 그래서 아멜렉에게 더욱 진노하셨다.

마귀의 전략도 이와 같다. 교회에서 영적으로 약한 사람들, 시험 들거나 기도 생활과 말씀 생활을 게을리해서 영적으로 약해진 사람들, 공동체에서 낙오된 사람들을 집중적으로 공격한다. 그러니까 영적으로 강하게 무장하고 있어야 한다. 아무리 힘들어도 형제자매들로부터 떨어지면 안 된다. 영적 교제권 안에 딱 붙어 있어야 한다. 내가 영적으로 피곤해도 내 옆에 버티고 선 형제자매들로 인해 마귀가 함부로 나를 건드리지 못할 것이다.

> 이르되 여호와께서 맹세하시기를 여호와가 아말렉과 더불어 대대로 싸우리라 하셨다 하였더라 출 17:16

아멜렉은 이번 전쟁에서 대패했지만, 멸망하지 않았다. 그 잔당들은 끈덕지게 살아남아서 계속해서 하나님의 백성을 공격해올 것이다. 영적 전쟁은 하루아침에 끝나지 않는다. 마귀는 패배해서 물러가도 또 잔당들을 규합해서 다시 몰려올 것이다. 주님이 다시 올 때까지 이 영적 전쟁은 결코 끝나지 않을 것이다. 그러니 경계를 늦추면 안 된다. 강하고 담대하라. '전쟁은 하나님께 속한 것'이다. 하나님께서 항상 우리 편에 서서 마귀와 싸워주실 것을 약속하신다.

그러나 어쨌든 르비딤에서 이스라엘은 출애굽 이후 처음 경험한 대규모 전투에서 승리했다. 사령관 여호수아를 위한 모세의 중보기도는 그대로 응답되었다. 모세의 기도도 대단했지만, 그 기도를 받는 여호수아도 성령 충만한 사람이었기 때문에 그 기도를 잘 받았다.

누군가를 위해 기도할 때 기도를 팅겨내듯 영적으로 답답한 사람이 있는가 하면, 기도를 스펀지가 물 흡수하듯 쭉쭉 빨아들이는 사람이 있다. 기도가 기도를 먹는다고나 할까? 자기 자신이 기도와 말씀으로 충만한 사람은 지도자의 기도도 쭉쭉 잘 흡수한다. 그런 사람을 위해서 기도할 때 나 자신도 힘이 나고 은혜가 된다.

당신의 마음밭이 기도를 잘 흡수하도록 만들라. 그러면 놀라운 하나님의 역사가 당신 삶에 일어나게 될 것이다.

영적 지도자는 기도로 백성을 보호하고 다스린다

여호와께서 모세에게 이르시되 이것을 책에 기록하여 기념하게 하고 여호수아의 귀

에 외워 들리라 내가 아말렉을 없이하여 천하에서 기억도 못 하게 하리라 출 17:14

하나님께서 모세로 하여금 이 전투의 기록을 여호수아의 귀에 외워 들리라고 하신 이유가 무엇일까 생각해보았다.

하루 종일 전투를 진두지휘한 여호수아는 자신들의 힘으로 전쟁에서 이긴 것으로 착각할 수도 있었다. 그래서 뒤에서 모세의 결사적 중보기도가 있었음을, 이 승리는 하나님께서 기도 응답으로 주신 것임을 알라는 것이다.

전직 노예들을 데리고 수백 년 동안 전쟁으로 단련된 사나운 아멜렉과 싸우면서 여호수아는 참으로 의아했을 것이다.

"어떻게 이런 무서운 적들을 상대로 우리가 이기고 있을까? 마치 어떤 보이지 않는 힘이 우리 칼을 잡고 대신 싸워주는 것 같지 않은가?"

해가 질 무렵, 전투가 끝나고 돌아오면서 산 위를 보고서야 여호수아는 이 기적 같은 승리의 비결을 깨달았다. 모세의 기도 지팡이의 팔을 아론과 훌이 받쳐들고 있는 것을 본 것이다.

기도의 용사들이 동역해서 하나님께 결사적으로 중보할 때, 하나님께서 친히 대적과 싸워 승리를 주신 것이다. 여호수아는 기도의 열매를 추수한 것뿐이다.

하나님께서는 그 사실을 모세로 하여금 확실히 기록하여 다시금 여호수아에게 들려주라고 하셨다. 여호수아는 장차 모세의 후계자가 되어 약속의 땅으로 들어가 수많은 정복 전쟁을 치러야 하기 때문이다. 이스라엘보다 훨씬 사납고 강한 적군들을 상대로 힘만으로 이길 수는 없었다. 영적 지도자는 모세처럼 쉬지 않고 기도하며 하나님의 군대를 이끌어야 한다. 구약의 선지자 사무엘은 '나는 너희를 위하여 기도하기를 쉬는 죄를 여호와 앞에 결단코 범하지 않을 것'이라고 했다(삼상 12:23). 영적 지도자가 기도를 쉬는 것, 특히 자신에게 맡겨진 양들을 위하여 기도하기를 쉬면 그것은 바로 하나님 앞에서 죄짓는 것이다. 영적 지도자의 기도의 보호막 없이 양 떼가 마귀의 공격에 그대로 노출된 채 영적 전쟁을 치러야 하기 때문에 피해가 극심하다.

그러므로 영적 지도자는 살아 있는 한 결코 멈추지 않는 중보기도자이다. 이 땅에서 마지막 숨이 다할 때까지 자기에게 맡겨진 양들을 위하여 기도해야 한다. 사무엘이 살아 있는 한 블레셋이 감히 이스라엘에 근접하지 못했다고 했다. 그래서 나도 항상 기도한다.

"제가 살아 있는 한 하나님께서 우리 성도들을 지켜주옵소서. 살아 있는 한 저는 끊임없이 우리 성도들을 위해 기도할 것이니 마귀의 공격이 결코 우리 성도들을 뚫지 못하게 하옵소서."

교회 창립 초창기부터 지금까지 매주 토요일 새벽은 나와 교역자들 모두가 예배 후에 성도들을 위해서 안수기도를 하고 있다. "영적 목마름을 가지신 분들은 앞으로 나오셔서 기도를 받으시기 바랍니다"라는 내 말이 떨어지기가 무섭게 성도들이 물밀듯이 앞으로 나와서 단에 엎드린다. 그러면 목회자들이 다니면서 정성껏 한 사람 한 사람씩 기도해 드린다.

담임목사인 나는 어린 자녀들을 위해서 집중적으로 기도한다. 소문이 퍼지면서, 어린 자녀를 품에 안은 부모들이 본당 끝까지 줄을 서는 경우가 많다. 간혹 체력적으로 힘들긴 해도 한 사람 한 사람 정성을 다해 기도해드리려고 노력한다. 성도들을 위한 중보기도에 목자의 온 마음과 정성을 담으려고 노력한다. 그런 마음을 가지면 주님께서 나를 통해 성도들을 만지시는 것을 느낀다.

교회를 지키고 나라와 민족을 지키는 것은 뒤에서 기도하는 영적 지도자들이다. 영적 전쟁에서 마귀가 두려워하는 것은 보이지 않는 기도의 골방을 지키는 하나님의 사람이다. 영권은 오로지 기도에서 나온다. 모세처럼 혼신의 힘을 다해 기도하는 지도자의 다스림을 받으며 그와 한 시대를 같이 산다는 것은 축복 중에 축복이다.

하나님은 기도하는 영적 지도자를 통해 하나님의 백성들에게 승리와 영광을 주신다.

모세가 제단을 쌓고 그 이름을 여호와 닛시라 하고 출 17:15

여기에서 '단을 쌓았다'는 말은 승리를 주신 하나님께 감사의 제사를 드렸다는 뜻이다. '여호와 닛시'는 '여호와는 나의 깃발'이라는 뜻이다. 깃발은 구심점이다. 전쟁에 임할 때 우리는 항상 그분 주위에 집결해서 움직여야 승리할 수 있다.

기도는 예수님을 중심으로 우리 모두가 모이는 것이다. 예수님과 함께 다른 우상을 섬겼던 우리의 죄를 회개하며, 오직 예수님만 사랑하기로 결단하는 것이다. 예수님만이 우리의 대장이심을 선포하는 것이다. 예수님의 권위 아래 우리 모두 하나 되어 엎드리는 것이다.

그러면 마귀가 두려워 떨며 도망가게 된다. 깃발은 승리의 상징물이었다. 패배한 군대의 깃발은 내려져서 사정없이 찢겨져 버린다. 그러나 승리한 군대의 깃발은 높이 세워져서 자랑스럽게 휘날린다. 그러므로 '여호와는 나의 깃발'이라는 말은 여호와는 하나님의 군대가 기도하며 나아갈 때 항상 승리를 주시는 분이라는 뜻이다.

중보기도의 동역자들

아버지들은 가정의 영적 제사장이니 살아 있는 동안에 가정을 위한 중보기도를 결코 멈춰선 안 된다. 목사님들, 장로님들, 권사, 집사님들은 안수 받고 교회 제직이 되었을 때 교회와 성도들을 위한 평생 중보기도자가 되기로 헌신한 것이다. 함께 기도의 동역자들이 되어야 한다. 하나님은 당신이 사명을 끝까지 이룰 것인지를 지켜보고 계신다. 당신이 기도하지 않는 하루는 마귀가 양들을 마음 놓고 공격하는 빈틈이 된다. 그런 빈틈을 결코 허락해선 안 된다. 하나님의 백성을 위하여 매일 중보기도하라.

우리가 혼자도 기도할 수 있지만 함께 기도하는 것이 얼마나 큰 파워가 되는지 모른다. 초대교회 영성 훈련의 핵심은 거룩한 공동체 만들기였다. 영적 실력은 절대 혼자 산에서 도 닦듯이 만들어지지 않는다. 모든 영적 용사들은 공동체 안에서 만들어졌다. 하나님의 자녀들을 향한 하나님의 뜻은 항상 공동체였다. 교회 공동체가 한 마음이 되어 함께 기도하는 것이 얼마나 중요한지 모른다. 고난이 올 때 특별히 온 교회가 함께 마음을 모아 기도할 필요가 있다. 간절하고 강력한 공동체적 기도 없이 우리는 결코 고난의 시대를 이겨낼 수가 없다.

한 3년 전쯤에 전 교인들과 함께 기독교 영화 〈워룸〉(War Room)을 관람한 적이 있다. 영화 마지막 장면에서 주인공인 흑인 할머니가 기도하는 모습이 참 감동적이었다. 그 작은 덩치의 할머니가 수십 년간 자신의 작은 기도 방에서 자신과 이웃, 교회 그리고 나라와 민족과 열방을 위해 기도하며, 곳곳에 함께 기도하는 중보자들의 네트워크를 달라고 기도하는 모습에 정말 큰 은혜를 받았다.

하나님께서는 우리가 함께 손잡고 드리는 중보기도에 대한 특별한 응답을 약속하신다.

진실로 다시 너희에게 이르노니 너희 중의 두 사람이 땅에서 합심하여 무엇이든지 구하면 하늘에 계신 내 아버지께서 그들을 위하여 이루게 하시리라 두세 사람이 내 이름으로 모인 곳에는 나도 그들 중에 있느니라 마 18:19,20

나는 우리 교회의 모든 공동체가 기도의 동지들이 되길 바란다. 우리 교회의 모든 예배와 사역 프로그램이 다 함께 손잡고 기도하는 불같은 기도 네트워크가 되길 바란다.

나아가 한국교회 전역에서 교회와 나라와 민족과 열방을 위해 기도하는 중보자들의 기도가 산불처럼 일어나 이 나라를 다시 살리기를 간절히 바란다.

8

**성도들의
영적 성장을 위해
기도하라**

이러므로 우리도 항상 너희를 위하여 기도함은

우리 하나님이 너희를 그 부르심에 합당한 자로 여기시고

모든 선을 기뻐함과 믿음의 역사를 능력으로 이루게 하시고

우리 하나님과 주 예수 그리스도의 은혜대로

우리 주 예수의 이름이 너희 가운데서 영광을 받으시고

너희도 그 안에서 영광을 받게 하려 함이라

살후 1:11,12

이는 바울이 데살로니가교회에 보내는 두 번째 편지인 데살로니가후
서의 말씀이다. 사도행전을 보면 데살로니가에서 바울은 약 3주 동안
유대인의 회당에서 열정을 가지고 말씀을 정성껏 가르쳤다. 이로 인하여

데살로니가의 상당수 헬라인과 상류층 귀부인이 복음을 받아들이게 되었다.

그러나 동시에 바울을 대적하는 무리의 핍박도 극심하여 바울 일행은 오래 있지 못하고 데살로니가를 떠나게 된다. 결국, 데살로니가교회는 한 달도 채 안 되는 짧은 시일 내에 세워진 셈이다. 그러나 그 짧은 시간에 바울은 복음의 핵심을 빠짐없이 전수했고, 위낙 정열적인 데살로니가 교인들은 그것을 빠르게 흡수하여 확고한 신앙의 뿌리를 내렸던 것이다.

바울은 데살로니가에 오래 머물지 못한 것이 마음에 걸렸는지, 아테네로 떠날 때 디모데와 실라를 데살로니가에 남겨서 막 탄생한 데살로니가교회의 기반을 다지는 것을 도와달라고 부탁한다. 또한 후에 실라와 디모데가 바울에게로 돌아왔을 때, 바울은 자신이 못 가는 대신 다시 디모데를 보내서 데살로니가교회 사역을 돕게 한다. 바울이 주도적인 역할을 하긴 했지만, 데살로니가교회는 세 명의 목회자가 팀 사역을 하여 세운 교회라는 점이 주목할 만하다.

하늘 소망을 품었던 사람들

고난 속에 세워진 데살로니가교회는 빠르고 아름답게 성장했다. 특히 그들은 과거에 섬기던 우상들을 단호히 끊어냈다. 당시 문명은 모두 올림푸스산에 산다는 헬라의 신들을 섬겼는데, 그 올림푸스산은 데살로니가에서 남서쪽으로 채 80킬로미터도 되지 않았다. 그러므로 데살로니가 교인들도 과거에는 우상문화에 푹 젖어 있었지만, 회심한 뒤 그것을 단호히 결단하고 정리한 것이다.

그들은 바울이나 디모데 같은 좋은 목회자들로부터 순수한 복음, 능력의 복음을 들었고 그것을 진실하고 열정적으로 받아들여 순결한 믿음, 신실한 신앙을 갖게 되었다. 그래서 마게도냐의 아가야 전 지역, 즉 주변의 모든 교회가 본받고 싶어 하는 "모든 믿는 자의 본이 되었다"고 바울은 자랑스러워했다. 데살로니가전후서는 주후 50년경에 기록된, 바울서신 중에서 가장 먼저 쓰인 책으로 꼽힌다.

또한 데살로니가 교인들은 그리스도의 다시 오심, 곧 주님의 재림을 간절히 기다리는 천국 소망을 가진 사람들이었다. 그들은 화려한 헬라 문화 속에 살고 있었지만, 세상에 넋을 뺏기지 않았다. 세상이 아무리 어지러워져도 결코 좌절하지 않았다. 세상에서는 너무 분에 넘치지 않게 아주 심플하게 산다. 이 세상은 언젠가는 멸망하기로 작정되었음을 알고 있기 때문이요, 우리의 주님이신 예수님이 다시 오심을 확신하기 때문이다. 다만 주님의 재림에 대한 열망이 너무 지나쳐서 오버하는 측면은 있었기 때문에 바울이 편지를 통해 조금 수위 조절을 해줄 필요는 있었다. 그래도 그들이 영원한 천국 소망을 가지고 살았다는 것은 칭찬할 만했다.

목회 리더십은 사랑이다. 그런데 우리가 어떤 사람을 위하여 줄 수 있는 가장 고귀한 사랑의 행위는 기도이다. 목사는 자기에게 맡겨진 양들을 위하여 끊임없이 중보기도할 책임이 있다. 사무엘은 자신이 백성을 위하여 "기도하기를 쉬는 죄를 범치 않겠다"라고 했다. 기도는 흐름이다. 그 맥을 끊으면 안 된다. 그래서 쉬지 말고 기도해야 하는 것이다.

데살로니가후서 1장 11절을 보면 바울과 목회자들이 "항상 너희를 위하여 기도한다"라고 했다. 바울은 빈말하는 사람이 아니다. 기도의 사도 바울은 각지에 세워놓은 교회들을 위해 끊임없이 중보기도하는 사람이었다.

비록 육체적으로는 그들과 떨어져 있었지만, 바울은 기도로써 그들과 영적으로 교제하고 있었다. 기도는 시간과 공간을 초월하시는 하나님의 세계에 접촉하는 것이다. 기도로써 우리는 전 세계에 흩어져 있는 형제들과 동역할 수 있다. 쉬지 않고 기도하는 사람은 모든 것을 하나님의 손에 맡겨드린다.

미스바에서 사무엘 선지자가 피워 올린 기도의 불길이 영적인 패배와 침체에 빠져 있던 이스라엘의 역사에 새 생명을 불어넣었고, 처져 있던 백성들을 강한 그리스도의 군대로 바꿔 놓았다. 한없이 부족한 나 같은 목사도 성도를 위해 항상 기도하면 그들이 강하고 아름다운 그리스도의 군대가 될 것을 믿는다.

부르심에 합당한 삶

데살로니가교회를 향한 바울의 첫 번째 중보기도 제목은 "하나님께서 너희를 그 부르심에 합당한 자로 여기게 해달라"는 것이었다. 다르게 말하자면, 데살로니가 교인들을 구원하신 하나님께 이젠 그들을 성도라는 이름에 걸맞은 사람으로 만들어달라고 청원하는 것이다. 이 말은 하나님께 데살로니가 성도들을 거룩하고 정결하게 늘 씻겨달라고 기도하는 것이다. 주님도 제자들을 위해 기도하실 때 "진리로 저희를 거룩하게 해달라"고 기도하셨다.

교인을 '성도'라고 하는데 영어로는 '성자'(saint), 곧 세상과 구별된 거룩이 있는 사람이란 뜻이다. 오늘날 가장 큰 위기는 교회가 거룩을 잃어버린 데 있다. 예수 믿는 사람이 너무 타락해버렸다. 교회에서 너무 세상 냄새가 많이 나고, 예수 냄새가 잘 안 난다. 그래서 교회의 머리 되신 그리스도께서 가슴 아파하신다. 하나님은 하나님의 백성이 다시금 거룩을 회복하길 원하신다. 우리부터 앞장서서 하나님 백성의 거룩을 회복해야 한다.

하나님의 백성이면서도 하나님의 백성답게 살지 못하고 있는 우리의 추한 모습을 몸부림치며 회개해야 한다. 성자는 죄 없는 사람이 아니다. 죄에 아주 민감한 사람이다. 성령의 불이 우리의 몸과 마음에 임하셔서 모든 더럽고 악한 것을 깨끗이 태워 정결케 해달라고 기도해야 한다.

매해 신년 특새 40일 기간마다 나는 성령께서 우리 성도들의 삶 속에 남아 있는 모든 세상적 더러운 요소를 다 드러내어 회개하게 하시고 새롭게 하시는 역사가 있기를 기도했다. 그래서 그런지 우리 교회 안에서는 돈 문제, 이성 문제 등으로 사고 치는 사람들은 금방 금방 드러난다. 처음에는 그럴 때마다 마음이 아팠지만, 감춰져 있지 못하고 빨리 드러나서 회개하게 하시는 성령의 역사임을 알게 된 뒤에는 오히려 감사하게 되었다.

우리 안에 있는 죄의 잔재들이 해결되지 않고 남아 있으면 영적 기쁨이 사라지고, 능력이 사라지며, 기도가 응답되지 않는다. 회개는 이것을 나 예수님 앞에 다 고백하는 것이다. 그러면 예수님이 치워주신다. 회개는 고통스러운 것이지만, 예수 보혈의 공로를 의지하여 결단하고 반드시 해야 한다. 그러면 기쁨과 능력이 회복될 것이다.

예수님 성품을 닮게 하소서

"하나님의 부르심에 합당한 자가 되게 해달라"는 것은 성도들을 거룩하고 정결하게 해달라는 기도이면서, 동시에 성도들의 인격이 예수님의 인품을 닮아가게 해달라는 기도이기도 하다.

우리는 성령의 은사에 대해서는 강조하지만 성령의 열매에 대해서 너무 강조하지 않는다. 갈라디아서 5장 22-26절에 보면 성령의 아홉 가지 열매가 나온다. 사랑, 희락, 화평, 오래 참음, 자비, 양선, 충성, 온유, 절제가 그것이다. 이것은 다 예수님의 인격을 설명한 것으로 우리가 성령 안에 거하면 우리의 인격이 이렇게 성숙해지고 예수님을 닮아가게 된다.

인격은 성령의 열매라고 했다. 내가 노력해서 되는 것이 아니라, 우리가 성령 안에 뿌리내리고 있으면 자연스럽게 열린다. 하나님과 깊이 연결되어 그분과 교제하며 살아가면 하나님의 성품이 우리에게 자연스럽게 촉촉이 스며든다.

예수 믿고 구원받은 사람은 하나님의 형상으로 충만한 사람임을 믿으라! 하나님의 성품을 닮은 인격자임을 믿으라! 가끔 세상적 행동과 말을 하면 사탄이 "바로 그거야! 괜히 거룩한 척하고 있더니 이게 진짜 네 모습이야!" 하면서 아직 우리가 자기 자녀인 것처럼 협박을 한다. 병든 인격은 마귀가 공격하는 빌미가 된다.

그러나 그때마다 나사렛 예수 그리스도의 이름으로 승리를 선포하라! 우리 안에 옛사람이 아직 살아 있어서 가끔 넘어질 수는 있다. 그러나 주님은 우릴 버리지 않으신다. 반드시 하나님의 형상으로 다시 회복시키신다. 나는 성도들이 어떤 위대한 일을 해내고 세상에서 성공하는 것보다, 성도들의 인격이 날마다 예수님을 닮은 인격으로 변해가기를 기도한다.

믿음이 자라게 하소서

"하나님의 부르심에 합당한 자가 되게 해달라"는 것은 성도들의 믿음이 성장하게 해달라는 의미도 된다. 바울은 항상 성도들이 하나님을 더 깊이 알아가기를 원했다. 그 사랑의 넓이와 높이와 깊이가 어떠한지를 더 깨달아가기를 원했다. 만족하지 말고, 교만하지 말고, 끊임없이 은혜의 깊은 바다로 들어가기를 원했다. 기도의 사람도 더 깊고 능력 있는 기도의 세계로 들어가고, 말씀의 사람도 더 깊고 뜨거운 말씀의 세계로 들어가기를 원했다.

바리새인들과 서기관들은 자신들이 종교의식에 정통하고 성경 지식이 있다고 해서 영적으로 더 배울 것이 없다는 교만이 있었다. 그러나 바울은 달랐다. 그리스도의 피로 거듭난 하나님의 백성들은 그 믿음이 항상 더 깊게 뿌리를 내리고, 더 성장하며, 더 성숙해져야 한다는 것을 알았다. 항상 자신의 부족함을 깨닫고 주님 앞에 겸손히 엎드릴 때, 하나님이 더 큰 은혜와 능력을 날마다 부어주실 것이다.

나도 우리 성도들이 모두 매일매일 하나님 안에서 더 믿음이 성장하고 성숙해지고 강해지기를 기도하고 있다. 믿음은 말씀을 먹고 자라지만, 또한 기도를 먹고 자란다. 자신의 기도도 필요하고, 목회자의 중보기도도 필요하다. 그렇기 때문에 늘 성도들의 믿음이 자라고, 영적으로 더 깊어지며, 더 강해지고, 성숙해지도록 기도한다.

하늘의 능력으로 사는 삶

데살로니가교회를 향한 바울의 두 번째 중보기도 제목은 데살로니가교회 성도들이 가지고 있는 "모든 선을 기뻐함과 믿음의 역사를 능력으로 이루어주십사" 하는 것이었다.

"모든 선을 기뻐한다"는 것은 그들이 가지고 있는 모든 선한 목표와 계획을 말한다. 그리고 여기서 '역사'란 말은 쉽게 말해서 '일'(work) 혹은 사역이라고 보면 된다. 믿음이 있어야 주님의 일을 할 수 있다. "믿음의 역사"라는 말은 데살로니가전서 1장 3절에도 나온다.

> 너희의 믿음의 역사와 사랑의 수고와 우리 주 예수 그리스도에 대한 소망의 인내를 우리 하나님 아버지 앞에서 끊임없이 기억함이니 살전 1:3

즉 데살로니가 교인들은 실로 많은 주님의 일을 감당하고 있었다. 고난 속에 있는 형제자매들을 돌보는 일도 잘했고, 특히 전도와 선교 사역을 엄청나게 많이 해냈다.

주의 말씀이 너희에게로부터 마게도냐와 아가야에만 들릴 뿐 아니라 하나님을 향하는 너희 믿음의 소문이 각처에 퍼졌으므로 우리는 아무 말도 할 것이 없노라 살전 1:8

겸손히 기도하는 자에게 하늘 능력이 임한다

데살로니가는 로마 제국의 중요한 도로가 지나가는 핵심적인 요충지였지 때문에 로마 제국 각 지역에서 통과하는 사람들이 많았던 국제도시였다. 데살로니가 교인들은 자신들의 지리적 환경을 십분 활용하여 데살로니가를 지나는 여행자들에게 적극적으로 복음을 전파하였다. 그 결과 데살로니가교회가 전한 복음이 천하 사방으로 삽시간에 퍼져나간 것이다.

그러나 아무리 선한 동기를 가지고 많은 사역을 한다 해도 하나님이 능력을 주시지 않으면 결코 그 일을 제대로 이루어낼 수 없다. 성도 중에는 인간적으로 똑똑한 사람, 재주 있는 사람, 눈썰미 있는 능력자도 많다. 그러나 문제는 그들이 하나님의 일을 인간적인 힘과 재주로 하려고 한다는 것이다. 처음에는 반짝 하고 뭔가 되는 것 같지만, 금방 바닥이 드러난다. 금방 지치고, 불평과 원망이 많으며, 형제들끼리 싸우고 권위자와 충돌하기도 하며, 사역이나 교회를 떠나버리기도 한다.

그러나 하나님이 위로부터 부어주시는 능력은 인간적 능력과 차원이 다르다. 그것은 초자연적인 성령의 파워다. 하나님의 도우시는 능력은 기도를 통해 온다. 그러므로 교회의 모든 일은 하나님의 도우심을 구하는 기도로 시작해서 기도로 마쳐야 한다. 하나님은 엄청난 능력을 갖고 계시며, 그것을 믿는 우리에게 베풀어주신다. 우리를 통하여 역사하신다. 그런데 우리가 그것을 잘 모르고 있다. 잘 모르니까 잘 사용하지 못한다.

하나님은 하나님의 자녀에게 하나님의 능력을 부어주시길 기뻐하신다. 그 능력은 우리 자신을 위해 주시는 것이 아니라 하나님의 일을 하라고 주시는 능력이다. 모든 하나님의 사람에겐 각자에게 주어진 하나님의 일이 있다. 그런데 하나님의 일은 하나님의 능력으로만 할 수 있다. 사람의 힘으로 하나님의 일을 하면 결코 오래 못 간다. 초대교회를 세운 열두 사도 중에 학벌이 좋거나 능력이나 인품이 탁월한 사람은 하나도 없었다.

그러나 그들이 마가의 다락방에서 목숨을 걸고 기도하여 성령이 임하자, 그들은 앉은뱅이를 낮게 하고, 하루에 수천 명씩 전도하는 엄청난 능력의 사람이 됐다. 일이 많아서 지친 게 아니다. 당신이 지친 것은 하나님의 능력이 없기 때문이다. 자신의 수준에 맞는 일을 달라고 하지 말라. 오히려 자신에게 주어진 사명에 맞는 하늘의 능력을 달라고 하라.

이 거룩한 하늘의 능력은 겸손히 기도하는 사람들에게 부어진다. 내 주위에도 보면 이십 대 전도사 시절, 정말 재주도 많고 여러 가지 대형 청년 집회 기획도 잘하던 친구들이 많았다. 그런데 오늘날 그들이 다 어디에 갔는지 찾을 수가 없다. 젊은 날부터 조용히 그러나 신실하게 기도의 습관을 쌓아야 훗날 하나님께 귀하게 쓰임받을 수 있다. 화려한 꿈을 꾸는 사람은 많지만, 결국 그것을 이뤄내는 사람은 기도하며 기다리는 사람들이었다. 신실하고 뜨거운 기도를 통해서만 하늘의 능력이 축적되고, 하늘의 능력으로 채워진 자만이 하늘의 꿈을 이뤄낼 수 있다.

기도로 영적 보호막을 치라

또한 "믿음의 역사를 능력으로 이룬다"는 것은 하나님이 주시는 능력으로 마귀의 능력을 물리치는 것을 말한다. 성도들을 끊임없이 공격하고 미혹케 하는 마귀의 권세로부터 보호받고 승리하는 것을 의미한다. 예수님께서도 제자들을 악한 마귀로부터 지켜달라는 보호의 중보기도를 간절히 하셨고, 베드로와 바울 모두 마귀의 공격으로부터 성도들을 지켜달라는 기도를 끊임없이 했다.

신앙생활에서 영적 전쟁은 피해갈 수 없는 것인데, 자신의 기도도 기도지만 영적 지도자들의 중보기도 지원이 반드시 있어야 한다. 힘 있는 아버지가 있는 자녀들은 주위 사람들이 함부로 건드리지 못한다. 마찬가지로 강한 영성을 가진 영적 지도자가 목양하고 있는 양들을 마귀가 함부로 건드리지 못한다. 지도자가 말씀과 기도로 영적 보호막을 쳐놓았기 때문이다. 그래서 마귀가 그토록 영적 지도자를 공격하려 하고, 양들과 목자의 사이를 이간질시키려는 것이다. 둘 사이가 벌어지면 서로의 기도 보호막이 깨지기 때문이다.

나는 확신한다. 담임목사인 내가 우리 성도를 위해 쉬지 않고 기도하면 하나님께서 우리 성도를 위해 쉬지 않고 일하실 것을 말이다. 반대로 내가 성도를 위한 중보기도를 멈추면 기도의 보호막이 내려진 틈을 타마귀가 성도들에게 달려들 것도 알고 있다. 그래서 잠시라도 성도들을 위한 기도를 중단할 수 없다.

나는 항상 우리 성도들을 예수의 보혈로 덮어서 마귀가 그들의 생각과 마음과 가정을 흔들지 못하게 해달라고 중보한다. 특새 기간 동안 나는 새벽예배 후, 바로 7층에 있는 사무실로 올라가서 교회 주차장을 빠져나가는 성도들의 차를 보면서 손을 펴고 중보했다.

"오늘도 직장으로, 가정으로 가는 우리 성도들을 축복하시옵소서. 저들을 시험 들게 하고 무너뜨리려 하는 사탄의 모든 계획을 막으시고 좌절시켜 주옵소서."

하나님의 크심을 경험하라

믿음의 역사를 능력으로 이룬다는 것은 영안이 열려서 자신과 함께하는 하나님의 능력을 깨닫는 것이다. 영안이 열리면 그 무엇보다 하나님의 능력을 제대로 깨닫게 된다. 영안이 어두워지면 불신의 생각을 하고, 불신의 말과 행동을 하게 된다.

하나님의 사람들도 세상 속에 계속 살다 보면 저도 모르게 영적 분별력이 흐려진다. 물질로 인해서, 욕심과 두려움으로 인해서, 이 모든 것을 뒤에서 사주하는 사탄의 방해공작으로 인해서 자꾸 우리의 영적 시야가 가려진다. 사탄은 우리가 현실에만 주목하는 육의 눈에 머물러 있기를 원한다. 그래서 우리가 하나님의 능력을 제대로 알지 못하는 영적 어둠에 갇혀 있기를 원한다. 그래야 우리가 영적 전쟁터에서 무기력해지기 때문이다.

우리가 마귀가 원하는 대로 되어서는 안 된다. 영안이 열려야 한다. 그래야 하나님을 제대로 알 수 있는 능력이 생긴다. 그러면 문제가 작게 보이고 하나님이 크게 보인다. 영의 눈이 열리면 마귀의 허풍을 두려워하지 않게 되고, 마귀의 거짓에 선동당하지 않게 된다.

나는 성령께서 우리 성도들의 눈에서 끊임없이 육체의 비늘이 벗어지게 하시고, 영적인 눈을 열어달라고 기도한다. 믿음이 부족한 엘리사의 사환이 엘리사의 중보기도로 영의 눈이 열렸듯이, 믿음이 더 강한 사람의 기도로 믿음이 약한 사람들의 영의 눈이 열릴 수도 있다. 그러므로 영적 지도자들은 항상 믿음이 연약한 성도들의 영의 눈이 열리도록 기도해야 한다. 사도 바울은 각지의 성도들을 위해 기도할 때 무엇보다도 그들의 영안이 열리기를 원했다. 영의 눈, 영안이 열려야 하나님의 크고 위대하심을 제대로 알 수 있기 때문이다.

주님의 제자로 영광 돌리는 삶

데살로니가교회를 향한 바울의 세 번째 중보기도 제목은 "예수의 이름이 그들 가운데서 영광을 받으시고 그들도 그 안에서 영광을 받게 해달라"는 것이었다. 바울은 예수님을 이용해서 유명해지려고 하지 않았다. 시종일관 자신의 주인이신 예수님의 이름을 높이는 일에 전력투구했다. 데살로니가 교인들도 예수님을 이용해서 잘 먹고 잘 살게 되는 것이 아니라, 그들의 삶과 사역을 통해서 예수님이 영광 받으셔야 했다. 그들을 바라보면서 세상이 하나님의 살아 계심을 볼 수 있어야 했다. 그들을 통해서 천사는 흠모하고 마귀는 패배하는 역사가 일어나야 했다.

교회는 은혜 받는 곳이고, 주님의 영광을 체험하는 곳이어야 한다. 세상에서 한 발짝 떨어져서 교회에 왔으면 주님의 영광을 보는 데 주력해야지, 인간적 이야기들을 자꾸 하면 안 된다. 마귀는 우리에게 자꾸 인간적 생각을 불어넣고, 비판과 불평과 미움의 마음들을 불어넣어서 우리가 주님의 영광을 보는 것을 방해하려 한다. 그때마다 우리는 마귀의 공격을 단호하게 물리쳐야 한다. 말을 줄이고, 판단을 멈추고, 주님 앞에 겸손히 기도로 엎드리며, 오직 "주님의 영광을 보게 하옵소서"라고 간구해야 한다.

그 무엇보다 예수님의 이름이 그들 가운데서 영광 받으실 수 있는 길은 성도들이 서로 사랑하는 것이었다.

> 내게 주신 영광을 내가 그들에게 주었사오니 이는 우리가 하나가 된 것같이 그들도 하나가 되게 하려 함이니이다 요 17:22

예수님은 십자가를 통해서 하나님의 영광을 우리에게 주셨다. 기도할 때 우리는 예수를 통해서 오는 하나님의 영광을 체험하는 것이다. 하나님의 영광을 체험한다는 것은 하나님의 사랑을 체험하는 것이다. 기도를 통해 하나님과 깊이 교제하며 하나님의 사랑을 체험하면 우리는 비로소 서로를 진정으로 사랑할 수 있게 된다.

세상은 시기와 다툼과 미움과 전쟁에 워낙 익숙해져 있다. 그래서 하나님의 사람들이 서로를 사랑하기 시작하면 충격을 받는다. 타락한 세상에 교회가 줄 수 있는 가장 큰 충격은 서로 사랑하는 것, 서로 하나가 되는 모습을 보여주는 것이다. 그것도 세상을 사랑하라는 것이 아니라, 크리스천들끼리 서로 사랑하는 모습을 보여주면 족하다는 것이다. 그것을 보면 세상은 하나님의 사랑의 실체를 깨닫게 된다는 것이다.

너희가 서로 사랑하면 이로써 모든 사람이 너희가 내 제자인 줄 알리라 요 13:35

우리 힘으로는 사랑할 수 없지만, 하나님이 주시는 사랑으로 우리는 서로 사랑할 수 있다. 하나님을 체험한 사람들이 모여서 비로소 하나가 되고, 이들이 교회 공동체를 만드는 것이다. 하나님의 사랑으로 우리가 서로 사랑할 때 하나님이 우리 가운데서 영광을 받으시는 것이다.

목회자들과 성도들은 서로를 위해 항상 중보기도해 주어야만 한다. 목회자와 성도들이 서로를 위해 중보기도를 할 때, 하나님께서는 마귀의 군대를 몰아내시고 승리와 부흥과 은혜를 교회에 부어주신다. 기도하지 않는 교회를 기다리고 있는 것은 참혹한 패배뿐이지만, 힘써 기도하는 교회를 기다리고 있는 것은 완벽한 승리이다. 교회는 더 많이, 더 열심히 기도해야 한다.

9
교회는 공동 운명체

약속의 땅 진입을 눈앞에 둔 채로, 모세는 여호수아에게 리더십을 이양했다. 이스라엘을 유혹시켜 죄짓게 했던 미디안 정복 전쟁까지 완벽하게 마무리했다. 이제는 아무 걸리는 것 없이 "전군! 앞으로!" 하면서 약속의 땅으로 들어가는 것만 남았다 생각했는데, 또 하나의 전혀 예상치 못했던 사고가 내부에서 터진다.

르우벤 자손과 갓 자손은 심히 많은 가축 떼를 가졌더라
그들이 야셀 땅과 길르앗 땅을 본즉 그곳은 목축할 만한 장소인지라
갓 자손과 르우벤 자손이 와서 모세와 제사장 엘르아살과
회중 지휘관들에게 말하여 이르되
아다롯과 디본과 야셀과 니므라와 헤스본과

엘르알레와 스밤과 느보와 브온

곧 여호와께서 이스라엘 회중 앞에서 쳐서 멸하신 땅은

목축할 만한 장소요

당신의 종들에게는 가축이 있나이다

또 이르되 우리가 만일 당신에게 은혜를 입었으면

이 땅을 당신의 종들에게 그들의 소유로 주시고

우리에게 요단강을 건너지 않게 하소서

모세가 갓 자손과 르우벤 자손에게 이르되

너희 형제들은 싸우러 가거늘 너희는 여기 앉아 있고자 하느냐

너희가 어찌하여 이스라엘 자손에게 낙심하게 하여서

여호와께서 그들에게 주신 땅으로 건너갈 수 없게 하려 하느냐 …

그들이 모세에게 가까이 나아와 이르되

우리가 이곳에 우리 가축을 위하여 우리를 짓고

우리 어린아이들을 위하여 성읍을 건축하고

이 땅의 원주민이 있으므로 우리 어린아이들을

그 견고한 성읍에 거주하게 한 후에

우리는 무장하고 이스라엘 자손을 그곳으로 인도하기까지

그들의 앞에서 가고

이스라엘 자손이 각기 기업을 받기까지

우리 집으로 돌아오지 아니하겠사오며

우리는 요단 이쪽 곧 동쪽에서 기업을 받았사오니

그들과 함께 요단 저쪽에서는 기업을 받지 아니하겠나이다

모세가 그들에게 이르되 너희가 만일 이 일을 행하여

무장하고 여호와 앞에서 가서 싸우되

너희가 다 무장하고 여호와 앞에서 요단을 건너가서

여호와께서 그의 원수를 자기 앞에서 쫓아내시고

그 땅이 여호와 앞에 복종하게 하시기까지 싸우면

여호와 앞에서나 이스라엘 앞에서나 무죄하여 돌아오겠고

이 땅은 여호와 앞에서 너희의 소유가 되리라마는

너희가 만일 그같이 아니하면 여호와께 범죄함이니

너희 죄가 반드시 너희를 찾아낼 줄 알라

민 32:1-7,16-23

민수기 32장 1-5절을 보면, 르우벤은 이스라엘의 장자 지파였고 갓은 르우벤과 이웃하여 사는 지파임을 알 수 있다. 이들은 열두 지파 가운데서도 특히 많은 군대와 가축 떼를 보유한 큰 무리였다. 그런데 이들이 갑자기 '야셀 땅과 길르앗 땅'에 주저앉겠다는 것이다. 이 땅은 요단강 동편의 땅으로서, 약속의 땅 밖의 땅이다. 즉, 자신들은 요단 동편의 강을 차지하고 살 테니, 다른 지파들과 함께 요단강을 건너 약속의 땅에

들어가지 않도록 허락해달라는 것이다.

모세를 비롯한 이스라엘 지도자들은 이 청천벽력 같은 소리에 매우 놀랐을 것이다. 이들이 갑자기 왜 이런 요구를 하게 되었을까? 이스라엘 민족은 유목민이라 데리고 다니는 가축 떼가 많았다. 그런데 그중에서도 르우벤과 갓 자손이 소유한 가축 떼는 상상할 수 없을 정도로 많았던 것 같다. 애굽에서부터 데리고 나온 가축 떼도 있었지만, 최근 이방 족속들과의 전쟁에서 전리품으로 많은 가축 떼를 확보했을 가능성이 크다. 어쨌든 그들은 다른 지파보다 훨씬 많은 가축 떼를 데리고 있었기 때문에 이동이 용이치 않았다. 요단강을 건너 가나안 땅으로 들어갈 엄두를 내지 못했다.

하나님의 은혜로 가진 것이 많아졌는데, 아이러니하게도 그런 이유로 하나님의 명령에 순종하는 것이 힘들어진 것이다. 많은 소유를 관리하는 문제로 인해 약속의 땅으로 들어가는 것이 부담스러워졌다.

욕심의 눈 vs. 비전의 눈

주님은 "좁은 문으로 들어가라"고 하셨는데, 좁은 문으로 들어가려면 내 몸이 가벼워야 한다. 가진 것이 많으면 그것을 다 움켜쥐고 들어가려는 욕심 때문에 약속의 땅에 올인하기가 쉽지 않다. 그래서 예수님도 "낙타가 바늘귀로 들어가는 것이 부자가 하나님의 나라에 들어가는 것보다 쉬우니라"(막 10:25)라고 하셨는지 모른다. 주님이 못 들어가게 하시는 것이 아니라 사람이 자기가 가진 것을 못 놓기 때문이다.

민수기 32장 1절에서 "그들이 야셀 땅과 길르앗 땅을 본즉 그곳은 목축할 만한 장소인지라"라고 했다. 많은 소유로 인해 고민하던 르우벤 자손과 갓 자손에게 요단강 동편 야셀 땅과 길르앗 땅이 눈에 확 들어왔다. 요단 동편에 있던 야셀 땅은 무서운 아모리 왕 시혼을 물리치고 빼앗은 곳이다. 농산물이 풍성하고 목축에 적합한 지역이었다. 길르앗 땅은 요단 동편 전체 혹은 아르논강과 얍복강 사이에 펼쳐진 초원을 가리킨다. 이 지역은 물이 풍부하고 수목이 울창하며, 포도와 올리브 재배가 활발했다. 갓 지파와 르우벤 지파는 지금껏 광야생활 동안 보기 어려웠던 야셀과 길르앗 지역의 풍요로움에 매료됐던 것 같다.

다른 지파들이라고 야셀과 길르앗 땅의 풍요로움을 왜 보지 못했겠는가? 그러나 다른 지파들은 모두 약속의 땅에 들어가야 한다는 일념으로 가득 차 있었기 때문에, 야셀과 길르앗에 안주하려 하지 않았을 뿐이다. 상대적으로 가진 것이 적었기 때문이기도 했다. 그러나 르우벤과 갓 지파는 달랐다. 남들보다 훨씬 많은 가축 떼를 보유했기 때문에 어떻게든 이 가축 떼를 지키고 불려야 한다는 생각이 약속의 땅에 대한 비전보다 더 강했다. 그렇게 욕심의 눈으로 보니까 외형적인 조건이 좋은 땅에 주저앉고 싶어진 것이다. 무엇을 보느냐보다 어떤 눈으로 보느냐가 더 중요하다.

르우벤과 갓 지파는 당장 눈에 보이는 이 좋은 땅에 자기 지파만 정착해버리면 된다고 생각했다. 하지만 지금 그들이 모세와 이스라엘 민족을 이렇게 떠나면 안 되었다. 지금은 아무것도 가진 것이 없을지라도 이

민족은 하나님이 동행하시는 민족이며, 하나님의 모든 축복의 통로였기 때문이다. 이 민족과 함께 약속의 땅에 들어가야 하나님께서 예비하신 진짜 풍성한 은혜를 누릴 것이기 때문이다. 그러나 지금 자기 소유를 놓지 못하는 욕심 가득한 두 지파에게는 그런 영적 분별력이 없었다.

모세의 분노와 질책

모세는 이런 두 지파를 향해 불같이 화를 냈다.

모세가 갓 자손과 르우벤 자손에게 이르되 너희 형제들은 싸우러 가거늘 너희는 여기 앉아 있고자 하느냐 너희가 어찌하여 이스라엘 자손에게 낙심하게 하여서 여호와께서 그들에게 주신 땅으로 건너갈 수 없게 하려 하느냐 민 32:6,7

모세는 먼저 현실에 안주하려는 그들의 안일함을 책망했다.

"너희 형제들은 싸우러 가거늘 너희는 여기 앉아 있고자 하느냐."

여기서 '앉아 있다'는 단어를 히브리어 원어로 보면 문자적으로 '남아 있다'라는 의미다. 다른 사람은 약속의 땅으로 축복의 미래를 향하여 나아가는데, 이들은 믿음의 경주를 중간에서 포기하겠다는 것이다. 그야말로 '여기가 좋사오니' 하면서 현실에 안주하겠다는 것이다.

그들의 선택 기준은 하나님의 말씀이 아닌 자신들의 현실적 필요였다. "많은 가축 떼를 돌보기에는 여기가 가장 좋아. 그러니 더 이상 고생하면서 약속의 땅으로 갈 필요가 없어. 여기를 우리 약속의 땅으로 하

자. 우리의 광야 행군은 여기서 끝이야"라고 자기들끼리 결정한 것이다. 현실에 안주하려는 이런 이기적인 마음은 소명의식을 무너뜨린다. 하나님의 행군 나팔소리가 들리는데 자신들은 가지 않겠다고 한다.

그들은 지금 괜찮은 것에 취해서 최고의 것을 놓치려 하고 있다. 지금 이들이 요구하고 있는 땅은 외형적 조건은 좋았지만, 그래도 약속의 땅 밖에 있는 땅임을 주목해야 한다. 하나님이 약속하신 땅 밖에 정착하려 한다는 것은, 하나님의 말씀에 순종하지 않는다는 것을 의미한다. 그것은 말씀에 순종할 때 오는 엄청난 축복에서도 제외된다는 뜻이다. 그러나 이들은 중간 지대의 유혹에 사로잡혀서 최종 목적지인 약속의 땅에 대한 소망을 버리려 하고 있다.

또한 모세는 다른 형제들을 배려하지 않는 그들의 이기주의를 책망했다.

"너희 형제들은 싸우러 가거늘 너희는 여기 앉아 있고자 하느냐."

사실 그들이 지금 원하는 요단강 동편 길르앗과 야셀 땅도 그들 자신의 힘으로 쟁취한 땅이 아니라 이스라엘 모든 지파가 함께 싸워서 얻은 땅이었다. 그런데 형제들이 같이 피 흘린 땅을 자기들만 갖겠다는 것이다. 게다가 다른 형제들은 이제 막 요단강을 건너 모든 것을 걸고 가나안 정복 전쟁을 수행하려 하는데, 자기들만 그 전쟁에서 빠지겠다니 보통 이기적인 게 아니다.

지금껏 이스라엘은 함께 싸우고, 함께 분배하는 공동체였다. 이때껏 공동체 덕분에 잘 먹고 잘 살게 되었으면서, 공동체의 운명이 걸린 전쟁을 앞둔 결정적인 순간에 자기 책임을 완수하지 않고 뒤로 빠지려는 것은 위기 중에 위기였다. 자기 가족들만 잘 먹고 잘 살면 되고, 나라와 민족은 어떻게 되든 상관없다는 태도다.

공동체를 낙심시키는 이기심

모세는 이들의 이기적인 행동이 이스라엘 전체에 미칠 악영향을 생각했다.

> 너희가 어찌하여 이스라엘 자손에게 낙심하게 하여서 여호와께서 그들에게 주신 땅으로 건너갈 수 없게 하려 하느냐 민 32:7

이는 "너희들은 너희들만 잘 살면 된다고 생각하지만, 너희들의 이런 행동은 우리 민족 전체를 재앙으로 몰고 갈 것이다"라는 말이다. 모세는 매우 강한 어조로 이기적인 갓 지파와 르우벤 지파를 비판하면서 이들이 다른 백성들을 '낙심시킬 것'이라고 했다. 여기서 '낙심'이라는 말은 싸울 용기, 약속의 땅으로 들어갈 용기를 잃어버리게 한다는 뜻이다. 모세는 이것이 40년 전 가데스 바네아에서 있었던 비극적인 상황과 똑같음을 상기시킨다.

> 너희 조상들도 내가 가데스 바네아에서 그 땅을 보라고 보냈을 때에 그리하였었나니 그들이 에스골 골짜기에 올라가서 그 땅을 보고 이스라엘 자손을 낙심하게 하여서

여호와께서 그들에게 주신 땅으로 갈 수 없게 하였었느니라 … 여호와께서 이스라엘에게 진노하사 그들에게 사십 년 동안 광야에 방황하게 하셨으므로 여호와의 목전에 악을 행한 그 세대가 마침내는 다 끊어졌느니라 보라 너희는 너희의 조상의 대를 이어 일어난 죄인의 무리로서 이스라엘을 향하신 여호와의 노를 더욱 심하게 하는도다 너희가 만일 돌이켜 여호와를 떠나면 여호와께서 다시 이 백성을 광야에 버리시리니 그리하면 너희가 이 모든 백성을 멸망시키리라 민 32:8,9,13-15

40년 전, 약속의 땅을 정탐하고 돌아온 열두 정탐꾼 중에 여호수아와 갈렙을 제외한 부정적인 열 사람이 약속의 땅을 악평하여 백성들의 마음에 두려움을 퍼뜨렸다. 그때도 백성들이 낙심하여 약속의 땅에 들어갈 용기를 잃었다. 그래서 약속의 땅 진입이 수십 년 동안 늦춰졌다. 그런데 이번에는 욕심에 눈이 먼 두 지파로 인해 다른 모든 백성이 낙담하여 약속의 땅 정복 전쟁을 시작할 의욕을 잃어버리고 주저앉게 생겼다는 것이다. 과거에는 부정적인 열 사람이 퍼뜨린 두려움 때문에, 지금은 두 지파의 욕심 때문에 백성들 전체가 낙심하게 되었다. 원인은 달라도 이들로 인해 전체가 낙심하기는 마찬가지고, 낙심한 군대가 어찌 이 큰 정복 전쟁을 성공적으로 치를 수 있었겠는가?

"형제들이 어찌 되든 나 하나만 잘 살면 된다"는 생각, "나 하나 빠진다고 뭐가 크게 달라지겠는가"라는 생각은 믿음의 공동체에 치명적이다. 그들 두 지파의 병력을 다 합치면 8만 명이 훨씬 넘고, 나중에 이들과 함께 요단 동편 땅을 받게 되는 므낫세 반 지파까지 합치면 10만 명이 넘는다. 게다가 병사들도 용맹했다. 지금 이스라엘 백성 모두가 총력을 기울여 싸워도 가나안 땅의 견고한 성읍들과 수많은 강한 군대를 이기는 것은 버거운 일이었다. 그런데 전체 60만 병력 중에서 10만 명의 강한 정예군대가 빠져버리면 어떻게 되겠는가. 수적인 마이너스 요인보다도 다른 모든 지파의 사기가 땅에 떨어져버릴 것이다. 그리고 다른 지파들도 "그럼 우리도 요단강 동편의 좋은 땅에 그냥 정착해 살겠다"라고 하면서 약속의 땅에 들어가지 않고 서로 물고 뜯는 내전으로 갈 수도 있었다.

머릿수만 많다고 공동체가 되는 게 아니다. 공동체는 서로의 책임을 완수할 때 든든히 세워지는 것이다. 다들 각자 제 살길 찾겠다고 흩어져서 책임이 무너지면 공동체 전체가 함께 무너지는 것이다. 그리고 그렇게 공동체가 무너지면 개인도 무너지게 된다.

나라가 무너지니까 전 세계로 살길을 찾아 흩어진 시리아 난민들을 보라. 바다 건너다 빠져 죽는 사람, 굶어 죽는 사람들이 부지기수고, 세계 어디를 가도 환영받지 못한다. 《타임》지 기사를 보니 이들 시리아 난민들은 대부분 고졸 이상의 학력을 가졌고 탈출자금을 마련할 정도의 돈도 있는 사람들이라고 한다. SNS나 여러 매체를 통해 서구 선진국들에 대한 정보도 가진, 잘 살아 보겠다는 열정이 있는 중산층 이상의 사람들이라고 한다. 나라가 멀쩡했더라면 우리와 별다를 것 없는 뛰어난 사람들이다. 그런데 나라가 붕괴되니까 그렇게 비참해졌다. 나라가 없으면 개인도 없다.

나와 공동체는 별개의 것이 아니다. 나가야 될 때 함께 나가지 않으면 공동체 전체가 무너진다. 버텨야 할 때 함께 버텨주지 않으면 공동체 전체가 무너진다. 특히 재능 있는 자, 힘 있는 자가 자기 자리를 지켜주지 않으면 전체가 죽는다. 그래서 가진 자의 이기심이 가장 무섭다. 작은 구멍 하나가 큰 배를 무너뜨린다. 우리 모두 함께 힘을 모아야 한다. 그래야 다 함께 산다.

평소의 생각을 거룩한 곳에 붙들어두라

르우벤 자손과 갓 자손의 결정은 하루아침에 이뤄진 것이 아니었을 것이다. 그것은 두 지파의 평소 생각 안에 축적되어 온 욕심의 산물이요, 평소에 많이 하던 생각의 결과물이었을 것이다. 매일 그들은 자신들이 가진 많은 가축 떼만 묵상하며 살았던 것 같다. 예수님은 "네 보물 있는 그곳에는 네 마음도 있느니라"(마 6:21)라고 하셨다. 날마다 어떤 것을 바라보고 있는가가 결정적인 때에 내 인생의 방향을 결정한다.

평소에 하나님의 말씀이 아닌 다른 것들을 너무 열심히 바라보고 사는 사람들은 결정적인 순간에 잘못된 결정을 내린다. 물질적인 결정, 자기중심적인 결정을 내려버린다. 하나님을 신뢰하지 못하는 인간은 자신을 지키기 위해 현실이라는 신을 섬긴다. 소유를 위해 약속을 저버린다. 이러한 죄는 하나님의 진노를 부른다. 그래서 하나님께서는 평소 우리의 생각을 항상 하나님의 말씀에 고정시켜 놓으라고 하신다.

그러므로 너희가 그리스도와 함께 다시 살리심을 받았으면 위의 것을 찾으라 거기는 그리스도께서 하나님 우편에 앉아 계시느니라 위의 것을 생각하고 땅의 것을 생각하지 말라 이는 너희가 죽었고 너희 생명이 그리스도와 함께 하나님 안에 감추어졌음이라 골 3:1-3

매일 믿음 안에서 말씀을 묵상하고 사는 것이 중요하다. 그래야 항상 마음과 생각이 하나님의 약속의 말씀에 붙들려 있게 된다. 믿음의 사람은 현실에 함몰되지 않고 약속의 말씀을 붙든다. 어떤 상황 속에서도 하나님을 선택하라. 현실 너머 현실을 지배하시는 하나님을 붙들라. 그것이 승리의 길이다.

두 지파가 타협안을 제시하다

모세의 불같은 분노와 질책에 두 지파 지도자들은 크게 당황했다. 다시 돌아가서 비상대책회의를 소집했다. 그리고 그들의 제안을 수정해서 타협안을 가지고 모세 앞으로 돌아왔다.

그들이 모세에게 가까이 나아와 이르되 우리가 이곳에 우리 가축을 위하여 우리를 짓고 우리 어린아이들을 위하여 성읍을 건축하고 이 땅의 원주민이 있으므로 우리 어린아이들을 그 견고한 성읍에 거주하게 한 후에 우리는 무장하고 이스라엘 자손을 그곳으로 인도하기까지 그들의 앞에서 가고 이스라엘 자손이 각기 기업을 받기까지 우리 집으로 돌아오지 아니하겠사오며 우리는 요단 이쪽 곧 동쪽에서 기업을 받았사

오니 그들과 함께 요단 저쪽에서는 기업을 받지 아니하겠나이다 민 32:16-19

이 수정안은 다음과 같다. 첫째, 자신들의 여자와 어린아이들이 요단 동편에 머무를 수 있도록 성읍을 요새화하는 작업을 먼저 하겠다. 둘째, 장정들은 무장하고 이스라엘 자손들과 함께 요단강을 건너 정복 전쟁에 동참하겠다. 그것도 최선봉에 서서 싸우겠다. 정복 전쟁이 완전히 끝날 때까지 집으로 돌아가지 않고 이스라엘 본대와 운명을 함께할 것이다. 셋째, 자신들은 이미 요단 동편의 땅을 차지했기 때문에, 요단 서편 가나안 땅에서는 기업을 받지 않겠다.

상당히 파격적인 제안이었다. 원래 이때까지 해오던 정상적인 행군 대형으로 한다면 르우벤과 갓 지파는 이스라엘 진영에서 두 번째로 행군하는 게 맞다. 그런데 그들은 자원해서 제일 선봉에 서겠다고 한다. 가장 치열하게 싸워야 하는 위험한 일을 감당하겠다는 것이다. 그렇지만 가나안 땅의 기업은 욕심내지 않겠다고 한다. 이렇게 되면 다른 열 지파들은 약속의 땅에서 더 넓은 기업을 얻을 수 있게 되니까 불평할 일이 없었다.

두 지파는 모세의 경고와 염려의 핵심을 정확히 이해하고 그에 대한 분명한 대답을 내놓았다. 처음 제안이 자기들의 입장만 생각한 이기적인 것이었다면, 수정안은 다른 지파들의 감정과 입장을 배려한 것이었다. 그러나 참으로 안타까운 것은 '이 얘기를 처음부터 했으면 얼마나 좋았을까' 하는 점이다. 욕심에 눈멀어 다른 형제들에 대한 배려도 없이, 앞

뒤 재지 않고 자기들만 살겠다는 이기적인 요구를 던져서 잠시나마 모두의 마음을 힘들게 하지 않았는가?

어쨌든 모세는 이들 두 지파의 제안을 받아들인 뒤, 협상 과정 말미인 민수기 32장 33-42절에서 므낫세 반 지파도 언급한다(아마 길르앗 지역을 빼앗는 데 므낫세 지파가 세운 혁혁한 공을 보상해주기 위해서였을 것이다). 그래서 정확히 하자면 두 지파가 아니라 두 지파 반이 요단강 동편 땅을 차지하게 된 것이다.

모세는 이들이 반드시 약속을 지킨다는 전제하에 이들의 요청을 수락한다. 민수기 32장 20-23절에서 모세는 이들에게 확실히 약속을 지킬 것을 다짐받는 데 여호와의 이름을 다섯 번이나 사용한다. '여호와 앞에서 요단을 건너고, 여호와 앞에서 싸우되 그 땅이 여호와 앞에 복종하면 돌아온 뒤 여호와 앞에서 무죄하고 그 땅이 여호와 앞에서 너희 땅이 될 것'이라고 했다. 모세는 인간적인 욕심으로 무리한 요구를 했던 이들 지파에게 확실하게 정신 교육을 시키고 있는 것이다.

"하나님의 백성이라고 하면서 그 중요한 결정을 하나님의 말씀이 아닌 욕심에 동하여 내리다니 말이 되느냐. 이제부터 하나님 앞에 서 있다는 생각을 하고 살아라. 하나님을 생각하지 않으면 너희들은 앞으로도 자기 것만 챙기는 이기적이고 어리석은 결정을 하게 된다. 매사에 하나님을 의식하고, 하나님과 동행하는 철저한 신본주의자로 살아라."

두 지파 반은 호되게 꾸지람 받고 나서야 정신을 차렸다. 이제 처음부터 끝까지 하나님과 동행하는 인생길을 가도록 확실히 자세를 바로 하게 되었다. 그들이 처음 제시한 자기 비전에는 욕심이 덕지덕지 붙어 있었다. 그러나 모세를 통하여 선포된 하나님의 말씀의 검이 사정없이 그 욕심들을 베어냈다. 이제 그들의 비전은 제대로 된 하나님의 백성의 비전이 되었다. 오늘날 우리도 비전과 욕심이 혼재된 채로 살아간다. 그렇기에 날마다 하나님의 말씀의 검이 우리 영혼 속으로 들어와 세상의 욕심을 제거하게 해야 한다.

아쉬운 파장

이렇게 위기는 일단락되었지만, 한번 구겨진 종이는 아무리 다리미로 다시 펴도 주름이 남듯이, 두 지파의 이기적인 처세가 남긴 파장은 컸다. 아무리 좋게 이해하려 해도, 두 지파는 하나님과 사람 앞에서 경솔했고 무책임했다.

소유한 가축 떼가 많아서 가축 떼를 키울 장소와 환경이 필요했다면, 자기들이 감당할 수 있을 만큼만 가지고 나머지 가축 떼는 다른 지파들과 함께 사이좋게 나누겠다고 모세에게 제안할 수도 있었다. 그러면 그들의 너그러운 마음으로 인해 다른 모든 백성은 그 지파들에게 존경심을 보냈을 것이고, 모세와 지도자들은 그때부터 모두가 원원할 수 있는 더 좋은 방안을 찾을 수 있었을 것이다. 또한 만약 요단 동편의 땅이 그들에게 진정으로 필요했다면, 약속의 땅을 다 정복한 뒤에 하나님께서 알아서 땅 분배를 위한 제비뽑기 과정에 간섭하셔서 그들에게 그 땅을 주실 것을 믿었어야 했다.

그러나 자신들이 괜히 먼저 나서서 정복 전쟁이 시작되기도 전에 무리한 요청을 하는 바람에 긁어 부스럼을 만들었다. 이로 인해 이스라엘 공동체 안에 큰 분열이 일어날 뻔했다. 다행히 문제가 원만히 해결되긴 했지만, 이것은 그들이 잘해서가 아니라 하나님께서 주신 지혜와 은혜로 모두가 받아들일 수 있는 타협안이 나왔기 때문이었다.

그리고 이들의 전쟁 참여는 자신들의 모든 것을 올인하는 것이 아니었다. 앞에서 언급했듯이, 이들 두 지파와 므낫세 반 지파까지 해서 싸움에 나갈 만한 장정은 적어도 10만 명은 되었다. 그러나 훗날 여호수아의 지휘 아래 실제 가나안 정복에 참여한 군인 수는 4만 명가량밖에 되지 않았다. 나머지 군인들은 요단 동편에 남아서 원주민들의 공격으로부터 가족들과 가축을 지켰던 것으로 보인다. 정복 전쟁에 참여한 4만 명은 약속대로 그 후 전개된 7년간의 가나안 정복 전쟁에서 열심히 싸웠다.

그러나 자신들의 땅을 지키느라고 병력의 절반 이상을 요단 동편에 남겨 놓은 까닭에, 이들 지파는 가나안 정복 전쟁에 올인하지는 못했다. 다른 지파들처럼 이들도 다 함께 요단강을 건너가 가나안을 정복하는 데 힘을 모았더라면 정복 전쟁은 훨씬 더 수월했을 것이다. 또한 약속의 땅을 정복하고 완전히 개간하는 데 상당한 시간이 걸렸는데 이들 지파들이 함께 갔더라면 정착 과정 또한 더 수월했을 것이다. 결국은 공동체 전체가 어느 정도 이들의 이기심으로 인한 대가를 치른 셈이다.

하나님의 오리지널 계획은 열두 지파가 다 함께 가나안 땅으로 들어가는 것이었다. 거기서 다 함께 싸워서 가나안을 정복한 뒤, 그 땅을 공평하게 제비뽑기하여 분배받는 것이었다. 하나님은 아마 각 지파가 가나안 땅 어느 곳을 분배받아서 경작할지도 계획해 놓으셨을 것이다. 그러나 요단 동편의 땅에 주저앉겠다는 이 두 지파의 욕심이 하나님의 계획을 망가뜨렸다.

그들이 욕심 냈던 땅은 외형적 조건은 좋았지만 하나님의 약속 밖에 있는 땅이었다. 하나님의 자녀들은 반드시 하나님의 약속 안에서 꿈을 이루게 하신다. 누가복음 15장에 나오는 탕자는 아버지의 품에서 벗어나 세상으로 가서 자기 꿈을 이루려 했다. 돈만 가지고 나면 세상에서 꿈을 이룰 줄 믿었다. 그러나 세상은 돈만 뺏고 탕자를 처참하게 무너뜨렸다. 마귀는 지금도 우리에게 하나님의 약속 밖으로 나가서 꿈을 이루라고 유혹한다. 가축 떼를 이용해서 두 지파의 욕심을 부추긴 것처럼 말이다.

만약 하나님의 약속 밖에서 개인의 욕심으로 꿈을 이루려 한다면 자기 힘으로 해야 할 것이다. 하나님의 보호막과 능력에서 차단된 채로 서 있는 사람은 마귀의 밥이다. TV 프로그램 〈동물의 왕국〉에서 바다사자나 바다표범을 본 적이 있다. 이들이 바다사자 혹은 바다표범인 것은 바닷속에 있을 때이지, 일단 육지에 올라와 꾸물거리며 기어다니는 모습은 그냥 거대한 애벌레같이 무력해 보인다. 바다를 떠난 바다사자나 바다표범은 더 이상 사자나 표범의 위용이 없듯이, 하나님의 품을 벗어난 하나님의 자녀들은 아무것도 아니다.

우리는 우리의 바다이신 하나님의 약속 안에서 결코 벗어나선 안 된다. 아무리 조건이 좋아도 하나님이 주시기로 하지 않으신 것에 욕심내선 안 된다. 그러면 자신도, 공동체도 모두 아픔을 겪게 된다. 훗날 이스라엘 다른 지파들은 그들 두 지파가 빠진 것만큼 더 고생해서 가나안 땅을 일궈야 했고, 약속의 땅 밖에 정착한 두 지파는 하나님의 은혜 없이 각자 힘으로 살아남아야 했다. 이들의 이기심으로 인해 모두가 안 해도 될 고생을 더 하게 된 것이다.

두 지파의 선택은 장기적으로 그들 자신의 미래에도 좋지 않은 결과를 가져왔다. 요단 동편은 다른 열 지파들, 특히 여호수아의 리더십으로부터 거리가 멀었다. 훗날 성막으로부터도, 에루살렘으로부터도 멀었다. 반면, 이방 종교를 믿는 주변 민족들과는 너무 거리가 가까웠다. 그러다 보니 영적으로 그만큼 빨리 타락했다.

그리고 요단 동편 땅은 외세의 침입에 그만큼 취약했다. 내 눈에 좋은 땅은 다른 사람 눈에도 좋다. 욕심에 눈이 먼 사람들은 또 다른 욕심쟁이들과 싸우면서 살 수밖에 없다. 훗날 요단 동편 땅은 모압과 아람 같은 주변 이방 민족들로부터 가장 먼저, 가장 자주 침입을 당해 시달리게 된다. 그리고 훗날 앗수르의 침공 때 가장 먼저 멸망하게 된다. C. S. 루이스의 말대로, "하늘의 것을 목적하면 하늘과 땅을 다 얻을 것이지만, 땅의 것을 목적하면 하늘과 땅의 것들을 다 잃게 될 것"이다.

나의 성공과 공동체의 성공은 연결되어 있다

구약성경에 자주 나오는 말씀 중 하나가 "에루살렘의 평안을 위해 기도하라"는 말씀이다. 왜 예루살렘의 평안을 위해 기도하는 것이 그렇게 중요할까? 예루살렘은 하나님의 전이 있는 곳이다. 예루살렘은 하나님을 예배하는 이스라엘 공동체 전체의 믿음을 상징하는 곳이다. 예루살렘이 평안해야 개인도 평안할 수 있다. 예루살렘이 흔들리면 개인의 삶도 무너진다. 그래서 이스라엘 백성은 무엇보다 예루살렘의 평안을 위해 기도해야 했다.

그런데 민수기 32장의 두 지파는 예루살렘의 평안, 즉 공동체의 평안이 아닌 자기 자신의 안위만을 챙기려고 했다. "나 하나만 잘되면 된다"는 이기주의는 공동체 전체를 무너뜨릴 수 있는 위험한 것이다. 오늘날 개인주의 사상이 기독교 신앙에도 침투해서, 신앙생활도 "나 하나만 복받으면 된다"는 개인주의로 흐르는 성향이 있다. 그러나 절대 그렇지 않다. 우리가 속한 교회 공동체가 잘돼야 한다.

우리 교회에 등록한 성도들 중에 십여 년 전까지만 해도 한국교회 전체에 큰 영향력을 미치던 교회에 다녔던 분이 있다. 그 당시에는 누가 "어느 교회 다니세요?"라고 물으면, 어깨를 쫙 펴고 당당하게 "예, ○○교회 다닙니다"라고 대답했다고 한다. 그러면 대번에 "정말 좋은 교회 다니시네요. 부럽습니다"라는 반응이 나왔고, 그때마다 어깨가 으쓱했다고 한다.

그런데 일련의 사건으로 인해 교회가 말할 수 없이 어려워지면서 많은 성도가 교회를 떠나 사방으로 흩어지게 되었다. 자기는 그래도 꽤 오래 남아 있었는데, 교회가 어려워진 뒤에는 누가 "어느 교회 다니세요?"

라고 물으면, 자기도 모르게 기가 죽어 고개를 푹 숙이고 말끝을 흐리게 되었다고 한다. 그런 세월을 한참 보내다가 마침내 정든 교회를 떠난 뒤 1년 넘게 이곳저곳을 헤매다가 새로운교회로 정착하게 되었다고 한다. 그분의 말을 나는 잊을 수가 없다.

"목사님, 교회가 잘나갈 때는 교회에 대한 자부심은 있었는데 고마움은 없었어요. 그저 교회가 건강하고 잘되는 것을 당연시 여겼지요. 그런데 교회가 어려워지고 나니까, 그리고 교회를 떠나 이곳저곳 방황하게 되니까 마음이 너무 괴로워지더라고요. 사업이 잘되도 행복하지 않고, 아이가 좋은 대학에 들어가도 행복하지 않고, 늘 마음이 슬프고 기운이 없었어요. 영적 난민이 이렇게 비참한 것이구나 생각하니 눈물을 글썽일 때가 한두 번이 아니었습니다. 이제 다시 좋은 교회 다니게 되어 너무 행복해요. 저는 이 교회가 항상 건강하고 든든하게 세워져가도록 기도할 것입니다. 다시는 건강한 교회를 당연시 여기지 않을 겁니다."

나는 그 성도의 말을 들으면서 오늘날 한국교회의 어려운 현실을 가슴 깊이 실감하면서, 목사로서 무한 책임을 느꼈다. 구원받은 성도와 교회는 공동 운명체이다. 미우나 고우나 교회는 구원받은 하나님의 자녀들이 속해야 하는 가족이다. 교회가 살아야 내가 사는 것이고, 내 가정이 살아나는 것이다. 그래서 마귀는 첫 번째로 우리와 하나님과의 관계를 공격하고, 두 번째로 우리와 교회와의 관계를 공격한다. 교회에서 상처받고 시험 드는 사람들이 이토록 많은 데는 그 뒤에 있는 무서운 사탄의 세력도 큰 원인임을 알아야 한다.

어떤 일이 있어도 교회에 붙어 있어야 한다. 이 세상에 완전한 교회는 없다. 기도하고 고민하여 성경적인 교회를 선택하고, 선택한 교회에서는 충성을 다하길 바란다. 교회에 문제가 있으면 함께 기도하면서 좋은 교회로 만들어가라. 우리가 속한 교회가 살아나야 한다. 교회가 영적으로 죽으면 나와 가정도 불행해진다.

성령충만한 교회, 은혜가 풍성한 교회 안에 붙어 있으면 인생의 크고 작은 위기가 와도 극복할 영적인 힘을 쉽게 공급받을 수 있다. 그러나 교회에 은혜가 충만하지 않으면 개인적으로 작은 시련만 와도 금방 무너진다. 그러니까 교회가 살아야 한다. 은혜가 충만한 교회, 영적으로 살아 있는 교회는 내게 힘을 주게 되어 있다.

그러므로 내 개인의 꿈을 위해서만 기도하고 노력하지 말고, 교회의 비전을 위해서 기도하고 노력하길 바란다. 어떤 일이 있어도 교회가 마귀의 공격과 온갖 시험으로부터 안전할 수 있도록 교회를 위해 기도해야 한다. 교회가 든든히 서가도록 나의 시간과 재능과 물질로 섬기며 헌신해야 한다.

공동운명체로 묶인 한 형제

한 걸음 더 나가서, 우리가 속한 교회만 교회가 아니다. 한국교회의 모든 교회를 한 형제로, 한 식구로 생각하는 것이 필요하다. 2017년 11월 포항에 큰 지진이 나고 며칠 후, 나는 몇몇 부교역자들과 우리 교회 긍휼사역 담당 장로님과 함께 포항을 방문했다.

포항 지진의 피해가 크다는 소식을 뉴스에서 보는 순간, 나는 '그 지역 작은 교회들이 큰일 났겠구나'라는 생각을 했다. 지방의 작은 교회들은 대부분 교회와 목사관이 붙어 있는 구조인 데다가, 형편이 어려우니 거의 방진 설계가 안 되어 피해가 극심할 것이라는 생각이 들었다. 그래서 평소 지역의 작은 교회들을 섬기는 예수전도단 간사님과 함께 침례교, 성결교, 장로교 등 교파를 초월하여 피해가 심한 교회 여러 곳을 방문하기로 한 것이다. 내려가기 전날 저녁, 포항에서 전화가 왔다.

"목사님, 계속 여진이 와서 위험할 것 같은데 괜찮으시겠습니까?"

"아니, 거기서 사시는 분들도 있는데 무슨 말씀이십니까? 걱정 마십시오. 내일 아침 첫 기차로 바로 내려갑니다."

그다음 날 아침, 기차가 포항에 들어서면서부터 속력을 줄이기 시작했다. 지진으로 인해 레일이 조금 흔들려 있기 때문에 양해해달라는 안내 방송이 나왔다. 벌써 실감이 났다.

그날 우리는 포항 지역에서 5개 정도의 교회를 방문했다. 우리가 방문한 교회들은 각 교단에서도 지원받을 수 없고 자생도 어려운 교회들이었는데, 불안해하는 성도들을 의식하여 흰색으로 갈라진 틈새를 메우는 일시적인 눈가림 조치를 하면서 예배드리는 곳이 많아 마음이 정말 아팠다.

다른 건물들도 그렇지만 이 지역 교회들은 전부 방진 설계가 되어 있지 않아서, 곳곳에 금이 가고 무너져 내린 상황에서 계속 여진이 오고 있으니 더 불안하고 큰일이라고 했다. 게다가 목회자의 사택은 보통 교회지하층이나 위층이라 위험하여, 목회자 가정이 자동차나 찜질방 혹은 성도의 집을 전전하는 안타까운 상황이 펼쳐졌다. 목회자의 자녀 중에는 그다음 날 수능을 보는 고3 학생도 있었다.

나는 방문한 교회마다 작은 사랑의 헌금을 전달하고 목회자 부부의 손을 잡고 기도해드렸다. "그렇지 않아도 바쁘실 텐데 이렇게 어려울 때 서울에 계신 목사님이 이렇게 빨리 현장으로 찾아와주셔서 너무 감사합니다"라고 하시면서 내 손을 잡고 우시는 분들이 많았다. 가슴이 저렸다. 우리를 안내해준 포항 지역 예수전도단 스태프에게 앞으로도 계속 필요한 곳에 추가 지원을 할 테니 어려운 교회들의 상황을 계속 알려달라고 부탁하고 왔다.

오는 길에는 오래전 겸임교수로 가르쳤던 한동대도 잠시 방문하여 부총장 강신익 장로님께 피해 설명을 듣고 기도해드렸다. 뉴스에 보도된 대로 캠퍼스 벽돌 건물이 심각하게 파손된 곳들이 많아 가슴이 아팠다. 하지만 부총장님의 안내로 교직원들이 매일 두 시간씩 안전모를 쓰고 세미나실에 모여 뜨겁게 기도하는 모습을 보니 감동이 되고 안심이 되었다.

아침 일찍 KTX를 타고 내려가서 하루 종일 숨 가쁘게 피해 현장을 돌아보고 오후 기차로 올라오는 빠듯한 일정이었지만, 올라오는 기차 안에서 주님이 내 마음에 말할 수 없는 기쁨을 주시는 것을 경험했다. 그리고 잔잔한 주님의 음성을 들었다.

'네가 이렇게 어려움에 처한 형제들을 찾아가주어 참 고맙고 기쁘구나.'

민수기 32장에 나오는 르우벤 지파는 열두 지파 중 장자 지파다. 갓 지파는 어느 지파보다 전쟁을 잘하는 용사들을 많이 보유한 지파다. 열 두 지파 가운데 가장 용맹한 병사들을 뽑을 때에 대표적으로 등장하는 지파가 르우벤과 갓 그리고 므낫세 반 지파다. 이렇게 많은 재능을 받 은 사람들이 공동체를 위해 헌신하지 않고 자기 것만 챙기겠다고 이기적 으로 나오면 공동체 전체가 흔들린다. 공동체가 없으면 아무리 능력이 뛰어나도 결코 개인도 안전할 수 없다. 아무리 뛰어난 야구 선수도 좋은 팀에 속하지 않고는 결코 자기 실력을 발휘할 수 없듯이, 팀이 있어야 선 수도 빛을 발할 수 있는 것이다.

나 하나만 잘 살면 된다면 영적 이기주의를 버려야 한다. 우리는 주 안에서 하나 된 형제이다. 하나님께서 교회의 비전과 우리의 꿈을 함께 연결시켜 이루어주실 것이다. 그리고 각 교회와 한국교회 전체의 꿈을 함께 연결시켜 이루어가실 것이다. 그러므로 항상 형제들을 섬기고 희생 하는 습관을 길러야 한다. 그게 우리 모두가 함께 사는 길이다.

PART

3

바쁜 일상의 삶을 멈추고 하나님 앞에 홀로 조용히 기도하며 하나님의 말씀을 읽으면,
아주 은은한 축복이 내 영혼 속으로 흘러든다.
하늘의 지혜와 능력이 새롭게 우리를 채운다.

균형 잡힌
교회

10 하나님께 온전히 의지하라

　현대인들은 너무 바쁘다. 아침부터 밤까지 다들 정신없이 바쁘게 산다. 직장인은 직장인대로, 학생은 학생대로, 주부는 주부대로 정말 다람쥐 쳇바퀴 돌듯 숨 가쁜 나날을 산다. 현대 사회에서 5명 중 4명은 지속적으로 혹은 규칙적으로 시간의 부족함을 느끼며 산다고 한다.

　그중에서도 한국 사람들은 특히 바쁜 것 같다. 국제노동기구(ILO)의 보고서는 한국인을 세계 최고의 일벌레로 꼽은 바 있다. 미국, 영국 같은 서구 선진국가들은 보통 아침 9시부터 오후 5시까지 일하고 퇴근해서 저녁은 가족과 함께 보내거나 개인 여가 시간을 갖는다. 그런데 한국의 직장인들은 보통 아침에 출근하면 밤 10-11시는 되어야 퇴근하는 경우가 많다. 공휴일과 주말에도 상사의 호출을 받아 출근하는 사람들이 많다. 아이러니하게도 회사에서 간부직으로 승진하여 올라갈수록 이런 증상은 더 심해진다.

오늘날 사람들은 휴식이 없는, 참 안식을 찾지 못하는 분주함으로 자신을 늘 채찍질하고 있다. 전문가들은 이것을 '보편적 피로'라고도 표현하는데, 이런 피로감으로 인해 오늘날 우리 사회는 심각한 병적 수준에 이르렀다고 진단한다. 이러니 곳곳에서 사고가 난다. 최근에 일어나고 있는 대형버스 사고들의 원인은 대부분 기사 분들의 장시간 근무에서 비롯된 피로와 수면 부족 때문이라고 한다. "세계는 피곤한 자들에 의해 돌아간다"는 말이 실감 날 정도로 모두가 너무 바쁘고, 너무 피곤하다. 특히, 한국의 목회자들은 지쳐 쓰러지기 일보 직전이라고 할 정도로 바쁜 사람들이 대부분인 것 같다.

일중독에서 벗어나라

수고하고 무거운 짐 진 자들아 다 내게로 오라 내가 너희를 쉬게 하리라
나는 마음이 온유하고 겸손하니 나의 멍에를 메고 내게 배우라
그리하면 너희 마음이 쉼을 얻으리니
이는 내 멍에는 쉽고 내 짐은 가벼움이라 하시니라

마 11:28-30

예수님은 "수고하고 무거운 짐 진 자들아 다 내게로 오라"라고 하셨다. 여기서 '수고하다'라는 말은 자기에게 부과된 일을 완수하기 위해

게으름 피우지 않고 최선을 다했지만, 이를 이루지 못하여 피로가 누적된 상태를 의미한다. '무거운 짐을 지다'란 말은 자신은 원하지도 않는데 마치 소나 말처럼 무거운 짐에 눌려 피곤하고 지친 상태를 가리킨다. 그렇다면 성경에서 가리키는 '수고하고 무거운 짐 진 자들'은 누구인가?

첫째로 에덴동산에서부터 시작된 죄와 그 열매로 인해 괴로워하고 지쳐 있는 사람들을 말한다. 에덴동산에서 죄를 지은 인간에게 하나님이 내리신 벌 중에 하나가 노동이 기쁨이 아니라 고통이 되게 하는 것이었다. 많은 사람들은 생각하기를 에덴동산에서 인간이 죄를 지음으로써 노동이라는 벌이 인간에게 주어졌다고 생각한다. 그러나 일 자체가 저주는 아니다. 인간이 타락하기 전부터 일(Work)은 있었다. 하나님 자신이 먼저 일하시는 분이셨다. 천지 창조와 동식물들 그리고 인간의 창조는 그야말로 엄청난 대역사 아닌가? 하나님은 그렇게 열심히 일하시는 분이셨기 때문에, 하나님의 형상대로 창조된 사람에게도 일을 주셨다. 동물원 하나 관리하는 것도 힘든데, 에덴이라는 대자연을 총 관리하는 일은 보통 일이 아니었다. 아담은 에덴동산의 관리인으로서 모든 동물의 이름을 짓는 일을 맡아 집행했다. 이것은 자신의 지적, 감정적, 육체적 능력을 총동원해야 하는 풀타임 일이었다.

하나님은 모든 인간을 창조하시면서 각각 독특한 재능과 성격, 기질, 열정을 주셨고, 그것을 자신의 직업을 통해서 표현하고 성취하길 원하신다. 그래서 자신에게 맞는 일을 가진다는 것은 생계 수단의 차원을 넘는 그 무엇이 있다. 직장을 잃은 사람이 어딘가 힘이 없어 하는 것은 단순히 돈을 못 벌어서만은 아니다. 성취감, 존재의 의미 자체를 상실하고 있는 경우가 많다. 그러다 자기에게 맞는 일을 찾아 땀 흘리게 되었을 때 그의 눈빛에는 생기가 돌아온다.

일은 저주가 아니라 축복이다. 그런데 일이 왜 인간에게 고통이 되었는가? 죄 때문이다. 죄짓기 전에 인간은 하나님으로부터 만물을 다스릴 권위를 위임받은 존재였다. 범죄하기 전에 아담이 한마디 하면, 그 권위에 자연환경도, 맹수들도 다 복종했다. 그러나 범죄 이후의 아담은 이제 그 자연환경과 짐승들과 싸워가며 살아야 했다. 자연을 다스리는 게 아니라, 자연과 싸워 이겨야만 하는 피곤한 인생이 된 것이다. 범죄하기 전의 아담은 신바람이 나서 출근했고, 신바람이 나서 일을 했다. 그러나 범죄한 후, 아담에게 일은 고역이었다.

그래서 그 일의 중압감과 스트레스가 오늘날 우리 모두에게 전해 내려온다. 일의 기쁨, 만족감, 권위가 죄로 인해 사라져서, 일이 부담이 되고, 먹고살기 위한 짜증나는 수단, "그야말로 목구멍이 포도청이라서 할 수 없이 입에 풀칠하려고" 하는 일이 되어버린 것이다.

마귀는 이 힘든 상황을 더욱 나쁜 쪽으로 부채질한다. 사람들은 일 때문에도 바쁘고 힘들지만, 삶의 우선순위를 잃어버려서 더 힘들다. 그냥 흘러가는 대로, 이쪽저쪽 일이 터지는 상황에 정신없이 반응하면서 살아가게 되었다.

혹시 시장에 가서 트랙터를 사서 밭을 갈려던 농부의 얘기를 알고 있는가? 아침 일찍 집을 나선 그는 걸어가다가 자신의 밭 경계선에 펜스가 몇 군데 망가진 것을 보고 고쳐야겠다고 마음먹었다. 그런데 펜스를 고치는 데 필요한 망치와 못을 가지러 창고로 들어가다가, 창고의 벽한 군데가 금이 간 것을 발견했다. 그래서 금이 간 곳을 메꾸는 데 필요한 시멘트를 빌리러 이웃집으로 가다가 꽃들이 시들어 있는 것을 보게됐다. 그래서 분무기를 가지러 가다가 외양간에 매인 젖소가 젖이 퉁퉁불어 있는 것을 보고 젖을 짜주지 않으면 안 된다고 생각하게 됐다. 급히 들어가서 열심히 젖을 짜고 나오다가 보니까, 아침에 돼지들 먹이를주지 않은 것이 생각나서 돼지들 먹이도 주게 되었다. 먹이를 주다 보니까, 외양간 청소를 안 한 지 너무 오래되어 더럽다는 생각에 물을 끌어와 대청소를 하게 되었다. 결국, 해가 서산으로 넘어갈 무렵에도 농부는아침에 결심했던 트랙터를 사와서 밭을 갈려던 일을 시작도 못 했다는얘기다.

분명한 우선순위 없이 상황에 반응하며 끌려가는 인생이 얼마나 허무한지를 풍자한 픽션이다. 마귀는 오늘도 우리의 스케줄을 이것저것 바쁘게 하여 우리가 정신없이 끌려다니다 지치고 힘들게 만든다. 무엇이중요하고, 그렇지 않은지를 구별할 수 없게 만든다. 그래서 계속 일하면서도 항상 속으로는 뭔가 부족한 듯한 죄책감이 생긴다. 휴가를 가서도마음이 편치 않다. 여기에 다른 사람들과 끊임없이 나를 비교하는 경쟁심리를 부추겨서, 뭔가 하고 있지 않으면 뒤처지는 느낌, 무시당하는 느낌이 들게 한다.

엄마들은 자기 아이를 이 학원 저 학원으로 돌리면서도 늘 불안하다

청년들은 좋은 직장에 들어가기 위해 여러 외국어 학원도 다니고, 외모도 가꾸고 갖가지 스펙을 쌓으면서도 불안하다. 직장에 들어가서도 승진 제때에 하는 것, 해고당하지 않는 것에 대한 불안감이 있다. 그러니 다들 열심히 살면서도 늘 불안하고 피곤하다.

우리가 일을 지배하는 것이 아니라, 일이 우리를 지배하는 듯한 느낌이 든다. 그렇게 일의 노예가 되어 살아가는 사람들이 많다. '죄의 노예가 되는 것이나 일의 노예가 되는 것' 다 비슷한 맥락인데, 그것이 마귀가 원하는 것이다. 일의 노예가 되면 감정이 메마르고 예민해진다. 분노와 짜증이 수시로 폭발한다. 근심과 죄책감과 두려움과 절망감이 시도 때도 없이 몰려온다. 외로움과 한스러움과 불안감으로 가득 찬 영혼이 된다.

새벽기도에 나와서도 바쁜 현실의 압박감에 눌려 있는 이들이 많다. 해도 해도 끝이 없는 직장 일, 사업 일, 집안 살림 생각하니 가슴이 무겁다. 그러니까 기도도 잘 안 된다. 주님께서는 "수고하고 무거운 짐 진 자들아 다 내게로 오라 내가 너희를 쉬게 하리라"라고 하셨다. 해결의 열쇠는 예수님께 가는 것이다. 예수님 안에서만 참된 자유, 참된 안식을 누릴 수 있다.

하나님으로 채우는 시간이 필요하다

출애굽한 지 얼마 안 되어 하나님께서는 광야 한복판에서 이스라엘 백성에게 안식일을 지키게 하셨다. 4백 년 넘게 애굽에서 하루도 쉬지 않고 일해 온 그들에게 안식일이란 너무나 생소한 개념이었다.

'하루 쉬면 누가 우리 밥 먹여주나?'

그래서 하나님은 하루 쉬어도 먹을 수 있는 만나를 챙겨주시면서 쉬라고 하셨다. 너희들은 하나님의 자녀니 너희들의 생활은 하나님이 책임지신다는 것이다.

태초부터, 하나님은 6일 일하고 하루 쉬는 시간의 쉼표를 우리 삶에 넣어주셨다. 하나님이 안식일을 인간에게 주신 데는 다 이유가 있다. "우리가 안식일을 지키는 것이 아니라, 안식일이 우릴 지켜준다"고 했다. 안식일을 제대로 지키면 하나님께서 이를 통해 우리의 육체와 정신과 영혼과 인간관계를 건강하게 지켜주신다.

그래서 우리는 안식을 통해 우리 영혼에 의도적으로 빈 시간을 만들고, 그 공간을 하나님으로 채워야 한다. 기도와 말씀 묵상을 통해 내 영혼을 하나님으로 채우는 것. 이것은 결코 낭비되는 시간이 아니며, 내 인생 전체를 매끄럽게 돌아가게 해주는 윤활유 역할을 한다. 바쁜 일상의 삶을 멈추고 하나님 앞에 홀로 조용히 기도하며 하나님의 말씀을 읽으면, 아주 은은한 축복이 내 영혼 속으로 흘러든다. 그러면서 내 안에 있는 상처 입고 예민한 자아들을 정화시킨다. 그러면 새 힘이 생긴다. 하늘의 지혜와 능력이 새롭게 우리를 채운다. 그러면 오히려 우리의 일을 훨씬 잘 감당할 수 있게 된다. 새벽기도 시간이 그런 시간이다.

다니엘은 이 안식과 기도의 비밀을 알았기 때문에, 바벨론의 총리대신이라는 바쁜 스케줄 속에서도 하루에 세 번씩 기도했다. 안식의 시간은 우리와 하나님의 관계이고, 노동의 시간 6일은 우리와 세상의 관계이다. 안식을 통해 우리 안에 하나님의 힘이 충만해지면 우리는 세상에 휘둘리지 않고, 승리하며 살 수 있다.

나는 마음이 온유하고 겸손하니 나의 멍에를 메고 내게 배우라 그리하면 너희 마음이 쉼을 얻으리니 이는 내 멍에는 쉽고 내 짐은 가벼움이라 하시니라 마 11:29,30

여기서 '멍에'는 본래 말이나 소의 목에 얹고 수레나 쟁기를 끌게 하는 연결 기구를 말한다. 당시 전쟁에서 포로로 잡힌 병사들을 호송할 때 멍에를 씌워 압송하는 일이 많았다. 그래서 성경에서는 '멍에'라는 말을 쓸 때 '노예의 굴레'라는 뜻으로 사용했다. 마귀는 일 자체가 목적이 되도록, 우리를 일의 노예로 만들려고 한다. 그러나 우리는 이것을 단호히 거부해야 한다.

여기서 주님이 말씀하시는 멍에는 한 마리가 아니라 두 마리가 함께 끄는 쌍으로 된 멍에다. 소가 멍에를 메지 않으면 마음대로 가다가 사고가 난다. 마찬가지로 우리도 주님의 멍에를 메지 않으면 주의 길로 온전히 갈 수가 없다. 예수님께서 "나의 멍에를 지라"고 하실 때는 예수님이 멍에를 '함께 져주시겠다'는 뜻이다. 크리스천이라고 세상에서 일 안 하고 살 수는 없다.

그러나 우리는 주님과 함께 출근하고, 주님과 함께 살림한다. 주님의 안식을 누리면서 주님이 주시는 힘으로, 주님이 이끄시는 페이스를 따라가야 한다. 기도로 항상 주님의 지혜를 구하며, 범사에 감사하고 찬양하며 일하는 것이다. 그러면 일의 노예가 아닌 일의 지배자가 될 수 있다.

"이는 내 멍에는 쉽고 내 짐은 가벼움이라 하시니라."

주님과 동행하면서, 모든 일을 주께 하듯 하면 일은 저주가 아니라 축복이 된다. 청교도들은 "노동하는 것이 기도하는 것이다"라는 생각으로 일했다. 그래서 그들이 만든 목조 가구는 300년이 지난 오늘날도 쓸 만한 것이 많을 정도로 튼튼하다고 한다. 직장인들은 자신의 일터로, 주부들은 자신이 살림하는 가정으로 주님을 초대하라. 주님께 기도하며 하루 일을 시작하라. 그리고 주님을 보스라고 생각하고, 주님과 순간순간 교제하면서 일해보라.

율법에 매이지 말라

둘째로 "수고하고 무거운 짐 진 자들"은 당시 서기관들과 바리새인에 의해 부과된 엄격하고 무거운 율법주의로 괴로워하고 있는 사람들이었다. 하나님은 사랑이시다. 무조건적인 사랑이시다. 그런데 율법주의자들은 자꾸 하나님의 사랑에 조건을 단다(할례받으라, 금식해라, 음식은 이렇게 먹어라 등). 마치 그것들을 하지 않으면 하나님이 우리를 미워하고, 천국에서 내치실 것처럼…. 자꾸 우리가 무엇인가를 '해야' 하나님이 만족하실 것처럼 생각한다.

그러나 그게 아니다. 이미 율법의 모든 요구사항은 주님이 우리 대신 십자가에서 다 이루셨다. 우리는 그것을 온전히 믿기만 하면 된다. 신앙은 하나님의 사랑을 누리는 것이다. 그러나 율법은 자꾸 우리를 두려움의 노예로 만든다. 세상에서 일하면서 일의 노예가 되는 것과 율법주의적 신앙생활을 하는 것, 둘 다 피곤하긴 마찬가지다. 율법주의적 신앙생활은 하나님을, 우리가 얼마나 잘하나 못하나 감시하는 무서운 분으로 여기게 만든다. 신앙생활이 전혀 행복하지 않다.

율법주의자는 자기만 힘들게 사는 게 아니라 다른 사람도 힘들게 만든다. 하나님이 율법을 주신 것은 선과 악의 기준이 무엇인지 알게 해서, 우리가 항상 죄를 깨닫고 회개하며 돌아오게 하기 위함이었다. 그런데 자기 죄를 깨닫고 회개하며 돌아오는 게 아니라, 괜히 그것을 가지고 이웃을 판단하고 정죄하는 데 사용했다.

오늘날 교회 안에 바리새인 같은 율법주의자들이 많다. 그들은 항상 옳고 그름을 따지고, 말씀을 가지고 형제를 가르치고 야단치며 판단하려 한다. "그건 그렇게 하는 게 아니다"라고 한다. 믿음생활을 율법적으로 하려는 사람을 보면 참 인생이 피곤하다. 가정예배, 주일성수, 십일조 생활, 교회 봉사 등을 기쁨으로 자유롭게 해야 하는데, 무서운 학생주임이 애들 잡듯이 그것을 안 하면 하나님의 진노를 사는 것처럼, 수준이 떨어지는 신자가 되는 것처럼 몰아붙인다. 주일에 뭐 사 먹는 문제, 양복 입는 문제, 교회에서 드럼이나 기타를 연주하는 문제 같은 것들에 대해 지나치게 민감하다. 이런 율법적인 교회 안에는 사람이 만든 전통과 법칙이 너무 많아서 숨이 막힌다.

별것 아닌 문제로 서로를 무섭게 비판하고 공격하는 일이 교회 안에 비일비재하다. 새신자에게 이런저런 봉사를 요구하는데, 그게 얼마나 사람을 구속하는 것인지 모른다. 막 예수 믿은 사람은 순수한 복음으로 양육되어 영적 자유와 기쁨을 누려야 하는데, 그냥 기가 죽어서 군기가 잡혀 꽉 눌려 있으면 견디지 못한다. 그러니까 교회 예배에 나오고 봉사하면서도 마음이 기쁘고 행복하지 않다. 그저 의무감과 죄책감 가운데 행위로 섬기는 종교인이 되어버리고 만다.

예수님은 이런 신앙생활을 '수고하고 무거운 짐 지는 것'이라고 하신다. 예수님은 "내게로 오면 내가 너희를(이런 율법적 신앙생활로부터) 쉬게 하리라"라고 하신다. "내 멍에는 쉽고 내 짐은 가볍다"라고 하신다. 그 말은 진짜 신앙생활은 기쁘고 자유롭고 생동감 넘치는 것이란 뜻이다. 하나님은 우리가 얼마나 잘하느냐에 따라 우리에게 상벌을 주시는 무서운 감시자가 아니시다. 우리를 무조건적으로 사랑하시는 은혜로운 아버지시다. 하나님은 우리가 하나님을 사랑하고 하나님께 순종하면 반드시 축복의 길로 인도하시겠다는 약속을 주신다.

우리는 율법적으로 믿는 사람들이 아니라, 약속을 붙잡고 사는 사람들이다. 내 행위로는 결코 하나님을 기쁘시게 할 수 없지만, 하나님의 은혜로만 산다는 것을 항상 선포한다. 완벽하게 잘하려고 하는 것보다 하나님을 사랑하려고 한다. 이런 사람은 형제의 실수와 약점에도 관대하다. 하나님께서 내 부족함에도 불구하고 신실하게 약속을 이뤄가시듯이 형제들의 부족함도 품으시고 약속을 이뤄가실 것을 믿는다. 율법은 우리의 행위지만, 약속은 하나님의 은혜를 붙잡는 믿음이다. 하나님의 약속을 붙잡고 가는 신앙생활을 하면 항상 기쁘고 감사함이 넘친다.

우선순위를 따라 심플하게 정리하라

오래전 우리 교회에 계셨던 한 캄보디아인 사역자 목사님의 설교 예화가 생각난다. 개미 한 마리가 무거운 짐을 지고 더운 여름날 낑낑대며 길을 가고 있었다. 그걸 본 코끼리가 불쌍하게 여겨 자기 등에 타고 가라고 했다. 개미는 고맙다고 하면서 코끼리 등에 탔다. 한참을 가다가 다른 코끼리를 만났는데, 그 코끼리는 친구 코끼리 등에 있는 개미를 보고는 이상하다는 듯 물었다.

"너는 왜 아직도 그 무거운 짐을 메고 서 있니?"

그러자 개미가 대답했다.

"저 하나만 태워준 것도 감사한데, 어떻게 미안하게 짐까지 내려놓겠어요? 그래서 짐이라도 제가 들고 서 있는 거예요."

얼마나 어처구니없는 일인가? 코끼리가 개미를 등에 태워줬을 때는 이미 개미의 짐도 함께 태워준 것인데, 개미는 제대로 안식을 누리지 못했다. 자기가 짐을 지고 서 있는 것이 코끼리에게 미안한 마음을 조금이라도 더는 것이라고 생각했다.

그런데 생각해보면 많은 크리스천 사역자들이 바로 이와 같을지 모른다. 주님이 수고하고 무거운 짐 진 자들은 다 내게로 오라고 하셨는데, 우리는 주님께로 가긴 갔는데 그 품에서 짐을 내려놓고 온전히 쉬지 못한다. 그러니까 하나님의 일을 하면서 자꾸 지치고 분노를 발산하는 것이다.

사실 나 같은 목회자들이 가장 율법주의자가 되기 쉽다. 언젠가 어떤 성도가 "목사님들은 주중에는 뭐하세요?"라고 할 때 정말 섭섭했다. 또 "목사님들은 좋겠어요. 일주일에 하루만 일하면 되잖아요?"라고 할 때도 정말 황당했다. 목회라는 게 주부들의 집안 살림과 비슷해서 해도 해도 끝이 없고 티도 잘 안 나지만, 조금만 안 하면 바로 티가 난다. 설교, 심방, 예배, 양육스쿨 운영, 결혼 주례나 장례 등 목사가 기본적으로 감당해야 할 일들만 해도 숨이 가쁘다. 개척교회 목사일 때도 바쁜데, 교회가 성장하면 더 바빠진다. 부목사일 때도 바쁜데 담임목사가 되면 책임감이 더 막중해진다.

나 같은 경우는 보통 주일 설교 한 편 준비에 15-20시간 정도 걸리고, 주일날 이 설교를 4번 혼신의 힘을 다해서 전하고 나면 완전히 탈진하여 그다음 날 오전까지 멍할 정도로 힘들다. 큰 경기를 치른 축구선수가 그다음 날 쉬면서 재충전하는 것에 대해서는 아무 말도 하지 않는다. 그런데 온 몸이 탈진할 정도로 주일 설교와 목회에 쏟아부은 목사가 월요일에 휴식을 취하는 것에 대해 비판하는 말을 들을 때면 섭섭하다. 사실 월요일에도 바로 다음 설교 준비 구상에 들어가기 때문에 온전히 쉬지도 못한다.

전에 신년 40일 특별새벽기도회에 외부 강사를 세우지 않고 매일 부흥회처럼 다 설교할 때는 매일 설교 준비와 기도만 했던 기억이 난다. 목회자는 좋은 성적을 내지 않으면 도태되기 때문에 경기가 없는 날에도 보이지 않는 곳에서 하루 종일 땀 흘려 운동하는 스포츠 선수와도 같다. 시간 관리를 철저히 하면서, 자신의 육체를 쳐서 담금질하지 않으면 부흥과 은혜의 열매가 교회에 나타나지 않는 것이 목회이기 때문에 결코 대충 할 수가 없다.

그런데 이렇게 수많은 사역을 감당하고 그 부담감에 지치다 보면, 하나님의 일을 하면서 하나님은 사라지고 일만 남는 경우가 많다. 성도들은 예배에서 은혜 받는데, 정작 예배를 위해 바빠진 목회자들은 영적으로 메말라지는 경우가 많다. 2년 전쯤이었을까? 12월 31일 새벽이 40일 특새 첫날이었고 낮에 결혼주례 하나, 저녁에 송구영신 예배 1,2부 드리고, 다음 날 주일(1월 1일) 신년 예배 1부에서 4부까지 설교를 하는데, 4부째 설교하는 시간에 하늘이 빙빙 돌았다. 당연히 성도들도 힘들었을 것이다.

목회자에겐 출퇴근이 없다. 24시간 성도들을 위해서 비상대기 중이라고 보면 된다. 목회자의 삶은 모든 성도에게 유리알처럼 오픈되어 있다. 항상 영적 긴장을 늦추지 못하기 때문에 육체와 마음이 늘 지쳐 있다. 사람들은 목사님들은 항상 웃고 성령충만하며, 부부 싸움도 안 하고, 아이들도 신앙적으로 완벽하게 잘 키우는 등 큰 문제없이 잘 산다고 생각하는 것 같다. 그러나 목사도 피가 흐르는 인간이다. 상처 받고, 눈물 흘리며, 병도 든다. 자기관리를 잘하지 않으면 언제 쓰러질지 모른다.

나는 목회 일이 바쁘고 힘들어서 숨이 가빠지지 않기 위해 몇 가지 실천을 한다.

첫째, 내게 주신 핵심 사명에 따라 삶을 심플하게 정리한다. 나는 새로운교회 성도들을 목양하는 담임목사이다. 여기에 삶의 최우선 순위를 두고 다른 모든 것은 간결하게 가지치기한다. 외부 집회도 90퍼센트 이상 거절하고, 외부 활동이나 단체장 직임도 일절 사절한다. 은혜롭게 거절할 수 있는 용기를 가져야 한다. 그래야 삶에서 가장 중요한 사명에 집중할 수 있는 여유와 몸과 영혼이 탈진되지 않는 공간이 생긴다.

둘째, 다른 사람과 비교하지 않는다. "다른 교회는 이거 하는데, 우리 교회는 왜 안 해요?"라고 의문을 제기하는 이들이 있다. 그러나 교회마다 하나님이 주신 은사와 사명이 다르다. 군대에서 전쟁할 때도 육해공군 역할이 다르듯이 말이다.

셋째, 사역할 땐 기도하며 최선을 다하고, 그 결과는 온전히 하나님께 맡긴다. 스스로 격려하고 칭찬해준다.

넷째, 동역자들과 교제하고 대화하며 팀워크를 이룬다. 부교역자들, 장로님들에게 도움을 청하고, 기도를 부탁하며, 함께 일을 나눈다. 동역자들의 실수와 실패에 대해 관대해지려고 노력한다.

목회의 완급 조절

우리 교회는 창립 때부터 항상 매주 월요일과 국가 공휴일, 구정이나 추석 명절 기간은 새벽기도를 비롯한 모든 사역을 완전히 쉬게 한다. 고향이 좀 먼 곳에 있는 부교역자의 경우는 명절 때 운전하는 시간이 길어서 하루 더 시간을 주기도 한다. 교역자와 간사들 그 누구도 출근하지 않고 교회에서 일로 연락하지도 않는다. 부교역자들도 일 년에 열흘 이상의 여름휴가를 주어 몸과 마음을 완전히 재충전하게 한다. 전통적인 교회에 있다가 우리 교회에 와서 부교역자로 섬기는 K목사는 명절 휴가를 다녀와서 내게 이런 이메일을 보냈다.

"사랑하는 목사님, 목사님과 교회의 배려로 가족들과 많은 시간을 보내고 충분한 쉼을 누릴 수 있었습니다. 목회자의 가정이 행복해야 성도의 가정이 행복할 수 있다는 말씀처럼 가정에서 충분한 쉼을 누리고 가족과 시간을 보낼 수 있어서 참 감사했고, 이런 교회에서 사역할 수 있음에 참 감사했습니다. 가족들이 보기에도 얼굴이 많이 좋아지고 평안해졌는지 좋은 교회에서 사역을 하니 이전보다 좋아 보인다는 이야기를 많이 들었습니다.

저는 이번 쉼과 재충전의 시간을 통해서 목회에도 흐름이 있다는 것을 많이 느끼게 되었습니다. 과거에는 사역을 진행할 때 타이트하게 계획하고 쉼 없이 달려가는 경향이 많았습니다. 그런데 우리 교회에서 사역을 하면서 목회는 무조건적으로 밀어붙인다고 되는 것이 아니라, 음악에 강약이 있듯이 템포 조절을 잘해야 함을 많이 배우게 되었습니다.

목사님의 목회를 보면서 정말로 강약을 잘 조절하시고 소중하고 중요한 것에 집중하시는 것을 많이 배우게 됩니다. 1학기와 2학기로 구분해서 사역을 진행하고 40일 특새와 부흥회 그리고 리더십 리트릿같이 중요한 프로그램에는 고도의 집중력을 발휘하여 총력을 다하지만, 또 힘을 빼야 할 때는 여유를 두고 진행하는 교회의 흐름 조절을 보면서 사역의 강약 조절이 얼마나 중요한지 배우게 됩니다.

40일 특새를 진행하면서도 외부 강사의 도움 없이 모든 말씀을 주일처럼 선포하시는 모습이나 감당할 수 없는 스케줄 속에서도 한 치의 흐트러짐 없이 목양에 일념하시는 모습을 보면서 어떻게 그것이 가능할까 하는 생각을 참 많이 해보게 되었습니다. 그런데 일전에 읽었던 목사님의 저서 《시간의 마스터》를 통해서 시간을 창조적으로 사용하는 방법을 배우게 되었고, 목회에 있어서도 항상 정중동하며 본질을 위해서 비본질을 추구하지 않는 모습이 정답이라는 것을 배우게 되었습니다.

… 이제 사역을 하면서 마음과 몸의 여유도 갖게 되었고 쉼을 누리는 기쁨도 알게 되었습니다. 또한 목회자의 쉼은 단순한 쉼이 아니라 다음 사역을 위한 창조적인 쉼이라는 것도 배우게 되었습니다."

2002년 월드컵 4강 신화를 이뤄낸 한국 축구대표팀 감독 거스 히딩크는 처음 네덜란드팀을 이끌고 한국팀과 경기를 했을 때의 소감을 이렇게 말했다.

"개인기와 실력의 차이는 일단 접어두고라도, 한국팀은 마치 후반전은 뛰지 않을 것처럼 전반전에 너무 진을 빼서 죽기 살기로 뛰더라. 마치 자동차 RPM을 최대치로 올려서 계속 액셀을 밟는 것과 똑같다. 그러면 지쳐서 나중에 진짜 힘을 써야 할 때 쓰지 못한다."

정말 우리가 TV로 독일이나 브라질 같은 축구 강국들의 경기를 보면 물 흐르듯 부드럽고 공간을 넓게 쓰며 여유가 있다. 그러나 결정적인 찬스가 오면 폭풍처럼 대시하여 골로 연결시킨다. 목회나 사역도 스포츠 경기와 다르지 않다. 완급 조절을 해야 한다. 마리아의 예배 영성과 마르다의 사역 영성이 조화를 이루게 해야 한다.

일중독에서 탈출하여 항상 하나님께 의지하는 안식의 목회를 하는 가장 중요한 방법은 기도다. 기도하지 않으면 그 누구도 어떤 인위적인 방법으로 영적 숨고르기를 할 수 없다. 나는 주중에 하루 이틀은 사무실을 떠나서 사람과 만나지 않고 집중적으로 말씀을 묵상하고 기도하며 하나님과 교제하려고 노력한다. 그러면 내 안에 독소와 피로가 빠지고, 영적 기쁨과 집중력이 다시 흘러든다.

평소에도 전략적 기도 묵상 시간을 갖는다. 달리는 차 안에서 찬양을 듣고 묵상기도를 많이 한다. 교회 일이 너무 바쁘고 힘들 때는 오히려 한 달에 두 번 정도 2박 3일 일정으로 기도원에 자주 간다. 그런 의미에서 목회자의 가장 활발한 취미생활은 기도하는 것이어야 한다고 생각한다.

너무나 많은 하나님의 일들을 넉넉히 감당하시면서도 결코 서두르거나 패닉 상태에 빠지는 법이 없으셨던 예수님을 우리 모두 본받아보자.

11
예배와
사역의
균형

예수님이 한 마을에 들어가셨다. 이 마을은 예루살렘으로부터 얼마 떨어지지 않은 곳에 위치한 베다니 마을이다. 거기에 마르다와 마리아 자매가 사는 집으로 예수님이 초대를 받아 들어가셨다. 귀한 손님을 맞을 때는 온 집안이 정신이 없다. 특히 예수님처럼 귀한 손님인 경우는 더더욱 그렇다. 집안에 있는 가장 맛있는 것을 다 꺼내오고, 옆집의 음식이라도 빌려 좋은 것으로 상다리가 부러지게 차리고 싶다. 하늘의 별이라도 못 따다 드리랴.

그런데 황송하게도 가끔 심방을 가면 성도님들이 이 부족한 목사를 그렇게 맞아주신다. 정말 온 정성을 기울여서 집안을 치우고, 온갖 음식을 다 차려놓고 극진히 맞아주실 때가 많다. 정말 그럴 때면 몸 둘 바를 모르겠다. 나같이 아무것도 아닌 목사가 오는데도 이렇게 정성을 들여 준비해주시니, 예수님을 맞는 마르다, 마리아 자매는 어땠을지 가히 짐작하고도 남는다.

마르다가 놓친 것

그들이 길 갈 때에 예수께서 한 마을에 들어가시매

마르다라 이름하는 한 여자가 자기 집으로 영접하더라

그에게 마리아라 하는 동생이 있어

주의 발치에 앉아 그의 말씀을 듣더니

마르다는 준비하는 일이 많아 마음이 분주한지라

예수께 나아가 이르되

주여 내 동생이 나 혼자 일하게 두는 것을

생각하지 아니하시나이까

그를 명하사 나를 도와주라 하소서

주께서 대답하여 이르시되

마르다야 마르다야 네가 많은 일로 염려하고 근심하나

몇 가지만 하든지 혹은 한 가지만이라도 족하니라

마리아는 이 좋은 편을 택하였으니

빼앗기지 아니하리라 하시니라

눅 10:38-42

그런데 문제가 생겼다. 마르다는 예수님을 맞이하느라고 정신이 없는데, 동생 마리아는 주님의 발 앞에 앉아 말씀을 듣고 있었던 것이다. 쉽게 말해서 마르다가 보기에, 마리아는 언니 혼자 일하게 놔두고 편하게 '놀고 있었던 것'이다. 약이 오른 마르다는 짜증난 표정으로 주님 앞으로 다짜고짜 달려가 따지듯 물었다.

"주여, 내 동생이 나 혼자 일하게 두는 것을 생각하지 아니하시나이까?"

가만 보면 마르다는, 언니는 죽어라고 일하는데 혼자 여기 들어와서 주님 말씀만 듣고 있던 동생 마리아에게도 화가 났지만, 그런 마리아를 가만 놔두고 계신 예수님께 화가 나 있는 것이다. 어지간하면 "너도 가서 언니를 도와라"라고 해야 하지 않느냐는 것이다.

사실 처음 예수님을 집으로 초대한 것은 마르다였다. 일을 벌인 것은 역시 행동파 마르다였던 것이다. 이런 행동파들은 아무것도 없는 땅을 처음 개척하고, 돌파구를 만드는 일을 많이 한다. 하나님나라에 꼭 필요한 일꾼들이다.

처음에는 마르다도 좋은 마음으로 주님을 모셨는데, 준비하는 과정에서 시간은 없고 일은 많아지다 보니 짜증이 난 것이다.

마르다는 준비하는 일이 많아 마음이 분주한지라 눅 10:40

여기서 '마음이 분주했다'는 말을 영어성경에서는 'distracted' 즉, 주의력이 산만해졌다는 뜻으로 쓴다. 마르다도 예수님의 말씀을 들으려 했지만, 음식 접대하는 일에 신경이 쓰여서 들을 수가 없었다는 것이다.

예수님은 마르다의 마음 상태를 이렇게 말씀하셨다.

네가 많은 일로 염려하고 근심하나 눅 10:41

염려는 그녀의 내적인 마음의 동요를, 근심은 이것으로 인한 외적인 소란을 가리킨다. 예수님은 마르다의 헌신적인 봉사가 잘못되었다고 하시는 것이 아니라, 그 일을 수행하는 마음가짐이 잘못되었다고 말씀하고 계신 것이다.

사역을 한다 해도 마음에 염려와 근심으로 분주하지 않으면 괜찮다. 그러기 위해서는 많은 일을 하는 과정에서도 예수님의 말씀을 듣는 일에 집중해야 한다. 예배를 타협해버리고 사역만 많이 하면 반드시 사고가 난다.

예배 없는 사역의 부작용

예배 없는 사역은 반드시 부작용을 일으킨다. 가장 큰 부작용이 마르다처럼 먼저 다른 형제자매들을 향해 섭섭해하고 분노하는 것이다.

"나는 이렇게 일을 많이 하는데 왜 저 사람은 아무것도 안 하지? 나는 이렇게 힘든 일, 보이지 않는 일을 하는데, 왜 저 사람은 사람들 눈에 띄고 칭찬받는 일만 하지?"

이렇게 되기 쉬운 것이다. 집에 돌아온 동생을 위해 잔치를 벌여주신 아버지를 향해 섭섭함을 드러내며 분노를 폭발시킨 탕자의 형과 같은 마음이다. 이런 마음이 생기면 마귀가 가만 있지 않고 달려들어 더욱 부채질을 한다.

그래서 이 마음은 곧 주님을 향한 섭섭함으로 옮겨가게 된다. 어떻게 마리아가 일 안 하고 노는 것을 주님은 방관하실 수 있느냐는 것이다. 하나님의 일을 하면서, 이렇게 속으로 분노와 섭섭함을 품고 있는 사람들이 의외로 많다. 다른 이들과 비교하면서 분노하고, 하나님이 알아주시지 않는다고 분노한다. 그러다가 조그만 사건만 생기면 폭발하여 뒤로 나가떨어져 버린다.

예수님은 그런 마르다를 야단치지 않으시고 부드러운 목소리로 타이르신다.

몇 가지만 하든지 혹은 한 가지만이라도 족하니라 눅 10:42

마르다는 일을 잘하는 사람인데다 완벽주의자였던 것 같다. 많은 주부가 그렇듯이 찌개 끓이면서 전도 부치고, 채소도 썰고, 식탁을 닦으면서 수저도 세팅하고, 집안 물건도 제자리에 두어 정돈하고, 환기도 시킨다. 마치 마음의 윈도우 창을 수십 개 띄워놓고 동시에 작업하는 것과 마찬가지다. 신경이 예민해질 수밖에 없다. 주님은 마르다의 등을 토닥토닥 두드려주시면서 "마르다야, 한 번에 하나씩 편안한 마음으로 해라"라고 격려하신 것이다.

주님이 언제 상다리 부러지게 차리는 뷔페 드시겠다고 하신 적 있는가? 지금 당장 먹어야 하니까 음식 좀 빨리 하라고 보채신 적 있는가? 처음부터 마르다 집에서 식사하겠다고 하신 것도 아닌데, 마르다가 스스로 초대해 모신 것이다. 된장찌개와 꽁치 한 마리, 밥 한 그릇만 놓인 상이라도 주님은 기쁘게 받으셨을 것이다. 그러니까 지금 마르다를 몰아붙이고 있는 것은 주님이 아니고 마르다 자신이다. 마르다는 스스로 세워놓은 기준에 맞추어 너무 정신없이 자신과 다른 사람을 몰아붙이고 있는 것이다.

우리도 보면 하나님의 일을 할 때 기도하며 하나님의 음성을 듣고 하는 것이 아니라, 자기 경험과 지식대로 너무 알아서 열심히 일하는 경우가 많다. 어느 순간부터 하나님의 일에서 하나님은 사라지고 일만 남는다. 그러다 보니 현실은 마음먹은 대로 따라주지 않아서 짜증이 나고, 힘들어서 분노하게 되는 것이다.

그러면 애꿎은 주위 사람들만 화풀이 대상이 된다. 열심히 사역하는 사람들의 눈으로 보면, 나만큼 열심히 하지 않는 다른 형제자매들에 대해 짜증이 날 때도 있다. 교회에서, 마르다 같은 일 중심의 사역자들이 조심해야 할 것은 사역의 힘이 되었던 은혜가 사라지면, 자꾸 다른 형제들을 판단하고 공격하게 된다는 것이다. 하나님의 일을 너무 열심히 하다가 형제를 미워하게 되는 것은 하나님의 마음을 가장 아프게 하는 일이다.

그때 주님께서 경고 카드를 꺼내신다.

"마르다야, 너는 너무 마음이 분주하다."

예수님은 "네 인생이 분주하다"라고 하지 않으시고, "네 마음이 분주하다"라고 하신다. 모든 것은 마음의 문제, 영혼의 문제인 것이다.

하나님 일의 우선순위

"몇 가지만 하든지 혹은 한 가지만이라도 족하니라"(눅 10:42)라는 것은 한 마디로 무엇이 가장 중요한지 우선순위를 정해서 거기에 집중하라는 것이다. 우리 힘으로는 하나님의 일들을 다 할 수도 없고, 모든 사람을 다 만족시킬 수도 없다. 하나님은 우리가 하나님의 일을 한다는 명분으로 하나님이 허락하신 것 이상으로 우리의 몸과 마음을 혹사시키길 원치 않으신다. 형제자매를 원망하고, 주님을 원망하는 시점에까지 일에 쫓기기를 원치 않으신다.

그러나 주님이 명령하신 일도 아닌데 스스로 주님의 이름을 내세워서 일하다가 그렇게 가슴에 분노와 피곤으로 찌들어버린 마르다 같은 목회자나 성도들이 의외로 많다. 그리 되면 '내게 힘을 주는 교회'가 아니라 '나를 힘들게 하는 교회' 혹은 '내 힘을 빼버리는 교회'가 되는 것이다.

"수고하고 무거운 짐 진 자들아 다 내게로 오라. 내가 너희를 쉬게 하리라. 내 멍에는 쉽고 내 짐은 가볍다."

오늘 주님의 이 부드러운 음성을 듣고 어깨에 진 무거운 부담감을 내려놓게 되길 바란다.

예수님은 가득 짜증이 난 마르다에게 말씀하신다.

마리아는 이 좋은 편을 택하였으니 빼앗기지 아니하리라 하시니라 눅 10:42

베다니 마리아는 복음서에 세 번 등장하는데, 그때마다 주님의 발 앞에서 주님의 말씀을 듣고 있다. 훗날 마리아는 십자가 사건이 있기 전, 주님의 발에 값진 향유가 담긴 옥합을 깨뜨려 부었다. 항상 예배하며 말씀을 들었던 마리아이기에 하나님의 마음을 알았고, 그래서 정확한 타이밍에 최고의 헌신, 최고의 사역을 할 수 있었던 것이다. 마리아는 괜찮은 것들 여러 개 중에서 최고의 선택, 곧 주님의 말씀을 듣는 선택을 했다.

사역과 예배는 반의어가 아니다. 사역은 예배의 결과이다. 예배의 때는 아무 때나 오는 게 아니다. 예배는 타이밍이 생명이다. 아무 때나 할 수 있는 게 아니다. 예수님이 나의 앞에 계실 때 드릴 수 있는 것이다. 그래서 마리아는 그 순간 예배를 택했고, 주님은 그 선택을 축복하신 것이다.

사역으로 열매 맺는 마리아의 예배 영성

주님은 마리아의 예배 영성을 좋은 것이라고 하셨다. 바꿔 말하면 '가장 중요한 것'이다. 주님은 교회의 머리이시다. 머리이신 주님이 정하신 교회의 최우선순위는 하나님을 예배하는 것이다. 신학자 에밀 브루너의 저서 《교회의 오해》(The Misunderstanding of the Church)를 보면 많은 사람이 교회에 대해서 네 가지를 오해하고 있다고 한다.

첫째로 교회를 학교로 오해한다. 둘째로 교회를 친교 나누는 곳으로 오해한다. 셋째로 교회를 자선단체로 오해한다. 넷째로 교회를 사회개혁을 주도하는 단체로 오해한다. 물론 교회에서 말씀도 교육하고, 친교도 하고, 선한 사업도 하고, 사회를 변화시키는 일도 하는데, 그것은 교회의 맡겨진 여러 가지 사명 중의 하나일 뿐 본질이 아니라는 것이다.

그러면 교회의 본질은 무엇인가? 그것은 하나님께 예배드리는 것, 하나님께 영광 돌리는 것이다. 교회가 그 본질에 충실할 때 하나님께서 기뻐하시고, 불같은 성령을 부어주시며, 넘치는 은혜로 채워주신다.

예배가 죽으면 하나님의 임재가 교회를 떠나게 되고, 그러면 교회는 생명력을 잃는다. 유럽에 가보면 그렇게 아름답고 크고 웅장하게 지은 교회들이 모두 관광지나 박물관이 되거나 이슬람 사원으로 변해버리고 말았다. 하나님의 임재가 떠나가니까 모든 것이 끝나버리는 것이다. 마리아의 예배 영성은 교회를 교회 되게 하는 영적 엔진이다. 어떤 일이 있어도 교회와 성도는 예배 영성에 최우선순위를 두어야 한다.

구약성경에 보면 성전 가장 깊은 곳에 '지성소'(holy of holies)라는 곳이 있다. 하나님의 임재만으로 충만한 장소였다. 그래서 성전 전체가 그랬지만, 특히 지성소에는 더럽고 세상적인 것들이 하나도 있으면 안 되었다. 세상 유행이 어떻게 바뀌든, 세상에서 무슨 일이 일어나든(전쟁과 불경기와 자연재해 등) 지성소는 철저하게 하나님의 임재에 집중되어 있어야 했다.

배가 바다를 항해할 때, 거센 파도가 아무리 사납게 몰아쳐도 배 안으로 물이 들어오지만 않으면 아무 문제가 없다. 그러나 배 안으로 물이 들어오기 시작하면 배는 침몰하게 된다. 이스라엘 백성들은 세상을 살아갈 때 파도가 아무리 몰아쳐도 지성소 안으로까지 세상의 파도가 들어오지 못하게 지켜야 했다.

너희는 먼저 그의 나라와 그의 의를 구하라 그리하면 이 모든 것을 너희에게 더하시리라 마 6:33

지성소에서 예배를 제대로 드리고 나면 희한하게 인생의 실제적인 문제들과 그들을 노리던 대적들의 문제는 하나님이 알아서 해결해주시곤 했다.

하나님의 자녀들의 마음속에도 이런 은밀하고 깨끗한 지성소가 있다. 하나님은 그곳에서 날마다 우리와 만나길 원하신다. 그곳에 들어올 때 우리는 세상의 모든 문제와 더러운 생각, 걱정과 근심을 다 내려놓고 들어와야 한다. 우리가 말하지 않아도 하나님께서는 우리가 직면하고 있는 문제들을 이미 다 아시기 때문이다. 무슨 일이 있어도 우리 영혼 안의 지성소를 지켜야 한다.

지성소에서는 하나님께만 집중해야 한다. 그때 우리는 하나님의 임재와 만나며, 평안과 기쁨을 누리게 될 것이다. 그렇게 하나님의 임재 안에서 새 힘을 얻고 나면 우리는 나가서 세상의 모진 파도와 싸워 이길 능력을 갖게 되는 것이다. 마리아의 예배 영성은 어떤 일이 있어도 자기 마음의 지성소를 지키는 예배의 집중력이었다. 지성소를 회복할 때 비로소 교회는 '내게 힘을 주는 교회'가 된다.

충만한 예배는 충만한 헌신으로 이어진다

그러나 한 가지, 마리아의 예배 영성을 가진 사람들이 조심해야 할 것이 있다. 예배를 힘든 현실로부터 도피하는 수단으로 삼아서는 안 된다는 것이다. 하와이 코나에 있는 열방대학(YWAM) 국제선교단체 본부에 가보면 단기선교 훈련 프로그램으로 한국 사람들이 굉장히 많이 와 있다. 이들 중에는 세상에서 사업에 실패했거나, 사람에게 깊은 상처를 입었거나, 교회에서 사역하다가 지쳐서 회복하러 온 사람들이 많다. 그들은 처음 몇 개월 동안 여러 은혜로운 강의를 듣고, 예배와 기도에 집중하는 마리아 영성을 누린다.

그런데 문제는 거기에 익숙해지다 보니 자신들의 현실로 돌아가기를 주저하는 사람들이 많다는 것이다. 과거의 실패에 대한 기억과 또 그런 일이 반복될지 모른다는 두려움이 그들을 짓누른다. 그래서 자신들의 직장과 가정, 교회로 돌아가길 싫어한다.

그때 그들은 "나는 아직 완전히 회복되지 않았어. 좀 더 은혜를 받아야 해. 아직 훈련이 부족해"라고 하면서 또 다른 몇 개월의 훈련 프로그램을 신청한다. 그게 끝나면 아직도 자신들이 부족하다고 하면서 다른 단체의 훈련 프로그램에 또 등록한다. 이런 식으로 여러 선교단체의 훈련 프로그램들을 몇 년씩 전전하며 현실 세계로 컴백하지 못하는 크리스천이 많다고 들었다. 이런 현실 도피형 마리아들은 결코 성경적인 예배자가 아니다. 중세 가톨릭 수도원도 그런 식으로 세상과 담을 쌓고 격리된 교회 공동체를 만들었다. 그러나 그것은 예수님이 원하셨던 마리아 예배 영성의 모습이 아니었다.

충만한 예배를 드린 사람은 곧 헌신적인 사역자가 되게 되어 있다. 물이 계속 부어지면 언젠가는 컵에 넘쳐 흐르게 되듯이, 예배를 제대로 드린 사람은 어느 시점이 되면 반드시 파격적인 헌신을 하게 되어 있다.

훗날 예수님이 십자가에 못 박히시기 며칠 전, 마리아는 향유가 가득한 옥합을 깨고 자신의 머리털로 예수님의 발을 씻는 충격적인 섬김을 한다. 그것은 노동자 일 년 연봉에 해당하는 금액의 값비싸고 풍성한 양의 향유였다. 예수님은 이 섬김에 너무나 감동받으셔서 복음이 전해지는 곳에는 어디서든지 이 이야기를 함께 전하라고 하셨다. 가장 위대한 예배자가 가장 감동적인 사역자가 된다는 것을 주님은 모든 사람에게 전하고 싶으셨던 것이다.

우리는 어떤 사역을 하는가, 얼마나 많은 사역을 하는가를 본다. 그러나 하나님은 사역의 원동력이 무엇인가를 보신다. 사역의 동기가 사역의 질을 결정한다. 죄책감이나 의무감 때문에 마지못해 하는 사역은 능력도 없고 감동도 없다. 사람들도 힘들고, 하나님은 더더욱 힘드시다. 그러나 십자가 은혜를 제대로 체험한 예배자의 사역은 벌써 차원이 다르다. 마리아가 깊은 예배 영성을 바탕으로 사역을 하니 엄청난 파워가 있었다.

예배를 기초로 한 마르다의 사역 영성

참된 예배자들은 반드시 사역의 자리로 움직이게 되어 있다. 모든 마리아가 가슴에 새겨야 할 찬송가 가사가 있다.

밤 깊도록 동산 안에 주와 함께 있으려 하나
괴론 세상에 할 일 많아서 날 가라 명하신다

주님의 임재 앞에 기도와 예배로 깊이 머무는 시간은 반드시 필요하다. 그것이 가장 기본이다. 가장 중요하다. 그러나 언제까지 그러고 있어선 안 된다.

하나님은 어느 시점이 되면 예배자를 반드시 사역의 자리로 보내신다. 교회에는 반드시 마르다의 사역 영성이 필요하다. 물론 처음에 교회에 오면 몇 년은 예배와 여러 가지 양육 프로그램을 통해 마리아의 예배 영성으로 충만히 채워지는 것이 필요하다.

그러나 어느 시점부터는 작은 일이라도 사역을 하기 시작해야 한다. 아무리 잘 먹어도 운동하지 않으면 몸이 건강해질 수 없기 때문이다. 하나님은 우리 모두에게 은사를 주셨는데, 그 은사를 쓰지 않으면 슬퍼하신다. 예배에서 은혜를 받으면 그 은사들이 불붙게 되고, 우리는 그것을 나누고 싶어진다.

아직까지 예배만 참석하고 사역을 한 번도 안 해봤다면, 결심하고 어떤 사역이든 한번 헌신해보라. 또 이전에 사역을 하다가 한동안 쉬고 있었다면 이제 슬슬 다시 컴백하기 바란다. 사역을 많이 할 필요는 없지만, 그래도 한두 개는 해야 한다. 하나님은 은혜받은 예배자들의 사역을 통해 하나님나라를 건설해가기 원하신다.

그러나 한 가지 중요한 사실은 우리의 사역이 단순히 교회 안에서만 머물러선 안 된다는 것이다. 교회를 배라고 할 때, 어떤 교회는 마치 유람선 같다. 자기들끼리 먹고 마시고 즐거워하는 사교 모임 같다. 그런가 하면 어떤 교회는 전함이다. 양육 훈련도 열심히 하고 사역도 열심히 한다. 그런데 그 교회의 모든 훈련은 교회 안의 일을 감당하는 사역자를 만드는 데 집중된다. 교회 일이 너무 많고 바빠서 교인들은 가정이나 직장생활을 제대로 하기가 힘들 정도다.

유람선이나 전함형 교회 둘 다 성경적 교회 모델이 아니다. 교회는 오히려 항공모함이어야 한다. 항공모함은 무장한 전투기를 싣고 다니다가 전쟁 시 출격시킨다. 그러면 전투기들은 모함으로부터 멀리 떨어진 곳으로 가서 전투한다. 마찬가지로 교회 안에서 안식을 누리고 훈련과 치유를 받은 성도들은 세상 속으로 돌아가서 받은 은혜를 흘려보내야 한다.

사역의 범위는 교회를 넘어선다

마르다의 사역 범위는 교회와 가정과 사회를 전부 포함한다. 그런데 교회에서 마르다처럼 열심히 사역하는 성도들이 의외로 가정과 세상 직장에서 적응을 잘 못하는 경우가 많다. 교회 일은 그렇게 열심히 하는 사람이 가정에서 부부간에 대화도 잘 안 하고, 아이들과 시간도 잘 안 보내서 가정이 엉망이 되는 경우를 많이 봤다. 또 직장에서 불성실하게 대충대충 일해서 상사나 동료들의 신뢰를 받지 못하는 경우도 많이 봤다.

그래서 세상에서 잘 적응하지 못하는 사람이 그것을 부르심으로 착각하고 신학교로 가서 목회자나 선교사가 되려는 경우가 있다. 이것은 정말 바람직하지 않은 일이다. 개인적인 의견이지만, 나는 가정이나 직장 생활에서 성실하지 않은 사람이 어느날 "부르심을 받았다"고 갑자기 목회자의 길로 가는 것은 위험하다고 생각한다. 목회자는 사실 다른 일을 했더라도 성실하게 잘했을 사람이어야 한다.

구약성경에 나오는 다니엘은 항상 기도하는 사람이요, 성령의 환상을 보는 영적인 사람이었다. 그런데 그는 동시에 현실 세계인 자기 직장에서 실력과 성실성을 인정받는 사람이었다.

우리가 아는 성경의 영웅들이 다 그렇다. 항상 기도하는 사람이었던 느헤미야는 무너진 도시 성벽을 건설해내는 탁월한 행정관료였다. 깊은 찬양의 예배자였던 다윗 또한 뛰어난 장군이며 왕이었다. 어디를 가든 예배 제단을 쌓았던 아브라함은 현실 세계에선 뛰어난 사업가였다. 즉, 이들은 모두 마리아의 예배 영성과 마르다의 사역 영성이 겸비된 사람들이었다.

하나님은 구원받은 백성들에게 가만히 앉아 있지 말고 세상 속으로 행군해 들어가라고 하신다. 교회는 신자들을 교회 안에만 묶어둬선 안 된다.

사탄의 전략은 크리스천으로 하여금 교회 내에만 머물게 하고, 세상으로부터 물러서게 만드는 것이다. 그러나 우리는 그것을 뚫고 나가야 한다. 사역을 교회 안에만 한정시켜선 안 된다. 목회자들은 주일에 봉사하는 것만 보고 교인들이 좋은 크리스천이라고 판단해선 안 된다. 평일에 직장과 가정에서 그들이 무엇을 하고 있는지, 그들이 사는 아파트 단지에서는 어떤 주민인지를 알아야 한다. 교회 임직자를 임명할 때 그것까지, 아니 그것을 필수 평가기준에 넣어야 한다. 그게 진짜 영적 실력자가 누구인지를 보여주기 때문이다. 토미 테니가 말한 것을 기억하자.

"부흥이란 하나님의 말씀이 교회의 벽을 뚫고 나가서 세상에서 폭발하는 것이다."

교회 사역의 주역은 목회자들이지만, 세상을 변화시키는 주역은 평신도들이다. 나는 우리 성도들이 교회, 가정, 직장(학교)이라는 세 가지 영역에서 다 신실한 마르다의 섬김을 해주었으면 한다. 교회 사역만 열심히 한다고 훌륭한 마르다 사역자가 되는 것이 아니다. 가정에서 좋은 부모, 좋은 자녀가 되기 위해서 열심히 몸을 움직여 땀 흘려야 한다. 직장에서 성실한 일꾼으로 인정받기 위해 열심히 땀 흘려야 한다. '무슨 일을 하든지 주님께 하듯 열심히 하는' 마르다들이 되어야 하는 것이다.

하나님은 교회 안에만 계신 분이 아니라, 삶의 모든 영역에 함께 계시는 분이기 때문이다.

마리아 예배 영성과 마르다 사역 영성의 조화

예수님은 하나님이시면서 동시에 인간의 육체를 입고 이 땅에 오셨다. 베다니에서 마르다는 예수님의 인간적 필요를 채워드렸고, 마리아는 예수님이 하나님으로서 받으셔야 할 예배를 충만히 드렸다.

마리아가 하늘의 비전을 보는 사람이라면, 마르다는 계획을 세우고 실천하며 행동하는 사람이다. 마리아가 영원을 바라보는 이상주의자라면, 마르다는 땅에 서 있는 현실주의자이다. 마리아가 예배자라면, 마르다는 사역자다. 예배와 사역은 둘 다 하나님이 기뻐하시는, 하나님나라 건설에 반드시 필요한 요소들이다.

그러나 오늘날 교회 안에서 자기만큼 일을 안 하는 형제를 향하여 분노와 원망이 가득한 마르다들이 의외로 많다. 모태신앙인 성도들, 오래 교회생활한 사람들, 사역을 많이 한 분들의 마음이 자칫 잘못하면 이런 분노와 원망으로 가득 찰 수 있다. 그 안에 기쁨이 사라져버리고 매너리즘과 의무감으로 사역하고 있다가 다른 형제자매를 원망하고 교회 안에 반목을 일으킨다.

사역을 아무리 많이 하고 잘한다고 해도 이런 마음을 갖고 사역하다가 형제끼리 반목하게 되면 하나님이 슬퍼하신다. 따라서 마르다 사역자는 자기 안에 이런 마음이 일어나는 것을 발견하면, 잠시 사역을 멈추고 안식하며 예배의 자리로 가서 엎드려야 한다. 성령의 치유를 받고, 영적 기쁨과 은혜를 회복해야 한다.

사실 나도 마르다 사역 영성 기질이 강한 일 중심의 목사였다. 내가 부목사일 때 일주일에 하루도 쉬지 않고 일하며 퇴근 후에는 책도 썼기 때문에, 우리 교회 부교역자들이 아무리 열심히 뛰어다녀도 내 눈에는 그렇게 열심히 일하는 것 같지 않았다. 담임목사가 그러면 교회 전체에 문제가 생긴다. 가만 두면 나도 지치고, 마음에 분노가 생기고, 영적으로 메말라질 위험이 있다. 그래서 성령께서는 그런 기미가 보이면 내게 조용히 압박을 주신다.

교회를 세우고 2년째부터인가, 목회 일로 너무 바쁘고 힘들고 지치고 가슴에 분노가 많이 쌓여서 쓰러지기 일보 직전이었다. 다 내려놓고 어디론가 도망가고 싶었다. 그래서 나는 주중에 이틀씩 가평에 있는 필그림하우스 기도원을 다니기 시작했다. 기도하고, 집필하고, 책 읽고, 산책하기에 그만인 장소다. 교회 일이 바쁘고 힘들수록 그 이틀만은 모든 것을 내려놓고 마리아처럼 예수님과의 교제에 집중했다.

지금도 나는 틈만 나면 사무실 옆의 기도실에 들어가서 주님과 깊이 교제하며 내 안에 하나님의 은혜가 촉촉이 채워지길 기다린다. 담임목사인 내가 그렇게 해야 교회 전체가 일 중심으로 흐르지 않기 때문이다.

영적 지도자가 거룩한 여유와 균형감각을 가지면 함께 일하는 동역자들을 대하는 자세도 달라진다. 일이 많다 보니까 담임목사는 함께하는 부교역자들이나 간사들을 단순히 일을 이루는 수단으로 보게 되는 경우가 많다. 그러나 하나님 앞에 정기적으로 기도하며 깊은 영성을 쌓는 시간을 자주 가지게 되면, 함께하는 동역자들도 영적으로 은혜받고 공급받지 않으면 팀워크가 깨지고 교회에 덕이 안 된다는 것을 알게 된다.

나는 우리 교회 부교역자들과 간사님들도 다 '기독교 에센스'(CES) 양육 과정을 받게끔 장려한다. 정기적으로 기도실에 가서 기도할 수 있도록 권장하고, 좋은 책이 있으면 함께 나눠 읽고, 교회의 여러 가지 양육 프로그램에 참여할 수 있도록 격려한다. 그리고 그들의 삶의 스토리에 관심을 가지고 그들의 아픔을 다독이고 비전을 들어주려고 노력한다. 지도자는 자신을 위해 일하는 사람들을 위해서 일해야 한다고 생각한다.

우리 교회에서 간사로 섬겼던 이들 중에는 모 자동차 회사의 영업과장이 되어 열심히 뛰고 있는 이도 있고, 공연 엔터테인먼트 쪽으로 실력을 인정받아 대기업에 특채된 사람도 있다. 교회 초기 나의 목회비서를 5년 넘게 했던 간사는 현재 우리 교회 주일학교 전도사로 탁월함을 발휘하고 있다.

나는 함께 뛰는 교회 스태프들을 모두 한 가족으로 본다. 이들 한 사람 한 사람이 교회를 통해 은혜를 받고, 자신의 재능을 발견하며, 꿈을 이뤄가는 것을 매우 기쁘게 생각한다. 그들이 결혼하여 아이를 낳아 믿음의 가정을 꾸리고 행복하게 사는 모습을 보는 것이 행복하다.

우리 교회 부교역자실이나 간사실은 하루에도 몇번씩 "우하하", "까르르" 웃음이 터진다. 교회 일을 하면서 행복해하는 모습을 볼 때 나도 행복하다. 교회가 양적으로 성장하는 것 이상으로 교회를 섬기는 사람들의 인생이 교회를 통해 풍성해지는 것을 보는 게 기쁘다.

한편, 마리아 예배 영성도 자칫 잘못하면 다른 형제자매들과 부딪칠 수 있다. 영적 훈련이나 기도를 통해 남들이 갖지 못한 영적 지식이나 체험을 갖고 나면 교만해질 수 있다. 이런 분들 중에 "내가 하나님 음성을 들었다. 이것이 하나님의 뜻이다"라는 말들을 너무 쉽게 하면서 다른 이들을 장악하려는 이들이 간혹 있다. 방언 못 하는 사람, 자기만큼 기도 안 하는 사람, 특정 훈련 프로그램을 이수하지 못한 사람, 성경에 대해서 자기만큼 모르는 사람들을 은근히 무시하고 비판하는, 성숙하지 못한 마리아들이 생긴다. 마르다도 그렇지만 마리아도 이렇게 해서 다른 형제들과 불편한 관계가 되면 회개하고 빨리 바로잡아야 한다. 예배자는 계속해서 더 겸손해져야 한다.

하나님은 마르다의 사역 영성과 마리아의 예배 영성이 조화를 이루기 원하신다. 한쪽으로 치우치게 되면 서로 갈등이 일어나게 되고, 교회가 시험에 들기 때문이다. 우리는 마리아처럼 예배하고, 그 힘으로 마르다처럼 사역할 수 있어야 한다. 우리 교회 곳곳에도 마르다 사역 영성과 마리아 예배 영성을 조율해야 할 곳이 있다.

나도 작년 여름 처음으로 한 달 안식월을 가졌는데, 차례로 각 스쿨이나 사역 프로그램도 한 학기나 1년씩 쉬게 하면서 마리아 예배 영성으로 재충전을 시키고 있다. 앞으로 사역 현장에서 오래 수고하신 장로님들과 사역자들도 교대로 사역 현장에서 잠시 물러나 하나님 안에서 안식하는 시스템을 갖추려고 한다.

하지만 또 너무 사역 안 하고 뒷짐 지고 구경만 하는 얌체 마리아 타입들은 찾아내어 옆구리를 찔러서라도 사역 현장에 부지런히 투입하려고 한다. 많은 교회가 워낙 사역이나 양육 프로그램이 다이내믹하게 돌아가기 때문에 의도적으로 균형을 잡지 않으면 안 된다.

마리아의 예배 영성과 마르다의 사역 영성, 초대교회는 탄생부터 그런 조화가 있었다. 사도행전 1장 8절을 그런 맥락에서 다시 읽어보라.

> 오직 성령이 너희에게 임하시면 너희가 권능을 받고 예루살렘과 온 유대와 사마리아와 땅끝까지 이르러 내 증인이 되리라 하시니라 행 1:8

가장 중요한 것은 그들이 먼저 성령을 받는 것이었다. 성령을 받기 위해 120명의 성도들이 마가의 다락방에 모여 열흘이 넘도록 전력을 다해 겸손히 기도했다. 그리고 마침내 오순절에 불같은 성령이 그들에게 임한 것이다. 분명 초대교회의 시작은 주님의 임재 앞에 기도로 충분히 머물러 있는, 그래서 불같은 성령으로 채워지는 마리아 영성이었다. 성령으로 충만히 채워지는 시간이 있어야 권능을 받는다. 성령이 임해야 권능을 받고, 권능을 받아야 증인의 사역을 할 수 있다. 성령의 은혜를 받기 위해서는 마리아처럼 집중력 있는 예배를 통해 주님 앞에 머물러야 한다.

그러나 예배의 임재 안에만 머물러 있으면 안 된다. 그 예배 영성을 기반으로 교회는 땅끝까지 복음 들고 뛰어가는 마르다 사역자가 되어야 한다. 사역을 통해 예배 때 받은 은혜를 확인하고 세상에 풀어놓아야 한다. 그러다 사역을 하다가 지치고 분노가 많이 생기면, 즉시 예배의 자리로 돌아와서 영혼을 추슬러야 한다.

마리아 예배 영성으로 은혜를 받고, 마르다 사역 영성으로 받은 은혜를 풀어놓는 교회, 그 팽팽한 긴장감이 유지되는 교회. 우리 교회가 또 한국의 모든 교회가 그렇게 균형 잡힌 교회가 되기를 기도한다.

12

하나님을 사랑하는 자가 양 떼를 사랑한다

　베드로와 제자들은 예수님이 십자가에 못 박히신 후에 너무나 침체되어 기가 죽을 대로 죽어서, 인생을 포기한 사람처럼 갈릴리로 도망가버렸다. 어부였던 자기들의 생업이 있는 곳으로, 원점으로 컴백한 것이다. 그러나 일단 예수님 손에 한번 잡힌 사람은 그렇게 쉽게 도망갈 수 없다. 사랑의 추적자, 예수님은 이미 죽음을 이기고 부활하셨고, 갈릴리로 돌아와 기다리고 계셨던 것이다.

　그들이 조반 먹은 후에 예수께서 시몬 베드로에게 이르시되

　요한의 아들 시몬아 네가 이 사람들보다 나를 더 사랑하느냐 하시니

　이르되 주님 그러하나이다 내가 주님을 사랑하는 줄 주님께서 아시나이다

　이르시되 내 어린 양을 먹이라 하시고

또 두 번째 이르시되 요한의 아들 시몬아 네가 나를 사랑하느냐 하시니

이르되 주님 그러하나이다 내가 주님을 사랑하는 줄 주님께서 아시나이다

이르시되 내 양을 치라 하시고

세 번째 이르시되 요한의 아들 시몬아 네가 나를 사랑하느냐 하시니

주께서 세 번째 네가 나를 사랑하느냐 하시므로

베드로가 근심하여 이르되 주님 모든 것을 아시오매

내가 주님을 사랑하는 줄을 주님께서 아시나이다

예수께서 이르시되 내 양을 먹이라 내가 진실로 진실로 네게 이르노니

네가 젊어서는 스스로 띠 띠고 원하는 곳으로 다녔거니와

늙어서는 네 팔을 벌리리니 남이 네게 띠 띠우고

원하지 아니하는 곳으로 데려가리라

요 21:15-18

주님은 제자들과 아주 기가 막힌 재회를 하신다. 밤새 아무것도 잡지 못한 그들에게 새벽 미명에 나타나셔서 그물이 찢어질 정도로 많은 고기가 잡히게 해주신다. 처음 베드로와 요한, 야고보를 만나시던 때와 똑같은 상황을 재현해내신 것이다. 제자들은 심장이 멎는 것 같은 충격을 느끼면서 비로소 주님을 알아보았다.

요한이 제일 먼저 알아보고 소리치니까, 베드로는 역시 성격대로 겉옷을 입고(예의를 갖추느라고) 물로 그대로 뛰어들었다(주님은 정말 귀엽다고 생각하셨을 것 같다). 베드로는 진짜 행동하고 나서 생각하는 사람이다.

자기가 한 짓이 있으니 면목이 없어서라도 부활하신 주님께 그렇게 못 갈 텐데, 워낙 순진하고 단순한 사람이라 그저 주님이시라니까 좋아서 그런 것이다. 우리도 그저 주님이라면 이렇게 좋아야 한다. 아무리 지은 죄가 많고 과거에 실패한 일이 많아도 항상 주님이 앞으로 달려나가야 한다.

주님은 제자들을 위해 아주 분위기 있는 바닷가 파티를 준비하고 계셨다. 제자들은 다 한 마디도 하지 못하고 주님이 인도하시는 대로 배불리 먹고 숨을 죽이며 예수님이 말씀하시길 기다렸다.

'우리가 겟세마네 동산에서 예수님을 버리고 도망간 것에 대해 질책하지 않으실까? 내 과거의 실패에 대해 질책하지 않으실까?'

주님은 숨 막히는 침묵을 깨고 베드로에게 말씀하기 시작하신다(그러나 실은 열한 제자 전체에게 하신 말씀이다).

"요한의 아들 시몬아."

주님께서 지어주신 베드로라는 이름이 있는데, 주님은 다시 옛날 이름 '시몬'을 부르신다. 베드로가 사고 친 후에는 언제나 이 옛 이름으로 부르신다. 다시 원점에서 시작하자는 것이다. 주님은 포기하지 않고 그를 다시 일으켜주실 것이라는 뜻이다.

예수님은 베드로에게 "네가 나를 사랑하느냐?"라고 세 번 물으셨고, 가장 결정적일 때 주님을 배신하고 도망간 주제에 어떻게 감히 주님을 사랑한다고 대답할 수 있을까 싶던 베드로는 간신히 "예, 그렇습니다"라고 대답한다. 낮아지고 겸손해진 베드로에게 주님은 비로소 양을 먹이라는 목양의 권위를 주셨다. 마음이 부서지고 약해지고 겸손해지면 하나님의 능력과 권위가 주어질 것이다. 이것은 군림하는 권위가 아니라, 섬기고 사랑하며 희생하는 리더십의 권위이다. 베드로를 용서해주시고 공식적으로 완전히 회복시켜주신 것이다.

내게서 보이는 베드로의 모습

갈릴리 호숫가의 베드로에게 목사로 살아온 나 자신의 모습이 오버랩된다. 신학교를 졸업하고 목사 안수를 받은 지 20여 년이 넘었다. 그런데 지금까지도 가끔씩 자문해보는 것이 있다.

"과연 나는 목사 자격이 있을까?"

특히 인품이 매우 훌륭하고 헌신적으로 주님을 섬기는 성도들을 보면 너무나 부끄러운 마음이 들 때가 많다. 무엇보다 목회는 사람과 관계를 맺는 일인데, 솔직히 나는 스스로 그렇게 대인관계를 잘하는 사람이라고 생각지 않는다. 처음 만나는 사람에게 낯을 많이 가린다. 특히 여성분들에게는 상대가 오해할 정도로 낯을 가린다.

오래전, 아내를 처음 소개받아 데이트할 때도 아내의 눈을 제대로 쳐다보지 못해서, 처음에 나를 굉장히 오해했었다고 한다. 나는 사람과 마음을 터놓고 사귀는 데 시간이 걸린다. 그래서 새로운 사람을 보면 먼저 적극적으로 다가가서 살갑게 자기소개를 하고, 누구를 만나도 서글서글하게 금방 친해지며, 빈말이라도 듣기 좋은 말을 하면서 기분 좋게 해주고, 예의 있고 붙임성 있게 대하는 동료 목회자를 보면 부러울 때가 많았다. 원래 내성적인 성격이지만, 목회자이기에 내 딴에는 필사적으로 외향적이 되려고 몸부림을 쳐보는데, 잘 되지 않는다.

게다가 나는 마음도 그렇게 강하고 담대하지 못하다. 책만 《리더여, 사자의 심장을 가져라》라고 썼지, 실은 목회현장에서 터지는 여러 가지 민감한 일, 쏟아지는 비판에 대해 아주 예민하게 받아들여서 고민하며 잠 못 이루는 밤이 많다. 어지간한 일에는 눈도 깜짝 안 하고, 베개에 얼굴을 대면 잠이 드는 친구 목사를 보면서 그 넉살 좋은 성격이 부러웠다. 그래서 나는 젊은 시절 목사를 할 것인지, 신학교 교수를 할 것인지 상당히 많이 고민했다.

은사로 보면 분명히 교수 쪽이 더 맞을 것 같았지만, 하나님께서는 계속 목회 쪽으로 나를 이끄셨다. 원래 이민 목회자였던 나는 한국교회에서 2년 정도만 목회를 배우고 가려고 왔었는데, 15년째 계속해서 한국에서 목회하게끔 인도하셨다.

그리고 목회를 하면서도 내가 직접적인 책임을 지지 않는 안정된 교회의 부목사 생활은 그런대로 괜찮았지만, 내가 모든 책임을 지고 이끌어야 하는 개척교회 담임목사의 자리는 어떻게든 피하고 싶었는데, 하나님께서 그 길도 가게 가셨다. 인생을 보면 내가 가고 싶은 길과 내가 가게 되는 길(하나님이 이끄시는 길)은 다른 것 같다.

새로운교회를 개척하여 지금까지 목회해 오면서 하나님의 은혜로 교회는 크게 부흥했지만, 하루도 마음 편할 날이 없었다. 여러 가지 힘든 일도 많았지만, 문제 자체보다는 거기에 반응하는 내 자격지심이 문제였다. 일이 생길 때마다 "이건 담임목사인 내 책임이야"라는 생각이 항상 내 마음을 무겁게 짓눌렀다. 그리고 점점 우리 교회가 외부에 알려지고 유명해질수록 '내가 과연 이런 좋은 교회를 이끌 자격이 있을까' 하는 생각이 더해간다.

지난 여름휴가 기간 동안에 하나님 앞에 이 물음을 가지고 계속 매달릴 때, 주님은 본문의 말씀을 응답으로 주셨다. 내가 2천 년 전 갈릴리 호숫가의 베드로가 되어 주님의 질문을 받아내고 있었다.

"네가 나를 사랑하느냐."

"예, 주님. 부족하지만 제 힘껏 주님을 사랑해요."

"그럼 됐다. 내 양을 먹이라."

희한한 일이었다.

베드로는 말하고 싶었을 것이다.

"주님, 제가 큰소리만 쳤다가 주님을 배신했는데요."

주님은 미소 지으며 말씀하신다.

"안다. 그러나 네가 나를 사랑하느냐?"

"예."

"그럼 됐다. 내 양을 먹이라"(목회해라).

나도 말하고 있었다.

"주님, 제 성격이 내성적이라서 사람 대하는 것이 쉽지 않아서…."

"네가 나를 사랑하느냐?"

"예, 그것만은…."

"그럼 됐다. 내 양을 먹이라"(목회해라).

"주님, 실은 제가 성격이 예민해서….."

"안다. 그러나 네가 나를 사랑하느냐?"

"예."

"그럼 됐다. 내 양을 먹이라"(목회해라).

예수님은 뛰어난 능력을 가진 사람이나 처세술이 강한 사람을 목자로 세우시는 게 아니라, 주님을 진실하게 사랑하는 사람을 목자로 세우신다. 주님을 사랑하는 것이 주님의 양을 먹일 수 있는 가장 중요한 자격 조건이다.

주님 사랑과 양 떼 사랑

'주님 사랑'은 '주님의 양 먹이고 돌보기'와 같다. 한 마디로, 예배와 사역이다. 주님을 날마다 뜨겁고 진실하게 사랑하는 사람은 항상 주님의 음성을 들으려고 몸부림칠 것이고, 그러면 주님께서 불쌍히 여기셔서 그의 인간적 부족함을 채워주시며 세워주신다.

주님을 진실하게 사랑하는 사람은 자신의 뜻과 힘이 아닌 주님의 뜻과 힘을 세우는 목회를 할 것이다. 주님을 진실하게 사랑하는 사람은 주님이 주시는 은혜의 팔로 양 떼를 품을 수 있을 것이다. 그래서 나같이 부족한 죄인도 이렇게 좋은 교회의 성도들을 목회할 수 있게끔 주님이 세워주시는 것 같다.

교회가 빠르게 성장하고 부흥할 때마다 주님은 내게 가장 기본적인 것으로 돌아가게 하신다. 그것은 주님과 첫사랑을 회복하는 일이다. 그 과정에서 내 마음에 새겨진 키워드는 '사람'이다. 〈사람이 꽃보다 아름다워〉란 대중가요도 있지만, 사람, 특히 성도들은 주님의 피로 사신 귀한 양 떼이다. 주님과의 첫사랑을 회복하면 주님의 양 떼가 얼마나 소중한지 다시금 느끼게 된다.

주님은 항상 내게 '사람을 귀하게 여기라, 성도들을 귀하게 여기라'는 마음을 주신다. 하나님의 은혜로 우리 교회는 매우 빠른 수적인 성장을 해왔다. 그러다 보니 한 영혼 한 영혼을 우주처럼 귀하게 여기지 못하고 당연시 여기게 된 것은 아닌가 하는 회개가 많이 된다.

지금은 한 공동체당 소그룹 리더인 순장들이 수십 명씩 되어 순장 모임을 부목사님들이 인도하고 있지만, 초창기에는 열 명 혹은 스무 명 남짓한 순장 훈련을 내가 직접 했었다. 새가족도 남성 분들은 일주일에 한 번씩 저녁 시간에 만나 밥을 같이 먹으며 인생을 얘기했었다. 그런데 가족같이 오손도손 즐겁던 그 시절이 너무 빨리 지나버렸다. 그래서 한 영혼의 소중함을 나도 모르게 잃어버린 것 같아 너무 아쉽다.

목자의 눈으로 보면 성도의 숫자보다 한 사람 한 사람에게 담긴 휴먼 스토리가 보인다. 민수기에서 이스라엘 백성들의 인구조사 보고서를 보면 하나님께서 한 사람 한 사람의 사정에 관심을 기울이고 계심을 알 수 있다. 하나님께서는 각 지파별로 숫자를 세면서 백성들 한 가정 한 가정, 한 지파 한 지파의 사정을 소상히 파악하게 하셨다.

목자는 어느 집은 아들이 없고, 어느 집은 아예 자식이 없고, 어느 집안은 번성하고, 어느 집안은 쇠하고, 어느 집안은 이게 힘들고, 어느 집안은 저게 힘들고 하는 이 모든 성도의 인생 속내를 직면하게 된다. 영적 리더십이란 사람들을 획일적인 숫자로 대하는 게 아니라, 한 사람 한 사람의 독특한 스토리들을 하나하나 가슴에 품는 것이다.

담임목사로서 내 고민은 양 떼의 삶을 세밀하게 파악할 여력도 없이 성도 수가 너무 늘어가는 것 아닌가 하는 부분이다. 성도가 5천 명이면 5천 개의 휴먼 스토리가 있다. 그 스토리들은 각자 너무나 다른 성장배경과 상처와 간증과 기도제목을 담고 있다. 목자는 그것들을 잘 파악해서 설교와 목양에 반영해야만 하나님의 마음으로 양 떼를 잘 이끌 수 있을 것이다.

그래서 나는 꾸준히 공동체 목회자들을 통해서 이메일로 매주 '나의 팡세'라고 하는 자세한 심방 보고서를 받아 찬찬히 읽어본다. 또 교역자 회의에서 성도들의 삶의 현장 스토리와 기도제목을 놓고 대화하고 있다. 또한 순 방학 기간 동안에는 각 사역팀 리더들과 순장들을 차례로 만나서 현장의 소리를 들으려 한다. 순이 개학하면 매주 시간이 되는 대로 2개 순 이상씩 예고 없이 찾아가는 게릴라 심방을 하여 성도들의 삶의 현장 스토리를 파악하려고 내 나름대로 몸부림치고 있다. 성도들을 위해 기도하는 시간과 설교 준비 시간, 목양을 위해 최선을 다한다. 새가족팀에도 한 영혼 한 영혼을 귀히 여기며 기도와 정성으로 맞아달라고 부탁하고 있다. 교회가 아무리 수적으로 성장해가도 한 영혼 한 영혼에 대한 따뜻한 배려를 잃지 않는 그런 교회가 되어야겠다고 항상 기도하고 노력 중이다.

주님이 이끌어가실 교회의 미래

내가 진실로 진실로 네게 이르노니 네가 젊어서는 스스로 띠 띠고 원하는 곳으로 다 녔거니와 늙어서는 네 팔을 벌리리니 남이 네게 띠 띠우고 원하지 아니하는 곳으로 데려가리라 요 21:18

베드로가 처음 주님을 따라나섰을 때, 주님이 가시는 곳마다 군중이 몰려드는 것을 보고 그는 하늘에라도 오른 것처럼 신났을 것이다. 주님의 종이 되는 것은 그렇게 신나고 흥분된 일인 줄만 알았을 것이다. 그러나 주님의 십자가 사건으로 그런 인간적인 생각이 산산이 부서져버렸다. 이제 주님과의 첫사랑을 회복한 베드로는 성령 세례를 받고 새로운 사람으로 거듭난다.

그러나 그는 복음을 전하다가 숱하게 고생하며 감옥에 갇혔고, 나중에는 로마에서 십자가에 거꾸로 못 박혀 순교당했다. 처음에는 자기 맘대로, 자기 열심으로, 자기 야심대로 주님의 일을 했는데, 나중에는 전혀 예측 못했던, 전혀 생각지 못했던 길을 가게 되었을 것이다.

목회자의 길이 그런 것이 아닌가 한다. 교회의 미래가 그런 것이 아닌가 한다. 내 생각과 전혀 다른 방향으로 폭풍처럼 흘러가는 듯한 느낌이 든다. 리더는 미래를 내다볼 줄 알아야 한다고 하는데, 솔직히 나는 우리 교회의 미래를 주님이 어떻게 이끌어가실지 제대로 알지 못한다. 그러나 두렵거나 불안하지는 않다. 어디를 가든 주님이 이끄시는 대로 가면 안전할 것이다. 그리고 주님의 마음으로 성도 한 사람 한 사람을 진실하게 사랑하면 건강한 교회로 남을 것이라고 믿는다.

우리 교회는 아직 건물이 없다. 교회 개척 이후 지금 세 번째 장소에서 예배를 드리고 있다. 현재 주일 평균 출석성도가 많아지면서 공간이 좁아 여러 가지 불편한 사항이 많다. 많은 분들이 교회 건축을 어떻게 할 것이냐고 질문한다. 예배나 교육, 여러 훈련 프로그램을 자유롭게 하기 위해서는 건물이 있었으면 하는 생각이 들 때는 많다.

그러나 교회가 성장했다고 해서 무조건 교회 건축을 조급하고 무리하게 밀어붙이는 것은 자제해야 한다는 생각이다. 건축을 하긴 해야겠지만, 나는 오히려 사람을 키우는 데 교회의 힘을 쏟아붓고 싶다. 좋은 목회자와 평신도 지도자들을 훈련하는 일, 그리고 선교지의 지역 지도자들을 훈련하는 일에 정성을 다하고자 한다. 하나님의 관심은 항상 사람이고, 교회의 관심도 역시 사람이어야 한다.

몇 년 전 중국 종교국의 고위 관리들과 중국 교계 지도자들이 한국교회를 방문한 적이 있었다. 그들은 유명한 교단 신학교들과 몇몇 대형 교회를 방문하고 마지막에 우리 교회에 들렀다. "어떻게 건물도 없는 우리 교회를 방문해주셨냐"고 했더니, 건물이 없는 교회가 강남에서 이렇게 아름답게 부흥하는 것이 신선해서 방문했다는 것이다. 크고 화려한 성전 건물에 많은 성도가 모이는 한국 대형 교회들은 많이 보았지만, 남의 건물을 빌려 쓰면서도 건강하게 성장해나가는 이런 모델들이 한국에 있는 것이 참 도전이 된다는 것이다. 하긴, 우리가 돕고 있는 미자립 교회 목회자들도 우리 교회를 방문할 때마다 '건물이 없는 교회도 이렇게 부흥할 수 있구나'라는 생각에 용기를 얻고 간다고 한다. 정말 주님은 '약할 때 강함이 되시는구나!'라고 생각했다.

하나님께서 뜻하지 않은 좋은 기회를 주셔서 건축을 하게 된다 해도, 나는 기념비적인 문화재 같은 교회 건물을 지어선 안 된다고 생각한다. 유럽에 가보면 그런 식으로 사치스럽게 지은 웅장한 교회 건물이 다 관광지로 전락해버렸다. 교회는 주님의 몸이고, 건물은 그 몸이 입는 옷과 같다. 몸이 성장하고 변해가면 옷은 항상 바꿔 입을 수 있는 것이다. 건물은 필요에 따라 언제라도 개조할 수 있도록 소탈하고 실용적으로 지어 써야 한다.

남의 건물을 빌려 쓰는 까닭에 조금 불편한 점도 있지만, 얼마나 감사한 점들이 많은지 모른다. 특별히 우리 교회 3대 표어 중에 하나인 "세상 속으로"를 피부로 체험할 수 있는 좋은 기회다. 건물을 빌려 쓰고 있다 보니, 이 건물에 함께 있는 여러 회사 직원 분들이나 손님들을 겸손하고 예의 바르게 대하는 데 신경을 쓰게 된다. 사실 교회는 늘 세상을 이렇게 겸손하고 예의 바르게 섬겨야 한다.

지난 수년 동안 대표적인 교회 여러 곳에서 터진 사건으로 인해 한국 교회를 바라보는 교회 안팎의 시선이 싸늘하다. 목회자의 한 사람으로서 실망을 안겨드려 성도들에게 항상 죄송한 마음이다. 많은 분들이 내게 이런 말씀을 한다.

"목사님은 아무개 목사님같이 되지 마세요."

"새로운교회는 무슨 교회같이 되면 안 됩니다."

"실패한 교회들을 잘 연구해서 그 전철을 밟지 않도록 해야 합니다."

그러나 나는 안 좋은 사례만 계속 묵상하는 것은 결코 새로운 미래를 창조하는 좋은 길이 아니라고 생각한다.

물론, 반면교사의 효과는 있을 것이다. 그러나 아이들이 어릴 때 범죄자들 이야기, 나쁜 사람들 이야기를 들려주며 "너는 저렇게 되면 안 돼"라고 자꾸 교육하면 그것이 어떤 효과를 낳겠는가? 그보다는 아이들이 본받을 수 있는 좋은 인물들의 이야기를 들려주어 그들의 생각과 말과 행동을 자꾸 따라하게 해야 할 것이다.

운동선수가 최고의 플레이를 하기 위해서 뛰어야지, 그저 반칙 안 하고 퇴장 안 당하려는 목표로 뛰어서 되겠는가. 나는 욕 안 먹는 목사가 아니라 하나님 마음에 합한 종이 되려고 노력할 것이다. 베드로나 바울 같은 믿음의 선배들처럼 목숨 걸고 주님을 사랑하는 목자가 되려고 노력할 것이다.

새로운교회는 나쁜 교회가 되지 않으려고 하는 게 아니라 사도행전적 교회가 되려고 노력할 것이다. 욕먹지 않는 수준의 괜찮은 교회가 아니라 마귀를 두려움에 떨게 하는 성령 충만한 교회가 되고 싶다. 크고 위대한 일을 하려는 교회가 아니라 한 영혼을 소중히 여기는 교회가 되었으면 한다(지금도 나는 아무리 바빠도 성도들의 간증 이야기, 새가족 프로필,

어려운 일을 당한 성도들의 이야기는 빠짐없이 꼭꼭 챙겨서 살피고 기도한다. 열 손가락 깨물어서 안 아픈 손가락 없다고, 성도 한 사람 한 사람이 어떻게 주님과 동행하며 잘 살고 있는지 항상 생각한다).

유명한 교회가 아니라, 진실한 교회를 세워가고 싶다. 화려하고 잘난 사람들로 가득한 교회가 아니라, 가난하고 연약한 사람들을 품고 눈물 흘릴 줄 아는 따뜻한 교회가 되고 싶다. 예수를 믿는 것이 이렇게 기쁘고 즐거울 수 있다는 것을 느끼게 하는 그런 축제의 교회가 되길 원한다.

13
겸손한 교회가 하나님의 영광을 나타낸다

새로운교회의 표어에 담긴 3대 비전은 "세상 속으로, 열방 속으로, 미래 속으로"이다. 훈련된 성도들을 내보내 하나님나라를 확장해간다는 것이다.

그런데 최근 하나님 앞에 엎드려 기도하면서 이 비전의 진정한 의미를 새롭게 정리하게 되었다. 사실 삼십 대 목회자였을 때, 나는 당시 한국교회 젊은이들의 집회에서 유행하던 '고지론'을 지지하던 사람이었다. 고지론은 군에서 전투할 때 항상 높은 고지를 먼저 확보해야 적보다 우위를 점하게 된다는 아이디어에 착안한 것으로, 하나님의 사람들이 세상을 변화시키려면 각자 탁월한 실력을 키워서 세상 여러 분야의 영향력 있는 자리에 올라가야 한다는 이론이다.

그러나 이제 30년 가까이 목회를 하면서 그 고지론에 문제가 있다는 것을 알게 되었다. 많은 기독교인이 대통령도 되고, 장관도 되고, 국정원장도 되고, 검찰총장, 국회의원도 되고, 정재계 중요한 요직에 들어갔는데, 세상이 거룩하게 변하지를 않는 것이다.

그뿐 아니라 중요한 자리에 오른 크리스천들이 뜻밖에 그 자리에서 사고를 많이 쳤다. 그러니 세상이 잘 변하지 않을 뿐 아니라, 기독교에 대한 사회적 반감이 너무 커졌다.

빌딩은 고층으로 올라갈수록 바람이 세게 불어오기 때문에 그것을 견딜 수 있을 정도로 튼튼하게 지어야 한다. 이처럼 우리도 높은 자리에 앉는 게 중요한 게 아니라 그 자리에서 영향력을 발휘하는 것이 중요한데, 자리가 높을수록 영적 부담과 공격이 많아서 어지간한 영성과 인격이 아니면 버텨내질 못한다. 그래서 오히려 중요한 자리에 올라간 후로 더 타협하고, 더 세상적이 되어버려서 무너지는 크리스천이 많았다. 낮은 자리에 있을 때는 괜찮던 영성이 높은 자리에 가자 그 실체가 드러나면서 붕괴되어버린 것이다.

여호와여 내 마음이 교만하지 아니하고 내 눈이 오만하지 아니하오며
내가 큰일과 감당하지 못할 놀라운 일을 하려고 힘쓰지 아니하나이다
실로 내가 내 영혼으로 고요하고 평온하게 하기를
젖 뗀 아이가 그의 어머니 품에 있음 같게 하였나니
내 영혼이 젖 뗀 아이와 같도다

시 131:1,2

하나님은 잘난 사람을 쓰시는 게 아니다

초대교회사를 보면 하나님께서 교회를 통해 세상을 바꾸시는 방법은 인간의 생각과 좀 달랐다. 로마에서는 핍박이 심했기 때문에 사회에서 잘나가는 사람들이 예수 믿기가 참으로 어려웠다. 그래서 주로 초대교인들은 사회 최하류층들, 곧 노예, 이방인, 천대받는 여인이 많았다. 그런데 오히려 이들이 자신의 주인을 전도하고, 남편을 전도했다. 자신을 감시하고 핍박하던 군인들을 조용히 전도해서 로마 군대가 서서히 복음화되고, 상류층 귀부인들도 서서히 복음화되었다.

한국교회도 초창기에 양반들보다 천민들, 중인들, 일반 백성들의 복음화율이 훨씬 빨랐고 광범위했다. 상류층, 지도층들의 개종도 없는 것은 아니었지만, 그들이 먼저 변해서 한국교회 리더십을 주도한 것은 아니었다. 복음의 불길은 낮은 데서부터 시작해서 위쪽으로 서서히 번져나갔고, 이를 통해 사회도 변해갔던 것이다.

꼭 높은 자리, 중요한 자리에 크리스천들이 가지 않아도 좋다. 다니엘이나 에스더처럼 총리대신이 되고 황후가 되어 쓰임받는 사람도 있지만, 그것은 하나님이 자연스럽게 하실 일이지 인간이 계획한다고 되는 게 아니다. 부모들이 자신의 자녀를 다니엘이나 에스더처럼 되게 해달라고 기도할 때 그들이 누렸던 높은 자리를 탐하지 말고, 그들이 하나님 앞에 가졌던 신앙 자세를 닮게 해달라고 해야 한다.

정말 중요한 것은 사회의 어떤 위치에 있더라도 항상 기도하며 하나님과 동행하는 것이다. 그리고 예수님의 마음으로 섬기고 사랑하는 것이다. 그런 신실한 믿음의 사람들은 어떤 낮은 위치에서, 아무리 하찮은 일을 하더라도 그를 통해서 하나님이 역사하신다. 우리 교회도 그런 분들을 리더로 세워가려 한다.

우리는 강남의 잘나가는 엘리트들이 모인 교회가 아니다.

'어느 어느 교회는 사회적으로 유명한 사람들이 많으니까 하나님이 크게 쓰실 거야. 이들이 변하면 세상에 얼마나 큰 영향력을 줄까.'

이런 생각 자체가 교만이다. "하나님은 돌들로도 아브라함의 자손이 되게 하실 수 있다"(마 3:9)라고 예수님은 말씀하셨다. 아모스는 평범한 목동에 불과했지만, 하나님께서 쓰시니 한 시대를 깨우는 성령의 지도자가 되었다. 우리가 잘나서 하나님이 쓰시는 게 아니라, 하나님이 쓰시기 때문에 우리가 잘나지는 것이다.

겸손한 심령을 준비하라

중요한 것은 먼저 우리 한 사람 한 사람이 하나님의 성령이 임하실 수 있는 겸손하고 유연한 새 부대로 준비되는 것이다. 교회가 운영하는 수많은 훈련 프로그램의 목적은 성경 지식으로 머리만 큰 사람이 아니라, 예수님의 성품을 닮은 겸손한 인격체를 만드는 것이다.

여호와여 내 마음이 교만하지 아니하고 내 눈이 오만하지 아니하오며 내가 큰일과 감당하지 못할 놀라운 일을 하려고 힘쓰지 아니하나이다 실로 내가 내 영혼으로 고요하고 평온하게 하기를 젖 뗀 아이가 그의 어머니 품에 있음 같게 하였나니 내 영혼

이 젖 뗀 아이와 같도다 시 131:1,2

　많은 부흥하는 교회가 선포하는 비전을 보면 하나님을 위해서 크고 위대한 일을 감당하겠다는 내용들이 많다. 그러나 자칫 잘못하면 거기에는 '내가 힘이 있으니까 하나님의 큰일을 할 수 있다'라는 은근한 교만이 들어간다. 그러면 큰일을 하는 게 아니라 사고가 난다. '큰일과 감당하지 못할 놀라운 일'을 해서 뭔가 보여주려 하지 말고, 오히려 겸손히 기도로 엎드려 잠잠히 하나님 안에 거하는 일이 먼저다. 나는 교회가 커 갈수록 담임목사인 내 개인기도 시간을 더 많이 늘려가려고 애쓴다.

　하나님의 교회가 하나님의 비전을 행하고, 하나님의 사람을 세우는 데 있어서 가장 중요한 것은 '겸손'이다.

> 네 백성이 다 의롭게 되어 영원히 땅을 차지하리니 그들은 내가 심은 가지요 내가 손으로 만든 것으로서 나의 영광을 나타낼 것인즉 그 작은 자가 천 명을 이루겠고 그 약한 자가 강국을 이룰 것이라 때가 되면 나 여호와가 속히 이루리라 사 60:21,22

　22절을 보면 '작은 자, 약한 자'란 말이 나온다. 우리 모두는 다 하나님의 은혜가 커진 후에 강해졌지, 처음에는 다 '작은 자, 약한 자'였다. 교회가 부흥할수록 우리는 스스로 '작은 자, 약한 자'의 마음을 가져야 한다. 단 한순간도 하나님이 붙들어주시지 않으면 쓰러진다는 겸손한 마음을 결코 잊지 말아야 한다.

그래서 우리는 그 어떤 것보다도 항상 하나님 앞에 무릎 꿇고 기도하는 겸손한 교회가 되어야 한다. 하나님의 일을 하면서 자기도 영광받으려 해서는 결코 하나님의 영광을 드러낼 수 없다. 오직 낮아지고 겸손해서야 하나님의 영광을 온전히 드러낼 수 있다.

"못생긴 나무가 산을 지킨다"는 말이 있듯이, 사람들이 보기에 별로 뛰어나지 않아도 겸손하고 신실한 기도의 사람들이 교회를 지킨다. 하나님이 이들을 통해 일하신다.

겸손한 교회는 또한 서로 사랑하는 교회다. 자기보다 남을 낮게 여기는 겸손이야말로 자기와 다른 사람들을 품어주고 사랑할 수 있게 하는 원동력이다.

기도하는 교회, 겸손한 교회, 서로 사랑하는 교회가 주님이 기뻐하시는 교회요, 주님이 사용하실 교회인 줄로 믿는다.

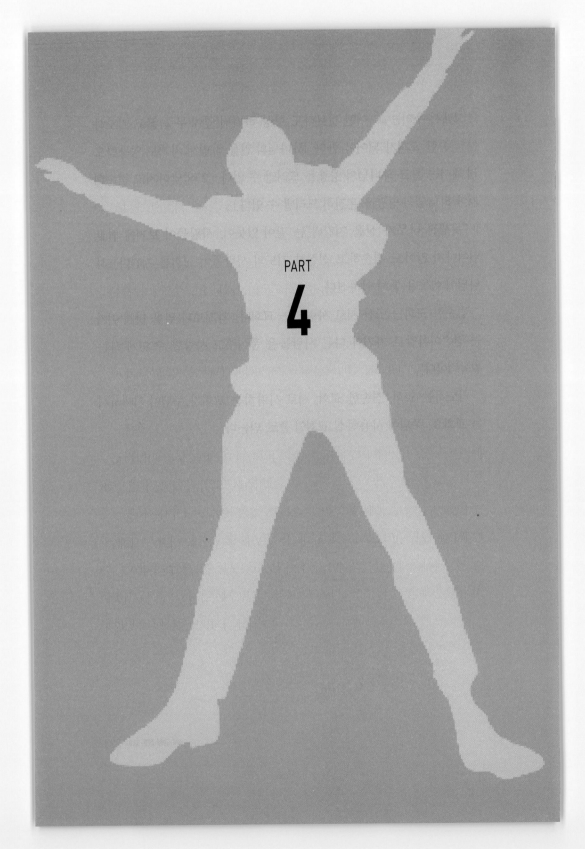

PART
4

교회는 예수님의 보혈로 맺어진 영적 가족이다.
때로는 부딪치고 오해하고 상처를 주고받는 일이 있지만,
우리는 가족이기 때문에 결코 헤어질 수 없다.

거룩한 교회,
매력 있는 교회

14

하나님의 임재를 감당할 수 있는가

다윗은 13년이 넘는 오랜 광야생활을 끝내고 마침내 통일왕국의 왕 좌에 올랐다. 그러나 왕위에 올랐어도 다윗에게는 남이 모르는 불안감 과 두려움이 많았을 것이다. 남들은 "이제 왕이 되었으니 얼마나 좋겠 냐. 고생 끝 행복 시작"이라고 하겠지만, 왕이라는 자리가 밖에서 볼 때 는 좋아 보이지만 막상 그 자리에 앉아 보면 가시방석이다. 나라는 아 직 불안정했고, 사방에 적들투성이였다. 광야 때도 힘들지만, 광야를 지 나서 지도자의 자리에 앉는 것도 새로운 걱정과 불안감의 시작이다. 다 윗은 밤잠을 못 이룰 정도로 힘들었을 것이다.

그래서 불안해하는 다윗을 위해 하나님이 주신 네 가지 복이 있었다.

첫째, 사울에게 충성을 바쳤던 이스라엘의 모든 장로들이 자발적으로 다윗에게 와서 왕관을 바쳤다.

둘째, 난공불락으로 여겨지던 예루살렘을 공략해서 점령하게 되었다.

셋째, 막강한 해양강국 두로의 왕 히람이 백향목과 기술자들을 보내서 다윗의 왕궁을 지어줬다.

넷째, 다윗이 새 왕이 되었다는 말을 듣고 몰려온 블레셋의 대군을 섬멸하는 큰 승리를 거두게 하셨다.

이런 사건으로 인해서 모든 사람들이 하나님이 다윗의 왕권을 축복하셨다는 사실을 알게 되었다(무엇보다 다윗 자신이 이제 왕이 된 것을 확신하게 되었을 것이다).

하나님께서 우리를 어떤 자리에 세우실 때, 긴가민가하게 세우지 않으셨다. 그러면 우리가 불안해서 어떻게 그 자리에 있겠는가? 하나님은 우리 주위의 여러 가지 사건을 통해서 우리를 축복하시고 기름 부으셨다는 사실을 확인하게 하신다. 뜻하지 않은 사람에게 인정받고, 선물받고, 축복받게 하신다. 강하고 힘든 적들을 물리치는 승리도 주신다. 그러니 내가 감당하기 힘든 어떤 자리에 세워주실 때 '내가 과연 그 자리에 맞는 재목일까' 하면서 불안해하고 두려워하지 말라. 하나님께서는 반드시 여러 가지 사인을 통해 확신을 주실 것이다.

왕이 된 다윗의 우선순위

왕위에 오른 다윗은 가장 먼저 시행해야 할 일을 정했다. 하나님의 법궤를 옮겨오는 것이었다.

다윗이 천부장과 백부장 곧 모든 지휘관과 더불어 의논하고

다윗이 이스라엘의 온 회중에게 이르되

만일 너희가 좋게 여기고 또 우리의 하나님 여호와께로 말미암았으면

우리가 이스라엘 온 땅에 남아 있는 우리 형제와

또 초원이 딸린 성읍에 사는 제사장과 레위 사람에게 전령을 보내

그들을 우리에게로 모이게 하고

우리가 우리 하나님의 궤를 우리에게로 옮겨오자

사울 때에는 우리가 궤 앞에서 묻지 아니하였느니라 하매

뭇 백성의 눈이 이 일을 좋게 여기므로

온 회중이 그대로 행하겠다 한지라

이에 다윗이 애굽의 시홀 시내에서부터 하맛 어귀까지

온 이스라엘을 불러모으고

기럇여아림에서부터 하나님의 궤를 메어오고자 할새

다윗이 온 이스라엘을 거느리고

바알라 곧 유다에 속한 기럇여아림에 올라가서

여호와 하나님의 궤를 메어오려 하니

이는 여호와께서 두 그룹 사이에 계시므로

그러한 이름으로 일컬음을 받았더라

하나님의 궤를 새 수레에 싣고 아비나답의 집에서 나오는데

웃사와 아히오는 수레를 몰며

다윗과 이스라엘 온 무리는 하나님 앞에서 힘을 다하여 뛰놀며 노래하며

수금과 비파와 소고와 제금과 나팔로 연주하니라

기돈의 타작마당에 이르러서는 소들이 뛰므로

웃사가 손을 펴서 궤를 붙들었더니

웃사가 손을 펴서 궤를 붙듦으로 말미암아

여호와께서 진노하사 치시매

그가 거기 하나님 앞에서 죽으니라 여호와께서 웃사의 몸을 찢으셨으므로

다윗이 노하여 그곳을 베레스 웃사라 부르니

그 이름이 오늘까지 이르니라

그날에 다윗이 하나님을 두려워하여 이르되

내가 어떻게 하나님의 궤를 내 곳으로 오게 하리요 하고

다윗이 궤를 옮겨 자기가 있는 다윗 성으로 메어들이지 못하고

그 대신 가드 사람 오벧에돔의 집으로 메어가니라

하나님의 궤가 오벧에돔의 집에서 그의 가족과 함께 석 달을 있으니라

여호와께서 오벧에돔의 집과 그의 모든 소유에 복을 내리셨더라

대상 13:1-14

하나님의 법궤는 이스라엘이 하나님께 순종하면서 살아갈 때, 하나님
이 동행하시며 지키시고 축복해주시는 하나님의 임재를 상징했다. 그런

데 약속의 땅으로 들어온 뒤, 세월이 흐르면서 이스라엘 사람들은 풍요로운 물질문화에 빠지면서 우상숭배에 물들었다. 하나님의 법궤는 구석에 처박힌 채 무시당했다. 그러다 블레셋과 전쟁이 터지자 이스라엘 백성들은 비로소 법궤를 다시 가지고 나와서 전쟁터로 향했다.

그러나 하나님은 이스라엘 백성이 블레셋과의 전투에서 참패당하게 하시고, 그 법궤마저 탈취당하게 내버려두셨다. 법궤는 하나님의 임재의 상징이지, 급할 때 승리의 수단으로 써먹는 부적이 아니었던 것이다. 하나님의 말씀을 순종하지도 않으면서, 하나님의 축복만을 구하는 못된 마음에 하나님이 결코 함께하실 수 없었다.

그렇게 법궤는 블레셋 사람의 손에 넘어갔다. 블레셋 사람들은 하나님의 궤를 자신들의 신전으로 가지고 가서 자신들의 신인 다곤 발밑에 두었다(고대 전쟁에서는 한쪽이 전쟁에서 지면 그 백성의 신이 졌다고 생각해서 그 신상을 이긴 쪽 신상 발밑에 갖다 두었다). 블레셋은 자신들의 다곤 신이 이스라엘의 하나님을 이겼다고 생각한 것이다.

그러나 하나님은 스스로의 영광을 지키셨다. 다음 날 아침 블레셋 사람들이 신전에 들어가 보니 다곤 신상이 하나님의 궤 앞에 엎드려져 머리와 손목이 끊어지고 몸뚱이만 남아 구르고 있었다. 그리고 하나님의 궤를 탈취해간 블레셋 사람들의 도시에 하나님의 재앙이 임하기 시작했다. 무서운 질병이 블레셋 사람들의 도시를 덮기 시작하며 사람들이 죽어나갔다. 공포에 질린 블레셋 사람들은 빼앗아간 하나님의 괘를 이스라엘 땅에 돌려보냈고, 법궤는 기럇여아림이란 곳에서 70여 년이 넘는 기간 동안 머물러 있게 된 것이다.

그런데 왕이 된 다윗은 그 어떤 일보다도 먼저, 하나님의 법궤를 예루살렘으로 옮겨오자는 것이다. 그러면서 다윗이 신하들에게 한 말이 중요하다.

> 우리가 우리 하나님의 궤를 우리에게로 옮겨오자 사울 때에는 우리가 궤 앞에서 묻지 아니하였느니라 하매 대상 13:3

"사울 때에는 우리가 궤 앞에서 묻지 아니하였느니라"라고 한다. 사울도 하나님이 기름 부어주셔서 왕위에 오른 사람이었다. 그러나 그의 재위 기간 동안 이스라엘을 다스리는 일에 있어서 자신이 직접 시간과 정성을 들여 진심으로 하나님의 뜻을 구한 일이 없었다. 항상 선지자 사무엘을 통해서 하나님의 뜻을 들었고, 그렇게 받은 말씀에 불순종했다.

하나님의 궤는 하나님의 임재를 상징했다. '하나님의 궤 앞에서 물었다'는 것은 '예배했다, 기도했다'는 뜻이다. 보다 정확히 말하자면, 늘 '하나님과 동행하면서, 하나님과 교제하면서'라고 해야 할 것이다. 그런데 사울에게 있어서 하나님은 늘 급할 때만 찾은 119 핫라인 같은 존재였을 뿐이었다. 사울은 왕이 가진 힘을 의지했을 뿐, 하나님을 의지하지 않았다. 그래서 국가의 크고 작은 일들을 결정하면서 기도하지 않고 자기 생각과 감정대로 처리했다.

다윗은 사울 왕조가 무너진 핵심 이유를 정확히 짚었다. 왜 하나님이 사울을 버리고 다윗을 택하셨는가? 왜 훗날 다윗을 가리켜 "하나님의 마음에 맞는 사람"이라고 하셨는가? 그것은 다윗이 결점이 없이 완벽한 사람이어서가 아니었다. 그것은 다윗이 항상 하나님과 교제하고, 하나님과 동행하며, 하나님의 말씀에 순종하는 사람이었기 때문이다. 성전과 법궤가 없는 광야생활 중에서 다윗은 항상 하나님과 교제하며 수많은 시편을 썼다. 이제 왕이 된 다윗은 공식적으로 법궤를 예루살렘으로 가져와서, 자기를 비롯한 모든 이스라엘의 지도자들이 예배하고 기도하면서 국가의 대소사를 결정하길 원했다.

다윗은 세상 그 무엇보다 하나님의 임재 안에 거하는 것을 가장 중요하게 생각했던 사람이다. 모세도 불타는 떨기나무 앞에서 하나님의 임재를 경험한 뒤 이스라엘 백성을 이끄는 40년 동안 항상 무슨 일만 있으면 하나님의 임재 앞으로 달려가 엎드렸다. 하나님의 사람들은 문제를 문제화시키면 더 큰 문제가 되고, 사람을 상대로 아무리 논리적으로 설득하려고 뛰어다녀봤자 별 도움이 안 된다는 것을 안다. 그래서 우직하게 항상 하나님의 임재 앞으로 달려간다. 어떤 위기 속에서도, 아무리 바쁘고 급한 일이 있어도 하나님의 임재 앞에 거하는 시간을 타협하지 않는다. 다니엘은 국무총리가 되어서도, 사자 굴에 던져진다는 위협이 있는 가운데서도 하루 세 번 하나님의 임재 앞으로 나가는 것을 포기하지 않았다. 이렇듯 지도자의 영적 우선순위가 분명하면 권위가 생긴다.

뭇 백성의 눈이 이 일을 좋게 여기므로 온 회중이 그대로 행하겠다 한지라 대상 13:4

이스라엘 모든 백성은 법궤를 가져오자는 다윗의 결정에 박수를 보냈다. 말을 안 하고 있었을 뿐이지, 이때까지 그들의 마음에도 이 문제가 깊이 체한 음식처럼 남아 있었던 것이다. 하나님의 백성들이라 하던 이스라엘이 법궤를 블레셋에 빼앗기고, 사울 왕 40년 동안 철저하게 법궤를 무시한 채로 지내오던 세월 속에서 크고 작은 전쟁에서 많은 패배를 겪으며 나라는 침체되고 힘든 시절을 보냈다. 다윗이 법궤 문제를 들고 나오자 모두가 무릎을 쳤다.

"아, 그거였구나! 우리에게 영적 회복이 필요하구나! 기도와 예배가 살아나야겠구나! 하나님의 임재가 우리에게 임해야 하는구나! 그래야 나라가 살겠구나!"

나라가 살기 위해선 그 무엇보다 하나님의 임재가 예루살렘으로 들어오는 영적 대각성이 일어나야만 한다는 것을 다들 인정한 것이다. 그러니까 "온 회중이 그대로 행하겠다"라고 즉시 순종한 것이다. 영적으로 감동되면 사람들의 헌신은 자발적으로 따라온다.

예배는 온 인생을 건 축제다

다윗은 언약궤를 예루살렘으로 모셔오기로 결정한다. 구약성경에서 예루살렘은 신약시대의 교회를 상징한다. 회복된 예루살렘으로 언약궤를 모셔오겠다는 것은, 침체된 교회 안으로 하나님의 임재를 모셔오겠다는 것이다. 다윗은 권력도 손에 쥐었고, 좋은 궁궐도 차지했으며, 사람들의 인기와 지지도 한 몸에 받았다. 이렇게 모든 것을 가진 사람이 하나님을 향한 가난하고 목마른 마음을 갖기란 힘들다. 그런데 다윗은 달랐다. 모든 것을 가졌지만 하나님의 임재가 없으면 이 모든 것이 아무 의미가 없다는 것을 알았다. 어딘가 불안하고, 어딘가 답답하며, 어딘가 부족하고, 어딘가 썰렁하고, 힘들었다.

우리 인생과 교회, 나라도 마찬가지다. 겉보기에는 멀쩡해 보여도, 하나님의 불같은 임재가 충만하게 있지 않으면 텅 빈 것 같다. 하나님은 식욕 없는 사람에게 억지로 먹이지 않으신다. 은혜의 빵을 먹고 싶다면 은혜에 주리고 목말라해야 한다. 부흥을 원한다면 부흥을 갈망해야 한다. 그래서 우리는 무엇보다도 하나님의 임재를 우리 안으로 초대해야 한다. 하나님의 임재가 오순절 다락방에서 임한 것처럼 우리 위에, 우리 안에 충만하게 들어오는 것, 하나님의 영광이 우리를 휘감는 것, 그것이 부흥의 시작이다.

> 이에 다윗이 애굽의 시홀 시내에서부터 하맛 어귀까지 온 이스라엘을 불러모으고 기럇여아림에서부터 하나님의 궤를 메어오고자 할새 다윗이 온 이스라엘을 거느리고 바알라 곧 유다에 속한 기럇여아림에 올라가서 여호와 하나님의 궤를 메어오려 하니 이는 여호와께서 두 그룹 사이에 계시므로 그러한 이름으로 일컬음을 받았더라
>
> 대상 13:5,6

다윗이 법궤를 모셔오기 위해서 '온 이스라엘을 불러모았다'는 말에 주목하라. 사무엘하에 보면 무려 3만 명의 사람을 뽑은 것으로 되어 있

다. 다윗은 각 지파에서 최고의 인물들을 대표로 파견해서 법궤 수송단을 구성했다. 사실 어떻게 보면 법궤 하나 가져오는 일인데, 공무원 몇명 보내서 뚝딱 해치우면 되는 간단한 일 같다. 그러나 다윗은 국가의 역량을 총동원해서 법궤를 가져오게 했다. 인력과 재정 낭비 아닌가 하는 느낌마저 든다.

그러나 예배는 내가 가진 모든 것을 동원하여 드리는 것이다. 마리아가 값비싼 향유가 든 옥합을 깼듯이, 나의 가장 귀한 것, 나의 온 힘을 다해 드리는 것이 예배이고, 헌신이다. 회사에서 중요한 계약을 할 때나 혹은 내 자녀가 대학입시를 준비할 때는 굉장히 정성을 들이고 총력을 기울인다. 이에 반해서 예배는 너무 대충 드리는 경우가 많다. 그러나 예배야말로 우리가 가진 최고를 드려야 하는 중요한 일이다. 예배를 대충 드리는 사람은 인생의 모든 것이 흔들리게 될 것이다. 다윗은 예배에 최고를 드렸기 때문에, 하나님은 늘 다윗의 인생에 최고를 베풀어주셨다.

또한 예배는 축제이다.

다윗과 이스라엘 온 무리는 하나님 앞에서 힘을 다하여 뛰놀며 노래하며 수금과 비파와 소고와 제금과 나팔로 연주하니라 대상 13:8

여기서 '뛰놀며'라는 단어는 큰 기쁨으로 환호하는 모습이다. 이스라엘 백성들은 법궤를 새 도읍지 예루살렘으로 옮긴다는 사실이 너무 기뻐서, 하나님의 궤 앞에서 각종 악기를 연주하고 춤을 추며 기쁨에 젖어 있다. 하나님의 임재가 하나님의 백성에게 충만히 임하면 모든 슬픔과 패배감과 절망과 근심과 미움과 분노가 썰물처럼 물러가게 된다. 그래서 교회는 철저한 회개의 눈물도 흘리지만, 하나님의 임재가 주는 기쁨으로 펄펄 뛰는 축제를 누리는 곳이어야 한다.

나는 개인적으로 우리 교회 예배 시간을 너무 좋아한다. 찬양 시간부터 끝나는 시간까지 하나님의 임재가 너무나 충만하고, 기쁨과 감동이 가득하다. 내가 담임목사라서 그렇게 느끼는 것일까? 그건 아닌 것 같다. 특히 우리 성도들이 성령의 감동으로 가득 찬 얼굴로 예배드리는 모습을 보는 것은 너무 은혜가 된다. 하나님을 예배하는 시간, 하나님께 찬양하고 기도하는 시간이 성도에게 축제가 되기를 바란다.

웃사는 왜 죽었을까?

기돈의 타작마당에 이르러서는 소들이 뛰므로 웃사가 손을 펴서 궤를 붙들었더니 웃사가 손을 펴서 궤를 붙듦으로 말미암아 여호와께서 진노하사 치시매 그가 거기 하나님 앞에서 죽으니라 여호와께서 웃사의 몸을 찢으셨으므로 다윗이 노하여 그곳을 베레스 웃사라 부르니 그 이름이 오늘까지 이르니라 그날에 다윗이 하나님을 두려워하여 이르되 내가 어떻게 하나님의 궤를 내 곳으로 오게 하리요 하고 다윗이 궤를 옮겨 자기가 있는 다윗 성으로 메어들이지 못하고 그 대신 가드 사람 오벧에돔의 집으로 메어가니라 하나님의 궤가 오벧에돔의 집에서 그의 가족과 함께 석 달을 있으니

라 여호와께서 오벧에돔의 집과 그의 모든 소유에 복을 내리셨더라 대상 13:9-14

여호와의 궤를 가져오기 위해 다윗은 3만 명이나 되는 어마어마한 인력을 동원하고, 새 수레를 가져오며, 엄청난 규모의 악대를 준비했다. 다들 싱글벙글 신바람이 났다. 그런데 뜻밖의 사고가 터졌다.

기돈의 타작마당에 이르러서는 소들이 뛰므로 웃사가 손을 펴서 궤를 붙들었더니 웃사가 손을 펴서 궤를 붙듦으로 말미암아 여호와께서 진노하사 치시매 그가 거기 하나님 앞에서 죽으니라 대상 13:9,10

하나님의 궤를 실은 수레의 소들이 뛰어서 궤가 흔들거리자 옆에 있던 호송관 웃사가 황망하여 자기도 모르게 그 궤를 붙잡았던 것이다. 그 순간 하나님의 진노가 웃사에게 임하여 그 자리에서 죽고 말았다. 축제의 분위기는 순식간에 두려움과 공포로 싸늘하게 가라앉았다.

왜 이런 일이 벌어졌을까? 얼핏 보면 궤를 잡아 흔들리지 않게 하고 땅에 떨어지는 것을 막은 웃사의 행동은 칭찬받아야 할 것처럼 보인다. 그런데 하나님은 왜 이토록 진노하셨는가? 이 본문을 이해하려면 하나님의 궤를 어떻게 다루어야 하는지에 대해서 하나님이 일찍이 모세를 통해 주셨던 말씀을 봐야 한다.

진영을 떠날 때에 아론과 그의 아들들이 성소와 성소의 모든 기구 덮는 일을 마치거든 고핫 자손들이 와서 멜 것이니라 그러나 성물은 만지지 말라 그들이 죽으리라 회막 물건 중에서 이것들은 고핫 자손이 멜 것이며 민 4:15

하나님의 궤는 아무나 직접 만져서는 안 되며, 채를 꿰서 고핫 자손이라고 하는 지정된 제사장 가문의 자손들이 어깨에 메고 운반하게 되어있다. 그런데 다윗 왕은 하나님의 궤를 '새 수레'에 싣고 운반하려 했다 (대상 13:7). 그것도 고핫 자손이 아닌 웃사와 아히오를 시켜 운반하게 했다. 생각해 보면 웃사와 아히오도 다윗이 그런 막중한 책임을 맡길 만큼 뛰어난 인물들이었을 것이다. 그러나 뛰어난 인물일 뿐 하나님의 마음에 맞는 인물은 아니었다. 우리가 좋다고 생각하는 예배와 하나님이 좋다고 하시는 예배는 다를 수 있다.

웃사의 행동은 인간적인 시각에서는 칭찬받아야 할 일 같아 보이나, 실은 하나님의 말씀을 거역하는 것이었다. 그러므로 그것은 하나님의 거룩하심을 훼손하는 일이었다. 이렇게 우리가 하나님의 일을 할 때 인간적인 눈으로 보기에는 별 문제 없는 것 같고 오히려 칭찬받을 만한 일 같지만, 하나님의 거룩하심을 훼손하는 경우가 많을 것이다(사울이 바울 되기 전에는 교회를 핍박하면서 그 행동이 하나님의 뜻인 줄 착각했었다).

어떻게 보면 다윗도 좀 억울하다. 자기 나름대로 하나님께 최선을 다해 열심히 섬기려다가 그렇게 된 것 아니겠는가?

'하나님이 내 마음 아시는데, 그 정도 실수 좀 봐주시면 안 되나?'

이런 불만이 있었을 법하다. 그러나 속도 이상으로 중요한 것은 방향이다. 유럽에서 미국으로 올 때, 배를 모는 항해사가 몇 도만 각도를 잘못 잡으면 뉴욕으로 가야 할 배가 보스턴으로 가버린다고 한다. 영적 지식이 없는 열심은 웃사의 죽음 같은 비극을 초래한다.

안타깝게도 교회에서 문제를 일으키는 사람들은 대부분 나름대로 영적인 열심이 있는 사람들이었다. 그러나 그들은 하나님의 일을 해야 한다는 열정에 사로잡힌 나머지, 하나님의 일을 하나님의 방법대로 하는 것을 등한시했다. 그래서 좋은 일을 하면서도 교회에 덕을 세우지 못하고, 하나님께 영광 돌리지 못한다. 그렇기 때문에 우리의 목표가 거룩하다면 그것을 이루는 방법도 거룩해야 한다. 먼저 말씀을 깊이 알아야 하고, 늘 기도로 하나님의 뜻을 여쭤보며 움직여야 한다.

다윗의 깨달음

다윗은 자기 나름대로 최선의 방법, 세상적으로 최고의 예우로 하나님의 궤를 모셔오려고 했다. 그러나 평소에는 늘 하나님께 기도하며 여쭤보던 다윗이 이번에는 기도하거나 말씀을 찾아보지 않았다. 법궤를 가져오는 것은 분명 하나님의 뜻이었지만, 어떻게 가져오는지에 대해서도 하나님의 길을 물었어야 했는데, 거기서 그만 놓쳤다. 법궤를 조금이라도 빨리 가져오고 싶은 마음이 너무 급했던 탓이다.

우리도 얼마나 많은 경우 하나님의 일을 하는 과정에서 급한 마음에 내 마음대로, 내 방법대로 일을 처리하다가 큰 난관에 봉착하는가? 하나님의 일을 하는 것 이상으로 중요한 것은 하나님의 방법으로 하는 것이다.

특히 우리는 하나님이 외적 규모나 화려함에 감격하시는 분이 아님을 알아야 한다. 다윗이 삼만 명이 넘는 백성들을 동원하여 최신형 새 수레에 법궤를 운반하며, 일류 관현악단을 총동원하여 각종 악기들을 연주하게 하는 가운데 축제 분위기는 한층 고조되었을 것이다. 그것이 나쁘다는 게 아니다. 적어도 다윗을 비롯한 백성들이 법궤와 하나님의 임재를 갈망하는 열심은 진심이었다. 그러나 그 와중에 그들은 법궤를 가져오는 방법에 대해 하나님의 말씀대로 따르는 것을 잊어버리고 말았다. 그것이 하나님을 진노케 했다.

담임목사 입장에서 나는 우리 교회 스태프들에게 소통의 중요성을 누누이 강조한다. 교회에서도 보면 자기 나름대로는 열심히 교회를 위해서 일한다고 했는데, 오히려 담임목사인 나나 다른 스태프를 어렵게 하는 스태프가 있다. 자기 생각에는 나를 돕는 것이라고 생각하며 열심히 했지만, 그게 실은 나를 돕는 게 아니라 내 마음을 더 힘들게 하고 만다. 일하면서 나와 계속 대화하지 않은 탓이다. 나와 계속 대화하여 진짜 원하는 것이 무엇인지 그 마음을 알아야 할 텐데, 그냥 일만 하고 나의 마음을 알려고 하지 않으니 일은 일대로 해놓고 나중에 잘못된 결과가 나와서 낭패를 본다.

하나님과 우리의 관계도 마찬가지다. 오랜 경험이 있는 베테랑 사역자들은 자기도 모르게 어떤 일을 하면서 "주님 가만 계세요. 제가 경험이 많으니까 알아서 잘 해놓겠습니다"라는 태도를 갖기 쉽다. 그러나 하나님은 자신의 뜻에 따르지 않는 노련함이나 똑똑함, 세련됨, 화려함 보다는 하나님 말씀에 순종하는 내적 아름다움을 더 기뻐하신다.

인간적인 열심으로 흥분하다가 우리는 가장 중요한 하나님의 말씀에서 엇나가는 실수를 할 수 있다. 많은 성도들이 모여 화려한 성가대, 거대한 관현악단과 조명, 음향 시설을 가지고 예배드린다고 해서 반드시 하나님이 영광 받으시는 것이 아니다. 예배자 한 사람 한 사람이 마음속으로부터 하나님의 말씀을 지속적으로 묵상하고, 쉬지 않고 기도함으로써 하나님의 뜻을 잘 알고, 순종하는 것이 중요하다.

어쨌든 한시라도 빨리 법궤를 예루살렘으로 운반하려던 다윗의 계획은 순식간에 브레이크가 걸리고 만다.

> 다윗이 궤를 옮겨 자기가 있는 다윗 성으로 메어들이지 못하고 그 대신 가드 사람 오벧에돔의 집으로 메어가니라 대상 13:13

웃사의 죽음으로 축제의 분위기는 완전히 무겁게 가라앉았고, 다윗은 3개월 동안 하나님의 궤를 가져오지 못한다. 한껏 들떠 있던 백성들도 거룩한 두려움에 사로잡혀 숨을 죽이고 있었다. 그러나 이 시간은 결코 낭비가 아니었다. 다윗과 백성들은 철저하게 구약성경을 살펴보면서 여호와의 궤를 정확히 어떻게 다뤄야 하는지 하나님의 말씀을 묵상했을 것이다. 자신의 잘못된 방법을 철저하게 회개하고, 스스로의 동기를 다시 한번 말씀 앞에서 점검하고 기도했을 것이다. 그랬기에 민수기 4장 15절에 기록된 대로 언약궤는 소가 모는 수레가 아닌, 고핫 자손 레위인들이 직접 메고 운반해야 된다는 사실도 알게 된 것이다.

교회는 세상 기업을 운영하듯 효율적이고 이성적으로만 하는 게 아니다. 인간이 생각할 수 있는 최선이 아니라, 하나님이 원하시는 대로 해야 한다. 하나님의 일은 철저하게 하나님의 방법대로 해야 한다. 그래서 교회가 위기에 부딪칠 때는 회의하지 말고 모두 달려와서 기도해야 하는 것이다.

하나님의 사람 다윗은 자신의 실수를 이 기간을 통해 깊이 회개하고 돌아보게 되었다. 법궤를 가져오지 말라는 게 아니라, 가져오되 하나님의 방법대로 제대로 하라는 것이다. 웃사의 죽음은 비극이었지만, 우리 맘대로 치닫는 것을 막는 하나님의 과속방지턱이었다. 나쁜 일을 하는 것도 아니고 하나님의 일을 하는 데도 하나님의 과속방지턱에 걸릴 수 있다. 하나님의 일을 인간의 방법으로 밀어붙이려 했기 때문이다.

우리도 하나님의 과속방지턱에 걸려서 덜컹 하고 멈춰 설 때가 있다. 하나님은 멈춰 서 있는 동안 우리가 스스로를 돌아보고 조용히 기도하며 회개하고 마음을 고치기를 원하신다. 하나님의 일 자체를 접으라는 게 아니라, 이제는 정말 기도하며 말씀대로, 하나님이 원하시는 대로 진중하게 하라는 것이다.

어떤 하나님의 일을 할 때 그것을 저지하려는 사탄의 시험과 공격도 있지만, 이렇게 하나님이 주시는 시련의 방지턱도 있다. 이것은 우리를 정결케 하는 과정이다. 이때 당황하거나 낙심하지 말고, 잠잠히 회개하고 기도하면서 하나님을 기다리자. 우리 자신도 모르고 있던 우리 안의 인간적 열심과 더러운 옛사람의 잔재들을 성령의 불이 깨끗이 태우는 시간이다. 힘들지만 축복의 시간이 될 것이다.

다윗은 엄청난 예산과 인력을 투입하고도 언약궤를 예루살렘으로 가져오는 데 실패했다. 우리는 실패감을 느끼고 싶어 하지 않는다. 세상일뿐 아니라 하나님의 일을 할 때도 마찬가지다. 그러나 어떤 실패감은 하나님께서 무엇인가를 행하기 위해 허락하시는 거룩한 실패감이다. 내 옛사람이 시도하는 모든 것은 실패해야 한다. 망해야 한다. 그래야 성령의 새사람이 그 자리를 대신할 수 있다.

회개는 내가 나를 죽이기 전에 어쩌면 하나님이 나를 먼저 죽이시는 과정이다. 야곱이 얍복강가에서 하나님의 천사와 씨름하고 나서 환도뼈가 부러져서 절름발이로 살아야 했듯이, 우리 안의 옛사람이 부러져서 우리가 영적 절름발이가 되는 것, 그것이 회개이다. 그렇게 육체가 죽을 때 영이 살아난다. 나의 자존심, 기도 안 하고 세웠던 나의 똑똑한 계획들이 죽을 때 비로소 하나님의 계획이 살아날 수 있다.

피땀 흘리는 대가를 치르라

다윗은 왜 언약궤를 수레에 실었는가? 오벧에돔의 집은 예루살렘에서 거의 16킬로미터 이상 떨어져 있었다. 그렇게 긴 여정에 무거운 궤를 수레에 실어 운반하는 것은 당연했다. 게다가 당시 블레셋 사람들도 그런 방식을 사용했다. 언약궤는 조각목으로 만들었고, 안팎에 도금을 했다. 대략 길이는 113센티미터, 폭은 68센티미터, 높이는 68센티미터였다. 금은 지구상에서 가장 밀도가 높고 무거운 물질 중에 하나다. 언약궤 안팎이 다 금으로 입혀졌으니 얼마나 무거웠겠는가?

그래서 다윗은 생각했다.

'이렇게 무거운 것은 사람이 운반하기엔 너무 무겁고 힘들어…. 시간도 오래 걸리니 효율적이지도 않아. 당연히 소가 끄는 수레로 옮겨야지.'

다윗은 쉽게 생각했다. 그래서 두말할 것도 없이 그들은 궤를 수레 위에 밀어 넣고 긴 여정에 올랐다. 게다가 당시 그렇게 하면 화려해 보이고 웅장해 보였다. 다윗은 효율성과 화려함을 중시하며 다 해결했다고 생각했을 것이다. 하나님도 그것을 기뻐하실 거라고 생각했을 것이다. 그러나 그것은 인간 중심의 설익은 부흥이요, 피상적 헌신이었다.

하나님은 기돈의 타작마당에서 웃사를 죽이심으로써, 인간 중심의 부흥에 제동을 거셨다. 우리가 부흥으로 가는 길목에서 효율성과 속도와 눈에 보이는 화려함만 중시하면 하나님이 즉시 제지하신다. 우리의 프로그램과 방법들과 의식들로 하나님의 영광을 담으려 하는 것을 중단하라고 하신다. 웃사는 하나님이 흔드신 것을 바로잡으려다 죽었다.

웃사의 죽음에서 우리는, 하나님은 사랑의 하나님이시지만 결코 만홀히 여김을 당하지 않으시는 거룩한 하나님이심을 배운다. 예배는 우리가 드림으로써 완성되는 게 아니라, 하나님이 받으셔야 완성된다. 우리 나름대로는 정성껏 드린 예배를 하나님이 받지 않으시면 모든 것이 허사이다. 거룩이 없는 예배, 인간적 열심으로만 가득 찬 예배와 헌신은 의미가 없다. 웃사의 죽음은 하나님께 초점을 맞추지 않고 인간적인 노력만 가지고 하나님 일을 함으로써 생긴 비극이다. 눈에 보이는 종교적 의식을 해치웠다고 되는 게 아니다. 마음으로부터 하나님을 사랑하고, 하나님의 음성에 늘 순종하는 자세가 있어야 하나님을 기쁘시게 할 수 있다.

하나님은 나무수레나 소들이 하나님의 임재를 운반하길 원치 않으셨다. 하나님은 사람이 직접 하길 원하셨다. 소는 세상의 힘, 돈, 시스템의 상징이다. 하나님은 세속적인 부나 힘으로 조작될 수 없는 분이셨다. 인간은 소보다 연약하다. 하지만 그 연약함이야말로 하나님의 임재의 상징인 궤를 운반할 수 있다고 보셨다. 그래서 레위인들은 무거운 언약궤를 어깨에 걸머쥐고 거의 16킬로미터나 되는 긴 여정을 가야만 했다. 그렇게 가는 것이 얼마나 엄청난 정성과 땀을 요구하는 것인지 상상이 가는가?

언약궤는 수레에 실어 소들이 끌고 가게 하고 자신은 행렬 가운데서 노래하고 춤추기만을 원했던 사람들처럼, 우리는 부흥의 여정 가운데서 고생은 다른 것에 떠맡기고 그저 노래하고 춤추기만을 원한다. 우리 대부분이 하나님의 임재가 은쟁반에 담겨서 자신들에게 배달되기를 원한다. 자기 스스로 임재에 대한 대가를 지불하려 하지 않는다. 그것은 예배의 구경꾼이지, 예배자가 아니다.

하나님은 그렇게 대가를 치르지 않는 부흥을 경계하신다. 하나님이 원하시는 부흥은 피와 땀을 요구한다.

첫째로 피 흘림이 있어야 한다. 죄의 삯은 사망이기 때문에, 죄는 생명을 죽어서 값을 치른다. 그래서 구약의 예배에서는 그렇게 수많은 동물을 죽여야 했다(우리의 죄를 대신하여 값을 치르는 것이다). 어떤 신학자들은 원래 구약의 말씀대로 제대로 하려면 레위인들이 언약궤를 메고 여섯 걸음씩 뗄 때마다 소와 살진 송아지를 죽여 제사를 지낸 후에 행진했을 것이라고 한다. 갈보리 언덕은 하나님의 아들 예수 그리스도의 생명으로 우리의 죗값을 치른 장소다. 예수의 보혈을 통과해서 우리는 이제 모두 담대하게 하나님의 임재 앞으로 나갈 수 있게 되었다.

하나님이 요구하시는 피는 이미 예수 그리스도의 보혈로 만족되었지만, 주님의 보혈을 모독하는 우리 안의 옛사람, 세상적인 옛사람은 죽어 없어져야 한다. 웃사의 죽음은 바로 우리 안의 옛사람, 예수의 피에 합당치 않은 옛사람의 죽음을 상징한다. 웃사의 이름의 뜻은 '힘, 위엄, 안전'이란 의미다. 그러나 인간의 힘과 위엄과 안전은 하나님의 임재 앞에 죽어야 했다. 하나님의 임재가 제자리를 찾는 데는 인간의 지원이나 도움이 전혀 필요없다. 하나님은 우리의 옛사람이 살아 있는 상태로 하나님의 임재를 맞이하는 것을 절대 허락하지 않으신다.

어떤 사람은 그래도 만약 웃사가 잡지 않았다면 언약궤는 땅에 떨어졌을 것이라고 한다. 그러니 웃사의 행동은 심판받을 것이 아니라 오히려 칭찬받아야 마땅하지 않느냐고 한다. 그러나 그건 마치 리브가가 야곱을 시켜 눈먼 아버지 이삭을 속이지 않았다면 야곱이 축복을 계승하는 하나님의 뜻이 이뤄지지 않았을 것이라고 말하는 것과 같다. 우리는 우리의 인간적인 지혜와 방법으로 하나님을 도와드리지 않으면 큰일 날 거라고 생각한다. 그러나 내가 아니면 하나님의 일이 안 될 것이라는 그 생각이야말로 얼마나 무서운 교만인가?

웃사가 잡지 않았더라도 하나님의 궤는 하나님이 지키셨을 것이다. 하나님의 궤를 모독한 것은 땅에 떨어짐으로써가 아니라, 땀 흘리지 않고 소가 끄는 수레로, 인간의 방법으로 궤를 움직이려 할 때부터 이미 시작된 것이다. 하나님께서는 오히려 궤를 흔드셔서 하나님의 궤의 거룩을 회복시키신 것이다. 하나님의 영광을 선포하시며 사람들에게 거룩한 충격과 경고를 주신 것이다.

"나 여호와 하나님은 너희의 손에서 함부로 모독받지 않겠다. 인간적인 예배와 헌신을 당장 중단하라. 나는 너희의 온전한 회개와 헌신을 원한다."

하나님은 웃사를 죽이시면서 이스라엘 백성 전부의 영혼 속에 있는 옛사람을 죽이신 것이다. 그것은 회개하라는 명령이었다. 모세도 그의 육신이 죽기까지 하나님의 영광을 볼 수 없었다. 하나님의 영광은 예수님의 보혈로 얼룩진 회개의 문 뒤에 머물러 있다. 우리가 하나님의 임재를 체험하기 원한다면 반드시 회개라는 문을 통과해야 한다. 성령께서 일깨워주시는 우리도 모르고 있던 죄를 통렬하게 회개하고, 예수의 보혈을 덮어쓰며 하나님의 용서를 체험하고 나와야 한다.

그 길 외에 부흥의 다른 지름길은 없다. 예수님은 "날마다 제 십자가를 지고 나를 따를 것이니라"(눅 9:23)라고 말씀하셨다. 그 말은 날마다 회개를 통해 우리 자신을 죽여야 한다는 말이다. 우리는 우리의 온몸과 마음으로 회개를 끌어안고 살아야 한다. 진실한 회개만이 우리를 하나님의 영광으로 인도할 것이며, 회개한 자만이 하나님의 임재를 감당할 수 있다.

둘째로 땀은 우리의 수고를 말한다. 예배는 땀을 요구한다. 내게 가장 가치 있는 것, 희생하고 대가를 지불하는 것이 바로 땀이다. 헌금도 우리가 세상에서 땀 흘려 일한 것에서 바치는 것이다.

옛날 내가 알던 어떤 집사님은 건축헌금을 드릴 돈이 없으니 라스베이거스에 가서 도박하여 따오겠다고 했다. 그런가 하면 큰 돈 따서 헌금하겠다고 로또 복권을 사서 날마다 긁는 분도 있었다. 그러나 아니다. 헌금은 우리가 땀 흘려 수고한 대가 중에서 드리는 것이다. 우리의 시간도 그렇게 드려야 한다.

진정한 예배에는 우직할 정도로 우리의 땀과 눈물이 들어가야 한다. 예수님도 땀이 피같이 되도록 겟세마네에서 기도하셨고, 그때에 하늘 아버지의 임재로 충만해지셨다. 그런데 왜 우리는 기도의 땀, 섬김과 헌신의 땀을 흘리지 않고 하나님의 임재를 초대하려고 하는가? 왜 기도와 섬김의 대가를 지불하지 않고 교회의 부흥을 기대하고 있는가?

하나님의 임재의 언약궤가 예루살렘으로 들어오기 위해서 레위인들의 피와 땀이 흘려져야 했듯이, 만약 하나님의 임재가 오늘 교회로 들어오고 있다면 누군가가 그것을 운반해 오고 있는 것이다. 누군가가 기도의 땀을 흘렸고, 재물의 땀을 흘렸고, 섬김의 땀을 흘렸다. 부흥으로 이르는 하나님의 길은, 하나님의 사람들의 땀으로 범벅이 되어 있는 길이다.

이는 우리가 행위로 하나님의 부흥을 끌어낸다는 말이 아니다. 가난하고 뜨거운 목마름, 하나님을 향한 간절한 열망을 말하는 것이다. 하나님의 임재를 맞이하기 위해서 어떤 대가도 치르겠다는 마음, 눈이 시리도록 기도하고 울며 엎드리는 영적 목마름을 말하는 것이다. 하나님의 임재를 맞이하기 위해 어떤 인간적 방법도 동원하지 않고, 오직 하나님의 뜻에 자신의 모든 것을 맞추겠다는 겸손을 말하는 것이다. 그를 위해 어떤 피와 땀의 대가도 치를 각오를 해야 한다. 그 멈출 수 없는 영적 목마름이 바로 하나님의 임재를 불러들이는 은혜의 자리가 된다.

성경 곳곳에 보면 하나님께서는 이런 절박한 목마름으로 피와 땀의 대가를 지불하며 간절히 하나님을 찾는 사람들을 찾고 계신다. 하나님이 사랑하신 다윗은 '목마른 사슴이 시냇물을 찾아 헤매듯 그 영혼이 주를 찾기에 갈급한 사람'이었다. 그러니까 그 어떤 무서운 적들의 공격으로부터도 하나님께서 다윗을 지켜주셨고 그 왕권을 지켜주셨다.

하나님은 하나님만을 갈망하는 자들에게 능력을 주겠다고 하신다. "여호와의 눈은 온 땅을 두루 감찰하사 전심으로 자기에게 향하는 자들을 위하여 능력을 베푸시나니"(대하 16:9)라고 하신다. 하나님을 갈망하는 자들에게 복을 주겠다고 하신다. "먼저 그의 나라와 그의 의를 구하면 이 모든 것을 너희에게 더하시리라'(마 6:33)라고 하신다. 하나님은 하나님만을 갈망하는 자에게 치유와 회복의 기적을 주겠다고 하신다. "내 이름을 경외하는 너희에게는 공의로운 해가 떠올라서 치료하는 광선을 비추리니"(말 4:2)라고 하신다. 그러니 다른 무엇보다 하나님을 갈망하라. 하나님의 복을 갈망하지 말고 하나님 그분을 갈망하라. 그것이 우리가 영적으로 살아나는 유일한 길이다.

오벧에돔에게 쏟아진 축복

다윗이 궤를 옮겨 자기가 있는 다윗 성으로 메어들이지 못하고 그 대신 가드 사람 오벧에돔의 집으로 메어가니라 하나님의 궤가 오벧에돔의 집에서 그의 가족과 함께 석 달을 있으니라 여호와께서 오벧에돔의 집과 그의 모든 소유에 복을 내리셨더라

대상 13:13,14

하나님의 무서운 개입으로 인해 운반이 중지된 언약궤는 오벧에돔의 집에 머물게 되었다. 왜냐하면 오벧에돔은 율법의 요구에 합당한 고핫 자손이었기 때문이다. 다윗이 뒤늦게 정신 차린 것이다. 그러나 정작 언약궤가 자기 집으로 왔을 때 당신이 오벧에돔이었다면 마음이 어떠했겠는가?

하나님의 궤가 블레셋 땅에 있을 때 무서운 질병과 전염병이 돌아서 블레셋 사람들이 끔찍한 화를 당하고는 몸서리치면서 이스라엘 땅으로 옮겨다 놓은 일과 웃사가 언약궤를 만지다가 하나님의 진노를 사서 비참한 죽음을 당한 것을 온 이스라엘이 다 안다. 다들 무서워서 언약궤 근처에도 가기 싫은 판인데, 갑자기 자기 집 문 앞을 왕의 신하들이 똑

똑 두드리더니 이렇게 말한다.

"미안하지만 당분간 하나님의 궤를 당신 집에 두어야겠습니다."

왕의 명령이니 거절할 수도 없고, 이 언약궤를 집안으로 들여다 놓고 한동안 오벧에돔과 가족들은 두려움에 덜덜 떨었을 것이다. 그런데 웃사가 당한 비극적 죽음과는 달리 오벧에돔의 집에는 너무나 풍성한 축복이 임했다. 그의 논밭의 곡식들은 다른 집보다 훨씬 더 잘 자랐고, 그 집 개는 더 이상 사람을 물지 않았다. 지붕도 물이 새지 않았고, 병약한 아이들은 건강해졌으며, 그가 하는 모든 사업이 복을 받았다. 계속해서 좋은 일들이 생기고 가을에 추수도 평소 때와는 비교도 할 수 없을 만큼 풍성했다. 오벧에돔과 사귀는 사람들도 다 복을 받았다. 그의 집에 가면 이유를 알 수 없는 평안과 기쁨이 넘쳐흘러서, 모두가 그의 집에 가서 시간을 보내고 싶어 했다. 오벧에돔을 공격하던 적들은 거룩한 두려움에 사로잡혀 다들 도망가버리고 감히 오벧에돔에게 가까이할 엄두도 내지 못했다.

마침내 소문이 다윗 왕에게까지 흘러 들어간다.

"왕이여, 믿기 어려우시겠지만 오벧에돔의 집에 하나님의 궤가 들어간 지 세 달 만에 그가 큰 복을 받았다고 하옵니다."

그 소식을 듣고 다윗은 무릎을 쳤다.

"그래, 바로 그거야. 하나님의 율법이 요구한 고핫 사람 오벧에돔의 집에 언약궤를 둔 결정이 옳았어. 이제 그 궤를 예루살렘에 모셔와야겠네. 오벧에돔이 석 달 만에 그렇게 복을 받았다면 내가 궤를 예루살렘으로 옮겨오면 우리 국민 모두가 복을 받지 않겠는가?"

하나님의 사람들이 하나님의 영광을 제자리에 돌려놓는다면 가정과 교회와 민족이 복을 받을 것이다. 결국 문제는 하나님이 아니라, 인간에게 있었던 것이다. 순종하면 하나님의 임재는 우리에게 복이 되지만, 불순종하면 저주가 된다. 오벧에돔 집에 내린 축복은, 하나님의 마음은 이스라엘 백성에게 복을 주시는 것이지 저주하는 것이 아니었음을 보여 준다.

하나님은 우리를 죽이려고 시련을 주신 것이 아니다. 우리를 축복 받기에 합당한 그릇으로 정결하게 만들려고 연단하시는 것이다. 거룩을 회복한 사람에게 하나님의 임재는 오벧에돔의 집에 내린 복처럼 엄청난 축복으로 임하게 될 것이다. 오늘 우리가 하나님 앞에 우리의 인간적이고 세상적인 헌신을 회개하고 온전히 무릎 꿇는다면, 그래서 상하고 겸손한 심령으로 하나님의 임재를 초대한다면, 하나님의 임재는 엄청난 축복의 비가 되어 우리를 적실 것이다.

그런데 그걸로 끝이 아니었다. 그 후 역대상 15, 16장에 보면 오벧에돔의 이름이 계속해서 여섯 번이나 언급된다. 그것도 하나님의 궤가 언급될 때마다 오벧에돔의 이름이 나온다. 이는 다윗 왕이 언약궤를 오벧에돔의 집에서 예루살렘으로 옮겨올 때 오벧에돔도 따라왔다는 것을 말한다. 이것은 다윗 왕이 억지로 시켜서 한 것 같지 않다. 오히려 오벧에돔 본인이 원했을 것이다.

토미 테니의 책 《다윗의 장막》에 보면 상상의 날개를 펴서 그때 상황을 이런 식으로 재구성해 놓았다.

다윗 왕 일행이 언약궤를 가지러 오벧에돔의 집으로 간다.

똑똑똑.

다윗 왕 : "오벧, 나 다윗 왕일세. 자네도 알다시피 3개월 전에 궤를 이곳에 두고 가지 않았는가? 오늘 궤를 다시 가지러 왔네. 그런데 여기 모든 것들이 좋아 보이는구먼, 오벧."

오벧에돔 : "다윗 왕이시여, 얘기를 정리해보자면, 궤를 제게서 가져가시겠다는 말씀인가요?"

다윗 왕 : "그렇단 말일세. 내 기억에 궤를 여기 두고 갈 때 자네는 좀 근심 어린 기색이었는데."

오벧에돔 : "그때는 그랬죠. 이제 그 궤가 가는 곳마다 복이 있다는 것을 알게 되었답니다."

다윗 왕 : "하여간 이제 이 궤를 가져가야겠네. 예루살렘에 궤를 모실 특별한 장소를 마련했거든. 목적지까지 가려면 좀 시간이 걸리겠지만 일단 그렇게만 하면 모든 백성이 복을 받을 것이야."

오벧에돔 : "다윗 왕이시여, 잠시만 기다려주실 수 있습니까? … 어머니, 당신 그리고 얘들아, 빨리 짐 챙겨! 그래, 당신 짐하고 옷가지하고 다 챙기라고."

오벧에돔의 아들 : "아빠, 우리 어디 가는데?"

오벧에돔 : "이 궤가 가는 곳이면 어디든지 우리는 그곳에 갈 거야."

성경의 그 다음 장면에서 오벧에돔이 무엇으로 나오는 줄 아는가? 궤 앞에서 문을 지키는 문지기로 나온다(대상 15:24). 언약궤가 이사하자 오벧에돔도 이사했다. 아마도 그는 하나님의 궤 가까이에 있을 수 있다면 무슨 일이든 닥치는 대로 했을 것이다. 다윗 왕도 오벧에돔의 언약궤에 대한 열정에 감탄하여 그를 말릴 수 없었을 것이다.

사람들이 그에게 왜 그러냐고 물으면 오벧에돔은 이렇게 대답했을 것이다.

"언약궤는 하나님의 임재거든요. 하나님의 임재와 함께하면 나와 내 가정이 복을 받고, 보호를 받으며, 은혜를 받거든요. 저는 죽어도 그 옆에 바짝 붙어 다닐 거예요."

오벧에돔은 하나님의 임재의 축복이 뭔지를 아는 사람이었다. 오벧에돔의 그 고백이, 하나님의 임재를 향한 그 불타는 열정이 나와 당신의 것이 되기를 바란다.

하나님의 임재만이 살길이다

한 번의 뼈아픈 실패를 경험한 다윗은 큰 영적 깨달음을 얻었다.

다윗이 이르되 레위 사람 외에는 하나님의 궤를 멜 수 없나니 이는 여호와께서 그들을 택하사 여호와의 궤를 메고 영원히 그를 섬기게 하셨음이라 하고 대상 15:2

다윗은 완전한 사람은 아니지만, 자신의 실수를 빨리 깨닫고 돌이킨 사람이다. 그게 다윗의 훌륭한 점이다. 피와 땀의 대가를 지불하지 않고 빠르고 효율적으로 하나님의 궤를 옮기려 했던 자신의 생각이 잘못되었음을 깨달았다. 그래서 그는 회개하고 기도하며 숨을 들이켜면서 다시 하나님의 법궤를 하나님의 방법으로 호송해올 준비를 한다.

> 그들에게 이르되 너희는 레위 사람의 지도자이니 너희와 너희 형제는 몸을 성결하게 하고 내가 마련한 곳으로 이스라엘의 하나님 여호와의 궤를 메어 올리라 전에는 너희가 메지 아니하였으므로 우리 하나님 여호와께서 우리를 찢으셨으니 이는 우리가 규례대로 그에게 구하지 아니하였음이라 하니 이에 제사장들과 레위 사람들이 이스라엘 하나님 여호와의 궤를 메고 올라가려 하여 몸을 성결하게 하고 모세가 여호와의 말씀을 따라 명령한 대로 레위 자손이 채에 하나님의 궤를 꿰어 어깨에 메니라
>
> 대상 15:12-15

궤를 어깨에 멘 레위 자손들은 처음 다윗이 호송관으로 지명했던 웃사보다 세상적 스펙이나 능력은 떨어지는 사람들이었을지도 모른다. 그러나 그들은 이 일을 위하여 하나님이 준비하신 사람들이었다. 그리고 이전에 궤를 가져오다가 어떤 무서운 일이 벌어졌는지도 아는 사람들이었다. 그들은 무겁고 무서운 궤를 예루살렘으로 메고 오는 것이 육체적으로 얼마나 힘든 일인지도 알고, 실수할 경우 어떤 일이 벌어지는지도 알았다.

그러나 모두가 회피하고 빠지고 싶어 하는 이 일을 그들은 묵묵히 순

종하며 감당했다. 못생긴 나무가 산을 지킨다고 하나님의 일은 화려해 보이지 않아도 이렇게 우직하고 순종하는 사람들이 끝까지 감당해낸다. 이들은 하나님의 임재를 예루살렘으로 모셔오는 데 쓰임받은 귀한 일꾼들이었다. 당신도 하나님의 임재가 교회 안으로 들어오는 데 쓰임받는 귀한 일꾼이 되기를 바란다.

역대상 15장 후반부를 보면 마침내 하나님의 언약궤가 예루살렘으로 들어오던 날, 다윗은 기뻐서 어쩔 줄 모르며 춤추며 뛰놀았다고 했다. 어떤 대가를 치르고, 어떤 과정을 거쳐서 하나님의 임재의 언약궤가 예루살렘 안으로 들어왔는지 알았기 때문에 더 기쁘고 감격스러웠을 것이다. 그리고 하나님의 임재가 앞으로 어떤 축복과 기름부으심을 자신과 이스라엘 나라 전체에 부어주실 줄을 알았기 때문이다.

거기까지 땀을 뻘뻘 흘리며 하나님의 궤를 옮겨온 레위인들도 왕의 기쁨에 동참했을 것이다. 예배를 위해서 피땀 흘리며 대가를 치른 사람들과 팔짱을 낀 채 방관한 구경꾼들이 느끼는 감동은 다를 수밖에 없다. 하나님의 임재는 대가를 치른 예배자들을 기뻐 춤추게 한다.

리더는 핵심을 찌를 줄 아는 사람이다. 다윗은 영적 핵심이 뭔지를 아는 사람이었다. 영적 핵심은 하나님의 임재를 모셔 들이는 것이었다. 정치, 경제, 국방, 교육 등 왕으로서 해결해야 할 문제들이 산적해 있었지만, 그 어떤 것도 하나님의 임재를 모셔 들이는 것만큼 중요하지 않았다. 그리고 다윗은 알고 있었다. 하나님의 임재가 들어오시면 그 모든 것들이 다 기막히게 해결된다는 것을! 하나님의 임재가 들어오시면 게임

끝이다. 어둠은 물러가고 빛이 들어온다. 절망의 시간이 지나고 소망의 새날이 시작된다.

지금 우리 인생에 문제가 많다. 우리 가정과 회사에 문제가 많다. 하나하나 생각하면 머리에서 쥐가 날 지경이다. 걱정 근심 때문에 밤에 잠이 안 온다. 그러나 하나님의 임재가 우리 인생에 들어오시면 그 모든 문제들이 퇴장하기 시작한다.

나는 담임목사로서 내게 맡겨진 양 떼들을 도대체 어떻게 목양해야 할지 항상 부담감이 크다. 나 혼자 힘으로 다 책임져야 한다고 생각하면 하루도 이 자리를 감당하지 못할 것이다. 그러나 목회란 날마다 내가 죽고 우리 주님이 보좌에 앉으셔서 다스리시는 것이라 나는 굳게 믿는다.

바로 오늘, 바로 지금이 우리 교회 안으로, 나의 심령 안으로 하나님의 임재가 들어오시는 날이다. 그리고 우리가 함께 뛰며 춤추며 기뻐할 때, 우리가 구하지 않았던 모든 문제 위에도 하나님의 치유의 손길이 임하기 시작할 것이다. 주님의 임재를 기대하자.

15
모세의
마지막
전쟁

약속의 땅 진입을 눈앞에 둔 채로 하나님께서는 모세가 죽기 전에 마지막 사명 하나를 더 주셨는데, 바로 미디안 정복 전쟁이었다. 하나님께서 약속의 땅으로 들어가기 전에 특별히 모세의 마지막 임무로 미디안을 꼭 찍어서 정벌하게 하신 이유가 있다.

민수기 25장에서 미디안은 여인들을 앞세워 이스라엘 남자들을 유혹하여 음행을 저지르고 우상숭배에 빠지게 했다. 그때 진노하신 하나님은 이에 대한 심판으로 무려 2만 4천 명이나 되는 이스라엘 백성을 죽이셨다. 하나님께서는 이스라엘을 유혹하여 그토록 뼈아픈 대가를 치르게 만든 미디안을 심판하기 원하셨다.

그러니까 이것은 보통 전쟁과는 다른 하나님의 거룩한 전쟁이었다. 하나님은 이스라엘을 거룩한 백성으로 부르셨다. 그들을 통해 하나님의 거룩과 영광을 드러내려 하신다. 그런데 죄가 들어오면 거룩이 무너지고 하나님의 영광이 훼손된다. 사탄은 이스라엘을 유혹하여 죄짓게 하고 타락시킴으로써 하나님의 영광을 망가뜨리려 하는 원수이다. 그래서 하나님은 사탄의 앞잡이가 된 미디안을 징벌하시는 것이다.

모세가 백성에게 말하여 이르되
너와 함께 있는 사람들 가운데서 전쟁에 나갈 사람들을 무장시키고
미디안을 치러 보내어 여호와의 원수를 갚되
민 31:3

모세는 '전쟁에 나갈 사람들을 무장시키라'고 했다. '무장한다'의 히브리어는 '모든 장비를 갖추고 완전히 준비하는 것'을 의미한다. 이스라엘은 하나님의 명령을 따라 미디안에 대한 보복전쟁을 수행하기 위해 철저히 준비했다. 하나님이 명령하시는 거룩한 전쟁은 대강 준비하고 나서는 절대 안 된다. 정신을 바짝 차리고 모든 준비를 완벽하게 한 후 비장한 각오로 출정해야 한다. 갑옷을 제대로 갖춰 입고, 칼과 활과 화살을 날카롭게 갈고 정비하며, 전략을 제대로 숙지하고 나가야 한다. 안 그러면 전쟁터에서 백전백패한다.

그런데 오늘날 너무나 많은 성도들이 영적 전쟁터인 세상으로 나가면서 아무런 생각 없이 영적 무장도 제대로 하지 않은 채 나간다. 마귀는 독기를 품고 치밀한 계략을 가지고 나오는데, 이쪽에서는 말씀과 기도

로 제대로 무장하지 않고 적의 실체도 파악하지 못한 채 나갔다가 속수무책으로 쓰러진다. 그리고 나서 "왜 이렇게 당하는 거지?" 하면서 비통해한다. 영적 무장도 제대로 안 하고 나갈 때부터 예견된 패배였는데 말이다. 믿음의 길을 간다는 것은 영적 전쟁을 한다는 각오로 정신 바짝 차리고 하는 것이다.

거룩과 순종의 용사

이 전쟁에는 이스라엘의 최정예 군사를 투입해야 했다.

이스라엘 모든 지파에게 각 지파에서 천 명씩을 전쟁에 보낼지니라 하매 민 31:4

모세는 이스라엘 열두 지파에서 각각 천 명씩 군사들을 차출하여 미디안과의 전투에 내보내라고 명령한다. 지파의 크기가 다 달랐지만 상관없이 각 지파에서 균등하게 천 명씩 보내라고 했다. 이것은 모든 지파가 똑같이 힘을 모아야 하는 전쟁이었다. 당시 전쟁에 나갈 수 있는 장정의 수가 60만 명이 넘었는데, 모세는 1만 2천 명으로 군대를 편성했다. 아마 각 지파에서 가장 뛰어난 전사들을 선출했을 것이다.

거룩한 전쟁에서는 많은 군사보다 거룩과 순종으로 훈련된 용사가 필요하다. 민수기에서 하나님께서는 이스라엘 백성들을 40년 차이를 두고 두 번 인구조사를 하게 하셨다. 그런데 두 번 다 "싸움에 나갈 만한 모든 자를 계수하라"고 하셨다. 인구조사의 핵심은 전투에 투입할 수 있는 전사들의 숫자였다. 단순히 교회의 교인 숫자가 많은 것이 중요한 게 아니다. 영적 전투력이 있는 용사들이 몇이나 되느냐가 중요하다. 말씀과 기도로 충만한 성령의 사람들, 영적 전쟁의 최일선에 투입될 수 있는 뜨겁고 강한 믿음의 사람들이 얼마나 되느냐가 중요하다. 과연 우리 가정에는, 우리 교회에는 하나님이 필요하실 때 투입할 수 있는 영적으로 성숙하고 강한 믿음의 용사가 몇이나 될까? 우리 모두가 하나님이 믿고 전쟁에 내보낼 수 있는 강한 영적 용사들이기를 바란다.

이스라엘 60만 장정 가운데서 미디안과의 전쟁에 최정예로 1만 2천 명만 투입했다. 이 작은 숫자로 이스라엘 병력을 총동원해도 버거운 미디안을 완전히 압도할 수 있었던 것은 하나님께서 함께하셨기 때문이다. 하나님께서는 이 전쟁의 승리를 오직 하나님께서 주셨음을 이스라엘이 알기 원하셨다. 그래서 오히려 적은 병력만 가지고 이 전쟁을 수행하게 하셨다. 하나님의 전쟁은 무기와 병력으로 싸우는 것이 아니라, 철저하게 하나님께 순종하는 믿음으로 싸운다.

> 모세가 각 지파에 천 명씩 싸움에 보내되 제사장 엘르아살의 아들 비느하스에게 성소의 기구와 신호나팔을 들려서 그들과 함께 전쟁에 보내매 민 31:6

미디안과의 전쟁에서 이스라엘군을 실제적으로 이끈 사람은 모세도 아니고 여호수아도 아니었다. 놀랍게도 하나님께서 선택하신 이스라엘 군대의 리더는 제사장 비느하스였다. 비느하스가 누군가? 민수기 25장에서 우상숭배와 음행 죄로 인해 하나님의 심판의 역병이 이스라엘을 덮쳐서 사람들이 수없이 죽어나가는 그 현장에서, 끝까지 회개할 줄 모르는 시므온 지파의 지도자 시므리와 그와 함께 음행을 저지른 미디안 공주 고스비를 창으로 찔러 죽인 사람이다. 하나님의 분노를 대신한 비느하스로 인해 하나님의 진노가 멈추었다. 그래서 그날 이스라엘은 멸망을 면할 수 있었다. 하나님께서는 비느하스를 축복하시고 대대로 제사장 가문으로 쓰시겠다고 하셨다.

바로 그 비느하스를 하나님께서는 이번 미디안 정복 전쟁의 선봉으로 임명하셨다. 비느하스는 무기를 들고 나선 것이 아니라, 성소의 기구와 신호나팔을 들고 나섰다(여기서 '성소의 기구'는 말씀의 언약궤를 가리키는 말로 추정된다).

에베소서에서 바울은 영적 전신갑주를 이야기할 때 유일한 공격 무기로 말씀의 검을 말했다. 비느하스에게 말씀의 언약궤는 마귀의 군대를 무너뜨리는 가장 강력한 칼이었다. 군인이 아닌 제사장 비느하스가 말씀의 언약궤를 들고 총사령관이 되어 이스라엘군을 지휘한다. 이는 이 전쟁이 하나님께서 직접 참여하시는 거룩한 전쟁임을 뜻한다.

거룩한 전쟁이었기 때문에 적에 대한 조금의 자비도 베풀어지지 않았다.

> 그들이 여호와께서 모세에게 명령하신 대로 미디안을 쳐서 남자를 다 죽였고 그 죽인 자 외에 미디안의 다섯 왕을 죽였으니 미디안의 왕들은 에위와 레겜과 수르와 후

르와 레바이며 또 브올의 아들 발람을 칼로 죽였더라 이스라엘 자손이 미디안의 부녀들과 그들의 아이들을 사로잡고 그들의 가축과 양 떼와 재물을 다 탈취하고 그들이 거처하는 성읍들과 촌락을 다 불사르고 탈취한 것, 노략한 것, 사람과 짐승을 다 빼앗으니라 그들이 사로잡은 자와 노략한 것과 탈취한 것을 가지고 여리고 맞은편 요단 강가 모압 평지의 진영에 이르러 모세와 제사장 엘르아살과 이스라엘 자손의 회중에게로 나아오니라 민 31:7–12

이스라엘 군대는 하나님의 명령을 따라 미디안 남자들과 미디안의 다섯 왕 그리고 모압과 미디안에게 이스라엘을 유혹하라는 악한 꾀를 준 주술사 발람까지 모두 죽였다. 가축들은 탈취했고, 성읍과 촌락은 다 불살랐다. 한 마디로 미디안의 모든 것을 멸해버렸다.

성읍과 촌락까지 굳이 불사른 까닭은 광야생활에 지친 이스라엘 백성이 미디안의 화려한 성읍에 머무르고 싶은 유혹에 빠지는 것을 막고 오직 약속의 땅만을 바라보게 하기 위함이었다.

죄는 여지를 남겨두어선 안 된다. 거룩은 죄의 완전한 소멸이다. 우리 안에 숨겨진 죄를 그냥 두지 말라. 아프더라도 초기에 죄를 드러내고 제거해야 한다. 죄가 기생할 수 있는 환경과 기회도 남겨두지 말라. 죄를 죽이고 새 생명으로 다시 태어나야 한다. 우리는 날마다 우리 안에 들어오는 죄의 세력을 청소해야 한다. 날마다 죽어야, 날마다 살 수 있다.

조류독감(AI) 바이러스로 판명된 지역 근처를 차를 몰고 지나간 적이 있다. 하얀 방역복을 입은 공무원들이 길을 막고, 들어가고 나가는 차마다 허연 소독약을 뿌려대고 있었다. 감염되었다고 판정 난 가축들은 가엾게도 수만 마리씩 바로바로 살처분되었다. 그래도 아무도 끽소리 못 했다. 안 그러면 전국으로 병이 확산될 것을 모두가 알기 때문이었다. 우리가 죄와 싸울 때 그렇게 전쟁처럼 싸워야 한다.

하나님께서는 악의 근원을 결코 방치하지 않으시고 완전히 뿌리 뽑으신다. 이로써 이스라엘은 과거의 죄로부터 확실히 단절되고 약속의 땅으로 새롭게 출발할 수 있게 되었다. 과거를 확실히 정리하지 않으면 결국 그 과거가 발목을 잡을 것이다. 그렇게 되면 바른 미래를 향해 나아갈 수 없다. 하나님께서는 우리가 과거를 확실히 정리하고 아무 거리낌 없이 새로운 미래로 나가기를 원하신다.

승리를 확실히 마무리하기

전쟁은 완벽한 이스라엘의 승리였다.

군대의 지휘관들 곧 천부장과 백부장들이 모세에게 나아와서 모세에게 말하되 당신의 종들이 이끈 군인을 계수한즉 우리 중 한 사람도 죽지 아니하였기로 민 31:48,49

전투를 끝내고 돌아온 군대 지휘관들이 모세에게 전투 결과를 보고할 때 단 한 명의 아군도 죽지 않았음을 말한다. 그렇게 큰 규모의 전투에서 아무리 잘 싸웠어도 인간의 힘으로 한 명의 사상자도 없는 승리를 거두기는 불가능했다. 오직 하나님이시기에 가능했던 기적의 승리였다.

모세와 제사장 엘르아살과 회중의 지도자들이 다 진영 밖에 나가서 영접하다가 모세가 군대의 지휘관 곧 싸움에서 돌아온 천부장들과 백부장들에게 노하니라 모세가 그들에게 이르되 너희가 여자들을 다 살려두었느냐 보라 이들이 발람의 꾀를 따라 이스라엘 자손을 브올의 사건에서 여호와 앞에 범죄하게 하여 여호와의 회중 가운데에 염병이 일어나게 하였느니라 그러므로 아이들 중에서 남자는 다 죽이고 남자와 동침하여 사내를 아는 여자도 다 죽이고 남자와 동침하지 아니하여 사내를 알지 못하는 여자들은 다 너희를 위하여 살려둘 것이니라 민 31:13-18

기적 같은 대승을 거둔 이스라엘군대는 의기양양하게 본진으로 개선했다. 그들이 사로잡은 포로들과 전리품을 가지고 돌아왔을 때, 모세와 제사장 엘르아살과 장로들이 모두 진 밖으로 나가서 영접했다.

그런데 이들의 노고를 치하하러 나간 모세는 이들이 데려온 포로들을 보고 분노를 터뜨렸다. 이스라엘군대는 미디안 남자들은 다 죽였지만, 여자와 아이들은 포로로 잡아 데려온 것이다. 전쟁을 치른 천부장과 백부장들은 이 전쟁을 너무 쉽게 생각했다. 전투에 참여한 적군의 남자들만 전멸시키면 안전하다고 여긴 것이다. 주변 나라들도 승리하면 여자들을 전리품처럼 취했기 때문에, 그렇게 해도 아무 문제 없는 줄 알았다. 그러나 아무리 주변 사람들이 다 해도 하나님의 백성은 해서는 안 되는 일이 있다.

이것은 미디안 정벌 전쟁이 벌어지게 된 근본적인 원인을 생각하지 못한 안일한 대응이었다. 지휘관들은 승리에 취해서 이 전쟁의 의미를 깊이 헤아리지 못했다. 이 전쟁은 그들이 이때까지 해오던 전쟁과는 달랐다. 하나님이 특별히 명하신 거룩한 전쟁이었다.

> 보라 이들이 발람의 꾀를 따라 이스라엘 자손을 브올의 사건에서 여호와 앞에 범죄
> 하게 하여 여호와의 회중 가운데에 염병이 일어나게 하였느니라 민 31:16

모세는 애당초 이 전쟁을 왜 하나님께서 하라고 하셨는지 생각해보라고 했다. 미디안 여인들이 발람의 꾀를 쫓아 이스라엘 자손들을 음행에 빠뜨렸고, 더 나아가 우상숭배까지 하게 했다. 그 결과 하나님의 진노를 사 이스라엘 남자들 2만 4천 명이 죽었다. 모세는 지휘관들에게 분노했다. 지도자라는 너희들이 조금이라도 생각이 있다면 어떻게 이 모든 문제의 원인 제공을 한 미디안 여자들을 그대로 살려서 데려올 수 있느냐는 것이다. 게다가 이들이 이스라엘 진영으로 들어오게 되면 음란과 우상숭배가 다시 염병처럼 번지게 될 것이고, 그러면 이스라엘 백성 전체가 심판을 받아 멸망할 수 있는 문제였다.

그래서 모세는 즉시 남자와 동침한 적이 있는 여자들과 앞으로 미래의 적이 될 수 있는 남자아이들을 다 죽이라고 명령한다. 더 이상의 타락과 불행을 막기 위함이었다. 영적 전쟁 이후에 뒷마무리가 전쟁 이상으로 중요하다. 죄악이 다시 기생할 가능성을 하나도 남겨두지 말아야 한다. 하나님이 음란과 우상숭배라는 죄를 얼마나 엄격히 다루시는지 이스라엘은 철저히 깨달아야 했다. 그걸 깨닫지 못하면 앞으로 가나안

땅에 들어가서도 그 땅의 유혹을 이길 수 없을 것이기 때문이다. 영적 지도자는 백성들이 미처 깨닫지 못하는 하나님의 뜻을 헤아릴 수 있어야 한다.

이스라엘의 지휘관들은 '큰 승리를 거두었으니 이 정도 승리의 열매는 즐겨도 되지 않겠는가' 하는 교만한 생각으로 판단력이 흐려졌다. '이것쯤은 괜찮겠지'라고 쉽게 생각하는 것들이 쌓여서 큰 죄가 되고, 헤어날 수 없는 수렁이 되는 법이다.

미디안 여인들은 아주 매혹적인 외모를 가지고 있었기 때문에, 이스라엘군대는 이들을 포로로 잡아와서 첩이나 노예로 삼으려고 생각했던 것 같다. 하지만 그들은 수만 명이 넘는 형제들이 그 여인들의 음란한 유혹으로 인해 목숨을 잃었던 과거를 어느새 망각하고 있었다. 이는 죄의 힘을 너무나 과소평가한 치명적 판단 미스였다.

사람들이 계속 반복하는 착각은 자신들이 '죄를 가지고 놀 수 있다' 혹은 '죄를 통제할 수 있다. 적당히 즐기는 선에서 끝낼 수 있다'고 생각하는 것이다. 세상과 타협하는 하나님의 백성들도 그렇게 생각하는 경우가 많아서 자주 위험한 경계선에서 불장난을 친다. 그러나 죄는 그렇게 만만하지 않다. 죄는 우리가 가지고 놀 수 있는 장난감이 아니라, 통제할 수 없는 무서운 맹수다. 죄의 뒤에는 어둠의 힘이 있다. 베드로는 죄의 뒤에 있는 마귀가 우는 사자와 같이 우리를 삼키려고 노린다고 했다. 처음엔 우리가 죄를 가지고 노는 것 같지만, 조금만 지나면 죄가 우리를 가지고 놀다가 우리를 완전히 파멸시킨다.

어떤 인간적 결심과 의지로도 죄의 힘을 이길 수는 없다. 죄는 오직 예수님의 보혈로만 이길 수 있다. 죄의 문제가 얼마나 심각했으면 하나님께서 하나뿐인 아들 예수 그리스도를 십자가에서 죽게 하셨겠는가. 하나님의 아들이 십자가에서 돌아가심으로 그 대가를 치르지 않으면 해결이 안 될 정도로 죄는 무섭다. 그러니까 아예 죄와의 접촉 가능성부터 차단해버려야 한다.

이스라엘 지휘관들은 적과의 전투에서는 이기고 자신과의 싸움에서는 지고 말았다. 이처럼 우리도 힘든 영적 전쟁을 이기고 나서, 그 뒷마무리를 확실히 못해서 무너지는 경우가 많다. 죄로 인해 그렇게 큰 아픔을 겪었으면서도 다시 죄의 달콤함으로 달려가고, 죄의 불씨를 남겨두는 것이 인간이다.

다행히 모세라는 거룩한 지도자가 있어서 이스라엘을 무섭게 꾸짖고 죄의 잔재를 완전히 제거한다. 미디안 여인들의 음란함이 이스라엘 공동체 안으로 침투하지 못하게 미연에 방지한 것이다. 이미 병이 들고 나서 치료하는 것은 너무나 어렵다. 병이 아예 안 들도록 예방하는 것이 최고다. 죄도 마찬가지다. 아예 침입로를 차단해버려야 한다.

모세는 하나님의 분노를 대신했다. 큰 승리를 거둔 지휘관들이 무섭게 야단맞았다. 우리가 하나님의 일을 실컷 해놓고도 호되게 하나님께 야단맞을 수 있다. 아무리 많은 사역을 감당했어도 거룩을 타협해버리면 호되게 야단맞는다. 죄의 역사가 다시 시작될 수 있기 때문이다.

사실 모세에게 미디안을 치는 것은 개인적으로 가슴이 아픈 일이었다.

왜냐하면 오래전 모세가 40년 광야생활을 하던 곳이 바로 미디안 족속이 장악한 곳이었고, 모세의 처갓집이 다 미디안 족속이었기 때문이다. 오갈 데 없는 모세를 거둬주고 평생 지혜로운 조언을 해준 장인 이드로도, 모세를 현숙하게 잘 보필한 아내 십보라도 다 미디안 사람이었다. 그러므로 모세에게 미디안을 친다는 것은 자기 생의 일부를 떼어내는 것 같은 아픔이었다. 모세도 인간인데 미디안의 여인들과 남자아이들까지 다 죽이라는 명령을 내리면서 어찌 마음이 아프지 않았겠는가.

그러나 그들이 이스라엘을 유혹에 빠뜨려 타락시킨 장본인이었기에 모세는 인간적인 감정을 접고 하나님의 지도자로서 미디안을 멸망시킬 수밖에 없었다. 영적 전쟁은 어쩌면 나의 가장 가까운 데서부터 시작해야 되는 것인지도 모른다.

> 내가 세상에 화평을 주러 온 줄로 생각하지 말라 화평이 아니요 검을 주러 왔노라 내가 온 것은 사람이 그 아버지와, 딸이 어머니와, 며느리가 시어머니와 불화하게 하려 함이니 사람의 원수가 자기 집안 식구리라 마 10:34-36

스스로를 깨끗하게 한 뒤에 진영 안으로 들어오라

미디안 포로 문제를 정리하고 난 모세는 또 한 가지 명령을 이스라엘 군대에 하달한다.

너희는 이레 동안 진영 밖에 주둔하라 누구든지 살인자나 죽임을 당한 사체를 만진 자는 셋째 날과 일곱째 날에 몸을 깨끗하게 하고 너희의 포로도 깨끗하게 할 것이며 모든 의복과 가죽으로 만든 모든 것과 염소털로 만든 모든 것과 나무로 만든 모든 것을 다 깨끗하게 할지니라 민 31:19,20

비록 하나님의 거룩한 전쟁을 성공적으로 수행하고 돌아온 이스라엘 군대였지만, 사람을 죽이고 죽은 자들과 접촉했기 때문에 율법적으로 부정하게 될 수밖에 없었다. 어떤 이유에서든 인간의 생명이 상실될 때 땅과 몸이 더러워진다. 일단 더럽혀진 것은 정결의식으로 씻음 받아야 했다.

그래서 전쟁에 참가한 이스라엘군대 전원은 정결해지기 전까지 일주일 동안 이스라엘 진영 안으로 들어오는 것이 금지되었다. 그동안 몸을 깨끗하게 하는 정결의식을 행해야 했고, 전리품도 그렇게 해야 했다. 금속들은 불을 통과하게 했으며, 불에 견디지 못할 물건들은 물에 씻음으로 정결하게 했다. 그렇게 일주일을 보내고 나서야 진영 안으로 다시 들어올 수 있었다. 이는 죄와 부정함을 지닌 채로 하나님의 공동체 안에 들어올 수 없음을 보여준다.

또한 이스라엘군대는 전쟁에서 승리하고 돌아와 한껏 흥분한 상태였기 때문에 경솔한 행동으로 실수할 가능성이 많았다. 인간은 종종 큰 성공과 승리를 거둔 후에 치명적인 실수나 죄를 저지르곤 한다. 그래서 하나님께서는 승리한 군인들이 진영 밖에서 일주일을 보내게 하신 것이다.

정결의식을 치르면서 기도하고 묵상하며, 마음과 생각을 추스르고, 겸손과 경건을 회복할 시간을 갖게 하신 것이다. 우리 역시 하나님이 주신 큰 승리와 은혜를 경험한 뒤에 잠잠히 하나님 앞에 머무르는 시간을 가져야 한다. 마음과 생각을 추스르고 겸손과 경건을 회복해야 한다.

진영 안과 진영 밖은 각각 교회와 세상을 상징하는 것으로 보면 된다. 적진, 세상에서 탈취한 물건들은 우상숭배로 인해 더러운 흔적들을 지니고 있었다. 모세는 그것들을 다 물로 씻고 불로 깨끗하게 하는 정결의식을 행하게 한 뒤에 이스라엘 진영 안으로 가지고 들어오게 했다. 마찬가지로 세상의 요소들을 교회 안으로 가지고 들어올 때 반드시 말씀과 기도로 필터링을 해야 한다.

이전에 보면, 세상적으로 잘나가던 사람들, 예를 들어 연예인이나 정치인 혹 유명 기업인이 예수님을 믿고 교회에 나오기 시작하면 다들 흥분하여 이것을 화젯거리로 삼았다. 그분들을 성급하게 교회 강단에 세워 간증을 시키고 교회의 직분을 주기도 하는 경우가 많았다. 그런데 나중에 이분들이 실망스런 모습을 보이면서 모두를 시험 들게 하는 경우도 많았다. 세상의 요소들이 정결케 되는 과정, 영적으로 성숙케 되는 과정을 거치지 않고 교회 공동체 안으로 너무 빨리 들이고, 너무 성급하게 영적 스포트라이트를 받게 했기 때문이다.

또 시대에 뒤떨어지지 않는 목회, 젊은이들을 끌어당기는 목회를 한다는 미명으로 세상의 기업 경영 전략이나 마케팅 시스템 같은 제도들을 섣불리 교회 안으로 끌어들이다가 낭패를 본 경우도 많다. 그런 데서 배울 게 없다는 게 아니라, 너무 무분별하게 교회 안으로 여과 없이 받아들이는 것은 문제가 있다는 것이다.

아무리 좋아 보이는 사람, 좋아 보이는 시스템이라 해도 세상에서 교회로 들여올 때는 반드시 정결하게 하는 과정을 거쳐야 한다. 그래서 그 안에 있는 세상적 요소를 다 제거한 뒤에 교회 안으로 들여야 한다. 세상적이던 사람이 하나님을 믿게 되어 교회 안으로 들어올 때, 세상에서 묻히고 들어온 생각과 습관과 가치관과 언어들을 성령의 불로 깨끗하게 정리하고 들어오도록 해야 한다. 세상적 시스템을 교회 안에 들일 때도 반드시 성령의 불로 정결케 해서 들어와야 한다.

교회는 끊임없이 스스로를 정결하게 하기 위해 몸부림쳐야 한다. 그렇게 하지 않으면 세상의 물결이 아무런 제어 장치 없이 마구 교회 안으로 들어와 범람하게 되고, 그때부터 교회는 타락하여 영적 능력을 잃어버린다.

역동적인 교회 공동체의 두 가지 모습

민수기 31장에서 역동적인 교회 공동체의 모습 두 가지를 발견할 수 있다.

첫째는 전투하는 공동체이다. 전투에도 방어적 전투가 있고 공격적 전투가 있다. 이스라엘은 이미 미디안에게 치명적인 공격을 한 번 당했다. 비느하스의 결단으로 간신히 살아남긴 했지만, 2만 4천 명이 넘게 죽고 큰 정신적 충격을 입었다. 하나님께서는 이제 이스라엘이 오히려 미디안을 공격해서 그 근거지를 뿌리 뽑기를 원하셨다.

오늘날도 악한 마귀의 권세는 세상을 장악하고 온갖 방법을 다 동원해서 교회의 벽을 부수려고 한다. 때로는 달콤한 유혹으로, 때로는 무서운 비난과 핍박으로 도전해온다.

그런데 너무나 많은 크리스천이 낭만적으로 안일한 신앙생활을 하려고 한다. 신앙생활을 무슨 힐링 세미나나 자기 계발 프로그램 정도로 착각하는 경우가 많다. 그러나 신앙생활은 영적 전쟁임을 한시도 잊어선 안 된다. 운동경기는 저도 내일을 기약할 수 있지만, 전쟁은 지면 끝이다. 자기만 죽는 게 아니라 자기 뒤에 있는 가정과 교회와 나라가 죽는다. 영적 전쟁은 단 한순간에 생사가 엇갈릴 수 있기 때문에, 항상 정신을 바짝 차리고 있어야 한다.

그렇기 때문에 교회는 영적으로 깨어 있어야 한다. 기도의 방어막을 항상 교회 주위에 둘러쳐야 한다. 기도하는 교회를 예수님이 보혈로 덮어주시고 지켜주신다. 거기에 한 걸음 더 나가서, 말씀의 검을 들고 마귀에게 역공을 해야 한다. 마귀의 공격만 간신히 막아내고 살아남기만 하는 방어적 신앙생활에 그쳐선 안 된다. 최상의 방어는 공격이라고 했다. 교회는 말씀의 검을 들고, 세상 한가운데 들어가 쉬지 않고 복음을 전해야 한다. 그래서 마귀의 근거지를 초토화시켜야 한다.

둘째는 정결한 공동체이다. 미디안은 처음부터 이스라엘에 정면공격을 가한 것이 아니라, 음란한 유혹으로 이스라엘의 도덕성을 타락시키고, 그 틈으로 우상숭배를 집어넣었다. 미디안의 전략은 이스라엘을 내부에서부터 타락시키는 것이었다. 그 전략은 무섭도록 잘 먹혔고, 이스라엘은 큰 타격을 입었다. 그래서 미디안과 전쟁을 치르고 돌아오는 병사들이 미디안 여인들을 살려 돌아오는 것을 모세는 결코 용납지 않았던 것이다. 그리고 전쟁을 끝낸 병사들이 본진에 합류하기 전에 진영 밖에서 일주일간 정결의식을 거치게 했다.

우리도 세상과 싸우면서 자기도 모르게 세상적 요소들로 더럽혀지기 쉽다. 그래서 교회 안으로 들어오기 전에 세상에서 묻은 영적 더러움을 정결하게 씻어낼 필요가 있다. 우리가 매일 우리의 얼굴과 몸을 씻어야 하듯이, 우리의 영혼도 항상 세상의 때를 묻히고 들어오기 때문에 날마다 예수님의 보혈로 깨끗이 씻어내야 한다.

그렇지 않으면 교회 안으로 돈과 음란과 질투와 미움과 욕심과 권력욕, 명예욕 같은 세상적 더러움들이 마구 침투해 들어올 것이고, 그렇게 되면 교회는 안에서부터 썩어 부패하게 된다. 교회가 거룩을 잃어버리면 그때부터 영적으로 무기력해진다.

세상이 너무나 더러워졌고, 불안해졌으며, 살벌해졌다. 최근 태풍처럼 대한민국을 강타하고 있는 미투 운동을 보면서 무엇을 느낄 수 있는가? 검찰 간부, 유력한 정치인, 교과서에 실린 문화 예술 교육계의 거물들, 각계각층 고위 인사들이 그토록 시커먼 도덕성의 사람들이라는 것을 알았을 때 우리는 큰 충격을 받았다. 한강의 기적을 이뤄낸 세계 10위권 경제 대국 대한민국을 한 꺼풀 들춰보니까 이토록 음란하고 추악할 줄 누가 알았겠는가? 이 시대는 아무도 믿을 수가 없는 시대가 되어버렸다.

그러나 위기가 기회라고, 이제 세상도 깨끗함이 힘이라는 것을 알게 되었다. 이런 때일수록 교회가 세상의 소망이 되어야 한다. 교회가 깨끗해지면 사람들은 교회 안에 들어오면 안전하다는 느낌을 받게 될 것이다. 세상의 음란문화, 음주문화, 황금만능주의 문화의 물결, 세상의 미디안적 요소들이 교회 밖에서 차단될 수 있다면 교회는 영적 청정지역이 된다.

더러운 세상에 지친 영혼들이 일단 교회 안에 들어오면 안심할 수 있다. 평안과 안식과 기쁨을 누리게 될 것이다. 그것이 거룩해진 교회 안에 있는 축복이다. 각 교회가 세상에서 지친 영혼들에게 그런 좋은 피난처로 서게 되기를 기도한다.

16 보혈의 능력으로 덮인 교회

　출애굽기 강해설교를 할 때 나는 "유월절 어린 양의 피"란 제목을 가지고 설교한 적이 있다. 그런데 그 주일 설교를 준비하면서도 그렇고, 실제로 강단에서 설교하면서 신비할 정도로 엄청난 기름부으심을 느꼈다. 그날이 마침 성만찬 주일이었는데, 설교 후의 성만찬까지 하나님의 특별한 손길이 느껴졌다. 2,3부 예배에서는 성령께서 설교 후에 특별히 전체 안수기도까지 인도하게 하셨다. 그리고 몇몇 목사님과 장로님들을 포함한 수많은 분들의 병이 낫는 기적이 일어났다. 설교를 하는 나도 엄청난 하나님의 은혜를 체험해서 감당할 수 없을 정도로 몸이 뜨거워졌다.

　그러고 나서 집에 와서 나는 한 주 내내 도대체 그날 설교에 무엇이 특별했을까를 생각했다. 결론은 딱 하나였다. 그날 설교의 주제가 유월절 어린 양의 피, 예수 그리스도의 보혈이었다는 것이다. 처음부터 끝까지 예수님의 보혈의 능력과 은혜와 영광을 설교했더니, 그런 놀라운 역사가 일어난 것이다.

오늘날 우리는 설교의 홍수 시대에 살고 있다. 뛰어난 설교자들의 다양한 주제의 설교를 많이 들으며 산다. 말씀을 많이 듣는 것도 필요하지만, 더 중요한 것은 같은 말씀이라도 그것을 통해 정말 뜨겁고 풍성한 은혜를 체험하는 것이다. 말씀이 살아 있는 검이 되어 나의 혼과 영과 골수를 쪼개고 들어오는 경험을 하는 것이다. 말씀을 들으며 병이 낫고, 마귀가 떠나가고, 절망이 물러가며, 하늘의 소망이 가득 차는 놀라운 경험을 하는 것이다. 그럴 수 있는 말씀이라면 두 번, 세 번 아니 백 번을 들어도 좋다.

처음부터 끝까지 예수님의 보혈에만 집중하는 말씀을 우리는 듣고 또들어야 한다. 예수님의 보혈에 능력이 있다. 우리를 치유할 능력, 살려낼 능력, 춤추게 할 능력이 주님의 보혈에 있다. 성령께서 예수님의 보혈을 선포하고 듣는 것을 너무나 기뻐하시며, 우리 안에 불처럼 임해주실 줄로 믿는다. 보혈의 능력이 당신을 치료하고 만지시는 기적을 체험할 것이다.

출애굽기 12장 21-42절 말씀은 하나님의 마지막 재앙인 애굽의 장자를 죽이는 재앙을 소개하면서, 어린 양의 피를 문설주에 바른 이스라엘 백성들이 그 재앙을 비껴가는 것을 보여준다. 그리고 이때까지 강퍅한 마음을 굽히지 않던 애굽 왕 바로는 이 마지막 열 번째 재앙에 마침내 무릎을 꿇고 만다. 이 마지막 재앙은 기독교 신앙의 핵심이 되는 어린 양의 피, 즉 예수님의 보혈의 능력과 관계가 있었다.

죄를 씻어내는 어린 양의 피

모세가 이스라엘 모든 장로를 불러서 그들에게 이르되 너희는 나가서 너희의 가족대로 어린 양을 택하여 유월절 양으로 잡고 우슬초 묶음을 가져다가 그릇에 담은 피에 적셔서 그 피를 문 인방과 좌우 설주에 뿌리고 아침까지 한 사람도 자기 집 문밖에 나가지 말라 여호와께서 애굽 사람들에게 재앙을 내리려고 지나가실 때에 문 인방과 좌우 문설주의 피를 보시면 여호와께서 그 문을 넘으시고 멸하는 자에게 너희 집에 들어가서 너희를 치지 못하게 하실 것임이니라 출 12:21-23

열 번째 재앙이 불과 몇 시간 앞으로 다가온 저녁, 모세는 이스라엘의 장로들을 소집했다. 21,22절을 보면, 이스라엘 백성이 애굽 사람들보다 더 잘나서 구원받은 것이 아님을 알 수 있다. 오직 어린 양의 피를 뿌렸기 때문에 살아난 것이다. 우리도 마찬가지다. 우리가 세상 사람보다 더 잘났거나 깨끗해서 구원받는 것이 아니다. 어린 양의 피는 장차 오실 예수 그리스도의 보혈을 상징한다. 우리는 오직 예수 그리스도의 보혈을 붙잡는 믿음으로 구원받는 것이다.

구원은 죄에서 자유를 얻게 한다. 우리 죄를 씻어주시는 분은 하나님이시다. 우리는 우리 자신의 힘으로 죄 문제를 해결하지 못한다. 죄는 우리 힘으로 극복되는 게 아니라, 보혈로 씻어지는 것이다.

피 흘림의 기원은 에덴동산에서 시작되었다. 아담과 하와가 죄를 지어 타락한 뒤, 하나님께서는 그들의 죄를 덮으시려고 동물을 죽여 가죽옷을 입혀주셨다. 하나님께서 무죄한 동물을 잡아 그 피로 아담과 하와를 덮으시고 속죄하셨다. 죄인을 위해 무죄한 피가 흘려져야 했다. 그 후로 지금까지, 피 흘림 없이는 죄 사함이 없게 되었다.

> 육체의 생명은 피에 있음이라 내가 이 피를 너희에게 주어 제단에 뿌려 너희의 생명을 위하여 속죄하게 하였나니 생명이 피에 있으므로 피가 죄를 속하느니라 레 17:11

여기서 '속한다'는 단어는 '덮는다'는 뜻이다('은혜'라는 말도 여기서 나왔다). 어린 양의 피는 단순히 우리를 죄에서 자유케 하는 것 이상을 한다. 보혈의 능력은 그 후로도 우리를 계속적으로 덮고 보호한다. 더 나아가서 보혈은 우리가 다른 사람을 영적으로 해방시키고, 덮어주고, 보호할 때 사용하는 도구이다.

> 염소와 황소의 피와 및 암송아지의 재를 부정한 자에게 뿌려 그 육체를 정결하게 하여 거룩하게 하거든 히 9:13

출애굽 이후, 이스라엘 백성은 성막에서 제사장들을 통해 예배를 드렸는데, 예배 의식에 항상 필수적으로 포함되는 것이 바로 어린 양의 피를 뿌리는 것이었다. 구약시대의 제사장들은 거의 모든 것에 우슬초로 피를 뿌렸다. 피의 능력이 우리를 정결케 하고, 악한 것에서 해방시키며, 보호하기 때문이었다.

우슬초로 뿌리는 피는 바로 예수 그리스도의 십자가 보혈을 상징한다. 구약의 대제사장들은 백성의 죄를 속하기 위하여 염소와 송아지를 희생제물로 삼아 그 피로 제사를 드렸지만, 그리스도께서는 친히 자신의 육신을 희생제물로 삼아 그 피를 뿌려 속죄 제사를 드리셨다. 어린 양 예수 그리스도의 피에는 우리가 상상하는 것보다 훨씬 엄청난 능력이 있다.

어린 양의 피는 과거, 현재, 미래의 모든 죄를 공격하고 쫓아낸다. 깨끗이 씻기는 예수님의 피의 역사 앞에서 죄는 후퇴한다. 주홍같이 붉은 죄도 눈과 같이 희게 된다.

> 그가 빛 가운데 계신 것같이 우리도 빛 가운데 행하면 우리가 서로 사귐이 있고 그 아들 예수의 피가 우리를 모든 죄에서 깨끗하게 하실 것이요 요일 1:7

어린 양의 피가 우리 죄를 씻어주실 때 우리는 죄에서 자유하게 된다. 피가 흘려졌을 때 비로소 바로의 의지가 꺾여 하나님께 굴복했다. 어린 양의 보혈은 마귀의 의지를 꺾어버린다. 어린 양의 보혈은 온갖 어둠의 영들을 다 꺾어버리는 능력이 있다.

하나님은 애굽을 심판하실 때 짐승들의 처음 난 것까지도 죽이셨다. 왜 하나님께서 동물들까지 죽이셨겠는가? 애굽의 우상들은 모두 동물들의 형상과 관련이 있었다. 하마, 악어, 독수리 등…. 하나님께서는 애굽의 모든 짐승의 처음 난 것까지도 죽이심으로써, 소위 신들이라는 우상들에게 치명타를 가하신 것이다. 바로도 인간이 아니라 신으로 여겨졌는데, 왕의 아들까지도 죽이심으로써 애굽의 우상들에 대한 하나님의 심판이 무섭게 입증되었다. 이로 인해, 단 하룻밤 만에 수백만 명의 노예들이 자유케 되었다.

예수님의 보혈은 오늘도 우리를 죄의 사슬에서 자유케 한다. 도박 중독에 빠진 사람은 도박을 끊겠다고 손가락을 끊어내도 또 다른 손으로 도박을 한다고 한다. 술이나 마약이나 음란물이나 폭력적 습관에 중독된 사람들도 어떤 인간적 결심과 노력으로도 거기서 헤어나지 못한다. 당시 무서운 애굽의 압제처럼, 죄라는 것은 인간의 힘으로는 결코 끊어낼 수 없는 악한 힘을 뒤에 업고 있다. 그래서 오직 예수의 보혈로만 우리는 죄에서 자유함을 얻을 수 있다.

십자가 보혈 없이는 결코 죄 문제가 해결되지 않는다. 죄를 지었다면 십자가 앞에 나와서 자신의 영적 파산을 인정해야 한다.

"주님, 제가 죄인입니다. 제가 원치 않았던 죄를 지었습니다. 이제 당신의 자비가 필요합니다. 저를 불쌍히 여겨주십시오."

이것이 진정으로 회개하는 자의 고백이며, 하나님은 그 마음을 보시고 죄를 용서해주신다. 어떤 죄의 습관에 지속적으로 빠져들고 있다면 그 죄의 사슬을 끊어낼 보혈의 능력을 구해야 한다. 우리가 날마다 예수의 보혈로 우리 죄를 씻어낼 때, 마귀는 더 이상 우리의 죄를 빌미로 우리를 공격할 수가 없게 된다. 그때부터 자유가 임하고, 영적 능력이 생긴다.

어린 양의 피가 출애굽 이전에 이스라엘 백성을 정결하게 했다(과거 애굽에서 당한 수치로부터 깨끗이 씻어주었다). 이스라엘 백성들은 단순히 민중 봉기하여 정치적 해방을 이뤄낸 것이 아니었다. 애굽과는 완전히 다른 거룩한 하나님의 나라로 새 출발해야 했다. 그들 위에 어린 양의 피가 뿌려져 죄가 씻겨진 거룩한 백성이 되어야 했다. 그래야 영적으로 강한 그리스도의 군대가 될 수 있었다.

이사야서 6장을 보면 천사는 제단에서 불타는 숯을 가지고 와서 이사야의 입술을 정결케 했다. 이 제단은 희생제물이 드려지던 곳이다. 구약의 제사장들은 제물을 불태우기 전에 먼저 제단의 위아래 사방으로 제물의 피를 묻혀야 했는데, 이사야서의 숯불이 나온 제단은 희생제물 어린 양의 피가 드려진 곳이다. 그러므로 이 숯불은 바로 예수님의 십자가 보혈의 은혜를 상징한다. 우리를 거룩하게 하는 것은 바로 예수님의 보혈이다. 예수님의 보혈은 우리를 거룩케 하는 하나님의 숯불이다.

이 숯불이 이사야에게 닿았을 때 그는 완전히 새사람이 되었다.

이것이 네 입에 닿았으니 네 악이 제하여졌고 네 죄가 사하여졌느니라 사 6:7

예수님의 보혈의 능력만이 우리를 모든 죄에서 깨끗하게 한다. 우리가 십자가 앞에 정직하게 무릎을 꿇을 때, 예수님의 보혈이 필연적으로 우리 위에 떨어진다. 그 피가 우리를 자유롭게 한다. 우리가 진정으로 살려면 십자가 앞에서 죽어야 한다. 십자가는 우리의 부끄러운 과거와 바람직하지 못한 현재를 한꺼번에 처리할 수 있는 힘을 갖고 있다. 온전히 십자가 보혈로 거룩해져야 한다. 그래야 하나님이 쓰실 수 있다.

어린 양의 보혈은 하나님의 백성들 안에 있는 우상을 깨끗이 몰아내고 우리를 정결케 한다. 애굽에 내린 아홉 가지 재앙을 다시 생각해보자. 강이 피로 변하고, 개구리, 이, 파리, 가축의 돌림병, 악성 종기, 우박, 메뚜기, 흑암이 온 애굽 땅을 휩쓸고 지나갔다. 나일강이나, 개구리, 파리 같은 것들은 당시 애굽인들이 풍요와 다산의 신으로 숭배하던 우상의 형상들이다.

그러니까 이 재앙들은 그냥 자연재앙이 아니라, 영적 의미가 있는 재앙들이었다. 당시 애굽인들이 우상으로 섬기고 있던 대상을 하나님께서 의도적으로 골라서 재앙의 도구로 사용하셨다. 하나님은 애굽의 그릇된 신앙을 초토화시켜 버리시면서, 오직 여호와 하나님만이 홀로 경배받으실 유일한 신이심을 밝히신 것이다.

"보혈을 지나 하나님 품으로, 보혈을 지나 아버지 품으로"라는 찬양 가사가 있다. 거룩하신 하나님 아버지의 임재 앞으로 죄 많은 우리가 떳떳이 가기 위해서는 어린 양의 보혈을 통과해야 한다. 그 통과하는 과정에서 우리 안에 있는 우상들이 씻겨나간다. 우리 옛사람의 잔재, 세상의 불순물이 다 씻겨나가는 것이다.

오늘 어린 양의 보혈로 우리 안에 있던 세상의 우상들이 다 태워지고 씻겨지는 역사가 있기를 기도한다.

어린 양의 보혈과 성령의 불

영적 승리는 피 묻은 보혈의 제단에서 시작된다. 보혈의 숯불로 거룩함을 받는 순간 영적 자유함과 영적 승리가 주어진다. 보혈의 공로가 나를 덮을 때 나를 칭칭 얽어매고 있던 죄의 권세가 힘없이 무너진다. 마귀가 비명을 지르며 떠난다. 추악한 악이 씻은 듯이 사라져버린다. 이사야는 보혈의 숯불로 정결케 된 뒤에 비로소 하늘의 능력을 받고 그 악한 시대를 영적으로 제압하는 파워를 가질 수 있었다.

사도행전의 초대교회는 예수님의 갈보리 십자가 보혈을 거쳐야만 오순절의 불같은 성령의 능력으로 살 수 있었다. 우리는 먼저 자신을 보혈의 제단에 드린 뒤에야 하늘의 능력을 받을 수 있다. 사람들은 항상 능력과 은사만 구하는데, 보혈로 씻기지 않고는 성령의 능력을 받을 수 없다. 예수님의 보혈이 먼저이고, 그다음이 성령의 불이다. 부흥을 원한다면 반드시 우리의 옛사람이 죽고 보혈로 깨끗해져야만 했다.

참된 예배의 중심도 예수 그리스도의 보혈이다. 구약시대 성막의 모든 불은 피 묻은 제단의 불로 점화한 것이어야 했다. 그렇지 않으면 그것은 '다른 불'이었다. 아론의 두 아들들은 다른 불로 제사를 드리다가 죽임당했다. 다른 불은 불이 아예 없는 것보다 더 위험했다. 갈보리의 피 묻은 제단 말고 다른 곳에서 교회의 불을 붙이지 않도록 주의하라.

교회는 언제나 십자가 보혈의 은혜를 사랑하고, 선포해야 한다. 우리의 믿음은 철저하게 보혈을 붙잡고 가는 것이어야 한다. 교회의 생명력은 그리스도의 보혈에 달려 있다. 그러므로 항상 우리는 예수님의 보혈의 은혜를 사모해야 한다.

우리를 보호하는 어린 양의 피

출애굽기 12장 22절을 보면 모세는 이스라엘 백성들에게 "아침까지한 사람도 자기 집 문밖에 나가지 말라"는 엄명을 내린다. 아침까지 한사람도 자기 집 밖에 나가지 말아야 하는 이유는 오직 어린 양의 피 안에 있을 때만 안전하기 때문이다. 예수의 피 흘림이 없이는, 그 피의 능력을 믿는 믿음 안에 거하지 않고는 우리는 결코 안전할 수 없다. 다가오는 죽음에서 그들을 구할 수 있는 것은 어린 양의 피뿐이었다. 살기 위해그들이 할 수 있는 유일한 것은 어린 양의 피가 발린 집 안에 머물러 있는 것이었다.

영적 공격이 가장 극심할 때일수록 우리는 어린 양의 피 안에 머물러있어야 한다. 그래야 산다. 어린 양의 피는 우리를 덮고 보호한다. 애굽의 장자들을 죽이라는 명을 받은 여호와의 천사는 문설주에 바른 피를보면 그 집에는 들어가지 않고 그냥 지나갔다[pass over. '유월절'(the Passover)이란 말이 여기서 유래됐다].

그날 밤, 죽음의 사자는 하나님의 사자였다. 그럼에도 불구하고 어린양의 피를 뚫고 들어가지 못했다. 그렇다면 지옥의 사자, 마귀에게 이피는 얼마나 크고 강한 장벽이겠는가? 마귀는 절대 어린 양의 피를 뚫지 못한다. 그러므로 우리가 온전한 믿음으로 어린 양의 피, 보혈의 능력을 붙잡는다면 마귀는 결코 우리를 뚫지 못한다.

그들이 이스라엘 사람들이라서 산 것이 아니라 문설주에 어린 양의 피를 발랐기 때문에 살았다. 이스라엘 사람도 어린 양의 피를 바르지 않았으면 죽었고, 애굽 사람도 어린 양의 피를 문설주에 발랐으면 살았다. 중요한 것은 육체적 혈통이나 개인적 능력이 아니라, 어린 양의 피를 의지하느냐, 의지하지 않느냐이다. 그것은 이성적으로 이해하거나 설명할 수 없는 일이었다.

다만 확실한 것은 어린 양의 피에 하나님의 마음을 끄는 능력이 있었다는 것이다. 하나님을 기쁘시게 하고, 하나님의 가장 큰 능력과 보호와 복을 끌어내는 능력이 어린 양의 피에 있었다. 그 피의 능력이 지옥 권세를 두려움에 떨게 하고, 아예 가까이 오지도 못하게 한다. 지금도 나는 교회에 힘든 일이 생기면 항상 엎드려 "예수의 보혈로 이 교회를 덮어 주소서"라고 기도한다. 문제가 수없이 많고 복잡해 보여도 예수의 보혈이 덮이면 깨끗하게 해결되기 때문이다.

험한 세상 살면서 우리는 항상 위험과 재앙에 노출되어 있다. 그러나 어린 양의 보혈이 하나님의 백성들에게 특별한 보호막을 쳐주신다. 열 번째 재앙이 있기 전 하나님께서 아홉 가지 재앙으로 애굽을 치실 때, 이스라엘 사람들은 그 사실을 확실히 체험했다. 애굽 사람들이 사는 땅에는 재앙이 내렸지만, 그 재앙이 이스라엘 진영에는 전혀 내리지 않았다. 예를 들어 네 번째 재앙 파리 떼의 재앙 때 하나님께서 바로에게 하신 말씀을 보라.

> 네가 만일 내 백성을 보내지 아니하면 내가 너와 네 신하와 네 백성과 네 집들에 파리 떼를 보내리니 애굽 사람의 집집에 파리 떼가 가득할 것이며 그들이 사는 땅에도 그러하리라 그날에 나는 내 백성이 거주하는 고센 땅을 구별하여 그곳에는 파리가 없게 하리니 이로 말미암아 이 땅에서 내가 여호와인 줄을 네가 알게 될 것이라 내가 내 백성과 네 백성 사이를 구별하리니 내일 이 표징이 있으리라 하셨다 하라 하시고
> 출 8:21-23

다섯째 재앙인 가축들을 돌림병으로 죽이실 때도 마찬가지였다.

> 이튿날에 여호와께서 이 일을 행하시니 애굽의 모든 가축은 죽었으나 이스라엘 자손의 가축은 하나도 죽지 아니한지라 출 9:6

일곱 번째 재앙인 불덩이 우박이 쏟아졌을 때 수많은 들의 사람과 짐승과 나무들이 초토화되었다. 그러나 이스라엘 자손은 안전했다.

> 이스라엘 자손들이 있는 그곳 고센 땅에는 우박이 없었더라 출 9:26

아홉 번째 재앙, 무서운 흑암이 애굽 온 땅을 덮었을 때도 마찬가지였다.

모세가 하늘을 향하여 손을 내밀매 캄캄한 흑암이 삼 일 동안 애굽 온 땅에 있어서 그동안은 사람들이 서로 볼 수 없으며 자기 처소에서 일어나는 자가 없으되 온 이스라엘 자손들이 거주하는 곳에는 빛이 있었더라 출 10:22,23

어린 양의 보혈은 다른 세상 사람들이 겪는 재앙으로부터 하나님의 백성을 지켜준다. 마치 보이지 않는 어떤 보호막이 하나님의 백성을 덮고 있는 것 같다. 창세기에 보면 엄청난 기근이 땅에 들었는데 이삭이 농사해서 평소의 백 배나 되는 수확을 했다고 했다. 지독한 불경기라서 살아남기만 해도 감지덕지인데, 하나님의 사람은 백 배나 더 이익을 냈으니 주변 사람이 보기에 얼마나 충격이겠는가. 하나님은 그렇게 하나님의 백성을 보호하신다.

유월절(십자가) 정신으로 살라

너희는 이 일을 규례로 삼아 너희와 너희 자손이 영원히 지킬 것이니 너희는 여호와께서 허락하신 대로 너희에게 주시는 땅에 이를 때에 이 예식을 지킬 것이라 이후에 너희의 자녀가 묻기를 이 예식이 무슨 뜻이냐 하거든 너희는 이르기를 이는 여호와의 유월절 제사라 여호와께서 애굽 사람에게 재앙을 내리실 때에 애굽에 있는 이스라엘 자손의 집을 넘으사 우리의 집을 구원하셨느니라 하라 하매 백성이 머리 숙여 경배하니라 출 12:24-27

유월절의 기본 정신은 무죄한 어린 양의 피 흘림이 없이는 죄 사함이 없고, 그러면 결코 죽음을 피할 수 없다는 것이다. 하나님께서는 이스라엘 백성이 지금 이 순간부터 출애굽 이후에도 대대로 이 유월절 어린 양의 보혈의 메시지를 가슴에 품고 살아가기를 원하셨다. 그래서 "이 일을 규례로 삼아 너희와 너희 자손이 영원히 지키라"라고 하신 것이다. 장차 약속의 땅에 들어가서도 그들은 이 유월절 예식을 잊지 말고 후손에게 가르치며 지켜야 했다.

복음의 핵심은 바로 예수님의 십자가 보혈로만 우리의 죄가 사해질 수 있다는 것이다. 오직 그 보혈의 공로를 믿는 믿음으로만 우리가 살 수 있다는 것이다. 오늘날도 이 보혈의 메시지를 광야 같은 세상을 살아가는 성도들에게 교회는 가르치고 또 가르쳐야 한다. 우리는 예수의 보혈에 우리 믿음의 중심을 두어야 한다. 설교도, 사역도, 헌금도 반드시 예수의 보혈을 체험한 사람들이 해야 교회에 덕을 세우고, 하나님께 영광이 된다.

우리의 자녀 세대에게도 반드시 십자가 보혈의 복음을 그대로 가르쳐서 살게 해야 한다. 그래야 그들도 보혈의 보호막 아래 살 수 있고, 보혈의 능력과 은혜와 기적을 체험할 수 있다.

아무도 잠들지 못한 밤

밤중에 여호와께서 애굽 땅에서 모든 처음 난 것 곧 왕위에 앉은 바로의 장자로부터 옥에 갇힌 사람의 장자까지와 가축의 처음 난 것을 다 치시매 그 밤에 바로와 그 모든 신하와 모든 애굽 사람이 일어나고 애굽에 큰 부르짖음이 있었으니 이는 그 나라에 죽임을 당하지 아니한 집이 하나도 없었음이었더라 밤에 바로가 모세와 아론을 불러서 이르되 너희와 이스라엘 자손은 일어나 내 백성 가운데에서 떠나 너희의 말대로 가서 여호와를 섬기며 너희가 말한 대로 너희 양과 너희 소도 몰아가고 나를 위하여 축복하라 하며 애굽 사람들은 말하기를 우리가 다 죽은 자가 되도다 하고 그 백성을 재촉하여 그 땅에서 속히 내보내려 하므로 그 백성이 발교되지 못한 반죽 담은 그릇을 옷에 싸서 어깨에 메니라 이스라엘 자손이 모세의 말대로 하여 애굽 사람에게 은금 패물과 의복을 구하매 여호와께서 애굽 사람들에게 이스라엘 백성에게 은혜를 입히게 하사 그들이 구하는 대로 주게 하시므로 그들이 애굽 사람의 물품을 취하였더라 이스라엘 자손이 라암셋을 떠나서 숙곳에 이르니 유아 외에 보행하는 장정이 육십만 가량이요 수많은 잡족과 양과 소와 심히 많은 가축이 그들과 함께하였으며 그들이 애굽으로부터 가지고 나온 발교되지 못한 반죽으로 무교병을 구웠으니 이는 그들이 애굽에서 쫓겨나므로 지체할 수 없었음이며 아무 양식도 준비하지 못하였음이었더라 출 12:29-39

밤중에 여호와께서 애굽 땅에서 모든 처음 난 것 곧 왕위에 앉은 바로의 장자로부터 옥에 갇힌 사람의 장자까지와 가축의 처음 난 것을 다 치셨다. 여기서 밤중이라는 말은 밤 12시, 즉 자정을 가리킨다. 자정이 되자마자, 하나님의 천사가 애굽 땅 안으로 순식간에 움직이기 시작했다. 하나님의 천사의 칼은 지위고하를 가리지 않았다. 위로는 바로의 장자로부터 시작해서, 아래로는 옥에 갇힌 죄수의 장자, 심지어는 가축의 처음 것까지 다 죽었다.

세상 지위와 돈과 명예, 그 어떤 것도 심판의 칼을 피해갈 수 없다. 오직 어린 양의 보혈을 통과한 자만이 살 수 있었다. 마찬가지로 예수님을 믿는 사람만이 장차 다가올 최후의 심판에서 살아남아 영원한 생명을 누릴 수 있다. 영적 세계에서 중립지대는 없다. 어린 양의 보혈 밑에 있는 자와 그렇지 않은 자, 둘 중에 하나가 있을 뿐이다. 그걸 생각하면 우리의 가족, 친척, 사랑하는 친구들을 정말 간절한 마음으로 전도해야 한다.

이 밤은 그들을 애굽 땅에서 인도하여 내심으로 말미암아 여호와 앞에 지킬 것이니 이는 여호와의 밤이라 이스라엘 자손이 다 대대로 지킬 것이니라 출 12:42

이날 밤은 '여호와의 밤'이었다고 했다. 그 말은 하나님께서 특별히 역사하셨던 밤이라는 뜻이다. 하나님께서는 항상 인간의 역사 뒤에 섭리하시지만, 모든 사람이 피부로 느끼도록 강렬하고 직접적으로 눈에 띄게 역사하시는 어떤 특별한 순간이 있다. 출애굽의 밤이 그랬다.

심판은 악한 자를 멸하고, 하나님의 백성을 살리는 이중적인 성격을 지니고 있다. 악한 자와 하나님의 백성의 차이는 누가 더 착하고 뛰어난가의 문제가 아니었다. 누가 어린 양의 피로 보호를 받고 있는가가 문제였다. 출애굽기 12장 13절에 보면 "내가 피를 볼 때에 너희를 넘어가리라"라고 하셨다. 어린 양의 보혈이 심판의 칼날을 비껴가게 했다. 이 밤은 애굽 사람들에게는 죽음과 공포의 밤이요, 이스라엘 백성들에게는 해방과 구원의 여명을 가져다주는 밤이었다.

어둠의 권세를 무너뜨리는 유월절 어린 양의 피

밤에 바로가 모세와 아론을 불러서 이르되 너희와 이스라엘 자손은 일어나 내 백성 가운데에서 떠나 너희의 말대로 가서 여호와를 섬기며 너희가 말한 대로 너희 양과 너희 소도 몰아가고 나를 위하여 축복하라 하며 출 12:31,32

바로와 신하들은 설마 했던 일이 끔찍한 현실로 자신들에게 닥치니 제정신이 아니었다. 소름이 끼쳤다. 이 무서운 이스라엘 백성들을 잠시라도 곁에 두고 싶지 않았다. 그래서 밤에 급하게 모세와 아론을 호출한 것이다. 그만큼 받은 충격이 컸다. 한시라도 빨리 자기들을 떠나가라고 했다.

"너희의 말대로 가서 여호와를 섬기라. 양과 소도 다 데려가라."

이것은 바로의 무조건적인 항복을 뜻한다. 하나님의 뜻에 거역하거나 그 뜻을 훼방하는 자는 결국은 끔찍한 대가를 치르고 항복하게 되어 있다. 그 어떤 권세도 하나님의 백성의 앞길을 막지 못한다. 이전에는 '양과 소' 같은 이스라엘의 재산을 담보 잡으려 했었지만, 이제는 그것마저 다 포기하는 모습에서 바로가 완전히 항복한 것을 알 수 있다.

거기서 한술 더 떠서 "나를 위하여 축복하라"고 한다. 천하의 바로가 이제는 이스라엘의 하나님이 얼마나 무서운 분인가를 인정하며, 그 하나님이 더 이상 자기를 치지 못하시게 해달라고 모세에게 빌고 있는 것이다. 지난 아홉 가지 재앙을 당할 때만 해도 바로는 힘들어하긴 했지만, 그래도 이것저것 타협안을 제시하기도 하면서 이렇게까지 납작 엎드리지는 않았다. 그러나 장자들이 죽는 재앙 앞에서는 완전히 손을 들었다. 어린 양의 보혈은 마귀를 완전히 항복시키는 결정타이다.

> 애굽 사람들은 말하기를 우리가 다 죽은 자가 되도다 하고 그 백성을 재촉하여 그 땅에서 속히 내보내려 하므로 출 12:33

"우리가 다 죽은 자가 되도다"라고 하면서 세계 최강대국의 왕인 바로가 이제 자신들보다 훨씬 강한 존재가 있다는 것을 인식했다. 그 하나님의 백성들 앞에서 "이제 우린 다 죽었다"라고 비참한 항복 선언을 한다. 이스라엘 백성들이 계속 애굽에 더 있다간 이젠 장자들이 아니라 애굽 사람 전체가 전멸할 것 같았다. 그래서 이스라엘 사람들을 오히려 재촉하여 빨리 나가달라고 간청한 것이다. 그만큼 애굽인들은 위축되어 있었다. 하나님의 심판은 악인에게는 두려움을, 하나님의 백성에게는 영광과 자유를 준다.

영적 강자로 만드는 어린 양의 피

어린 양의 피는 우리를 영적 강자로 만든다. 어린 양의 피로 인해 모세와 이스라엘 백성들은 애굽 백성들이 두려워하는 존재가 되었다.

> 여호와께서 그 백성으로 애굽 사람의 은혜를 받게 하셨고 또 그 사람 모세는 애굽 땅에 있는 바로의 신하와 백성의 눈에 아주 위대하게 보였더라 출 11:3

천하의 바로 왕도 두려움에 덜덜 떨 정도로 어린 양의 피는 능력이 있다. 어린 양의 피의 능력을 선포하는 모세를 하나님께서 영화롭게 하셨다. 모세는 당시 세계 최강대국으로서 천하에 두려울 것이 없는 애굽인들이 가장 두려워하는 인물이 되었다.

어린 양의 피는 죄를 공격하고 쫓아낸다. 깨끗게 하는 예수의 보혈 앞에서 죄의 권세는 후퇴한다. 피의 능력이 육체의 일을 몰아내고 소멸시킨다. 지옥의 귀신들은 어린 양의 피를 말하면 두려워 떤다. 마귀는 우리 힘으로 열심히 노력하는 것은 하나도 겁내지 않지만, 어린 양의 피를 의지하고 선포하는 성도들 앞에서는 추풍낙엽처럼 나가떨어진다. 초기 오순절파 신자들은 "내가 보혈의 능력을 주장하노라! 내가 예수의 피 권세를 주장하노라!"라고 자주 말했다. 우리도 항상 그렇게 말하고 믿어야 한다. 왜냐하면 진실로 예수의 보혈에 능력이 있기 때문이다.

유월절 어린 양의 피는 능력이 있다. 그러나 그 능력을 우리가 믿고 사용하지 않으면 무용지물이다. 그리스도의 피는 우리를 보호하는 방어무기이자 동시에 원수 마귀를 무너뜨리는 공격무기이다. 우리의 일상 생활 속에서 우리는 보혈의 능력이 끊임없이 역사하고 흐르도록 해야 한다. 원수 마귀가 당신의 생각에 음란하고, 부정적이며, 형제를 미워하고, 우울하며 악한 것들을 심으려 할 때 보혈의 능력을 선포하라. 당신의 삶의 영역에, 가정에, 회사에 마귀가 그 추악한 손을 뻗치려 할 때 보혈의 능력을 선포하라. 그 즉시, 마귀는 두려워 떨며 물러날 것이다.

"악! 나는 이 사람에게 손댈 수 없어! 단지 멀리서 거짓말로 이 사람을 두렵게 할 수 있을 뿐이야. 나는 이 사람과 그 가정에 손댈 수 없어. 온통 어린 양의 피로 덮여 있기 때문에 다가갈 수 없어! 나는 도저히 이 공간 안에 거할 수 없어! 어린 양의 피의 능력이 이곳에 가득해서 내가 죽을 것같이 힘들어!"

나는 특별히 나라와 민족을 위해 기도하면서, 어린 양의 피로 이 나라를 덮어달라는 기도를 많이 한다. 요즘 너무나 많은 나라가 정치, 경제, 문화 등 모든 면에서 위기인데, 마귀는 한국교회를 무서운 기세로 공격하고 압박하고 있다. 이때야말로 우리 하나님의 자녀들이 결사적으로 기도하며 예수 십자가의 보혈로 이 나라를 덮어달라고 부르짖을 때이다.

"예수님의 보혈 권세로 명하노니, 마귀는 이 나라에서 물러갈지어다. 청와대에서, 국회에서, 모든 관공서에서, 기업에서, 가정에서, 교회에서 마귀는 물러갈지어다. 예수님의 보혈로 역사하여주시옵소서!"

우리가 다 이렇게 기도해야 한다. 우리의 기도도 어린 양의 보혈을 통해 응답된다. 능력의 기도는 예수님의 보혈의 힘으로 하는 기도이다. 기도하는 게 어렵고 기도를 해도 그 기도에 힘이 없다면 어린 양의 보혈로 당신의 기도를 덮어보라.

> 그러므로 형제들아 우리가 예수의 피를 힘입어 성소에 들어갈 담력을 얻었나니 그 길은 우리를 위하여 휘장 가운데로 열어 놓으신 새로운 살길이요 휘장은 곧 그의 육체니라 또 하나님의 집 다스리는 큰 제사장이 계시매 우리가 마음에 뿌림을 받아 악한 양심으로부터 벗어나고 몸은 맑은 물로 씻음을 받았으니 참 마음과 온전한 믿음으로 하나님께 나아가자 히 10:19-22

우리가 어린 양의 보혈의 권세를 주장하며, 우리의 옛사람을 십자가 앞에 온전히 내려놓을 때, 그 자리에서 우리는 기도로 하나님을 새롭게 체험할 것이다.

"예수의 피를 힘입어 성소에 들어갈 담력을 얻는다"라는 말이 무슨 뜻인가? 예수의 보혈이 우리의 기도가 하늘 보좌에 닿게 한다. 우리의 예배가 천상의 예배와 연결되게 한다. 예수의 보혈 공로를 의지한 기도는 지금도 다가오는 재앙을 소멸시키고 악한 영들을 묶어버린다. 거룩한 자와 속된 자, 회개하는 자와 교만한 자를 구분한다.

그러므로 우리는 형식적으로 무덤덤하게 드렸던 옛사람의 기도를 버리고 보혈의 기도로 나가야 한다.

"하나님의 것이 아닌 그 어떤 것도 거절합니다. 어린 양 예수 그리스도의 보혈만 의지합니다. 모든 것을 그리스도의 보혈 앞에 내려놓습니다."

그때 하나님께서는 전혀 새로운 차원의 능력을 당신의 기도에 부어주실 것이다.

신앙 전반에 능력을 행사하는 어린 양의 피

어린 양의 피의 능력은 그것에 그치지 않는다. 우리의 믿음 생활 전체에 영향을 미친다.

> 모세가 율법대로 모든 계명을 온 백성에게 말한 후에 송아지와 염소의 피 및 물과 붉은 양털과 우슬초를 취하여 그 두루마리와 온 백성에게 뿌리며 이르되 이는 하나님이 너희에게 명하신 언약의 피라 하고 히 9:19,20

피를 '두루마리'에 뿌렸다는 말을 주목하라. 두루마리에는 하나님의 말씀이 적혀 있다. 하나님의 말씀도 예수의 보혈을 통해 힘을 얻는다. 마귀나 사악한 무리들이 하나님의 말씀을 가지고 미혹하려 할 때, 우리는 예수의 보혈로 쫓아내야 한다. 예수의 보혈을 통해 말씀을 분별하고 이해해야 한다.

나는 설교를 준비할 때마다 "보혈로 이 말씀을 덮어주옵소서"라고 기도한다. 당신도 설교를 들을 때 "보혈의 은혜 안에서 말씀을 듣고 은혜받게 하소서"라고 기도하라. 보혈을 통과한 말씀은 능력의 말씀이 되어 우리의 인생을 바꿀 것이다.

또 피를 '온 백성에게 뿌렸다'고 했다. 하나님을 믿는 하나님의 자녀들에게는 예수님의 보혈이 뿌려져 있다. 만일 누구든지 언약을 어기는 자는 예수님의 피를 모독하는 자가 될 것이다. 그러나 예수님께 순종하는 자는 예수님의 보혈이 그 위에 뿌려지고, 어둠의 권세로부터 보호받을 것이다.

> 또한 이와 같이 피를 장막과 섬기는 일에 쓰는 모든 그릇에 뿌렸느니라 율법을 따라 거의 모든 물건이 피로써 정결하게 되나니 피 흘림이 없은즉 사함이 없느니라
>
> 히 9:21,22

'피를 장막과 섬기는 일에 쓰는 모든 그릇에 뿌렸다'고 했는데, 장막은 오늘날의 교회일 것이다. 예수님의 피가 우리의 교회 전체를 덮어야 한다. '섬기는 일에 쓰는 모든 그릇'은 교회의 모든 사역에 쓰이는 기구들, 장소, 조직들, 프로그램들을 의미한다. 그 위에 예수님의 보혈의 피가 뿌려져야 한다는 것이다.

교회 일을 세상 방식으로 후딱 해치우는 사람들이 있다. 목회자들이 설교하고 예배 인도를 할 때, 장로님들이 당회에서 교회 일을 결정할 때, 제직들이 각 사역에서 섬길 때 인간적인 생각과 방법으로 하는 경우가 있다. 교회 음향을 다루고 사무를 보는 사람들 중에서 술, 담배를 하고 컴퓨터 게임이나 사이버 도박을 하면서 하나님을 모독하는 사람들이 있다. 주변에서 그런 일들을 듣게 되면 목사로서 부끄러워 고개를 들고 다

닐 수가 없다.

그러나 제사장들이나 성전 봉사자들의 타락은 구약시대에도 많았다. 그들 위에 피를 뿌림으로써 정결하게 하고 새롭게 했다. 오늘날 우리도 그렇게 해야 한다. 교회가 새롭게 되는 길은 예수의 보혈로 교회의 모든 리더십과 사역과 예배를 덮는 것이다. 우리가 그렇게 기도하고 선포해야 한다.

"거의 모든 물건이 피로써 정결하게 되나니"라고 했다. 하나님의 성전에서 일하는 사람들, 사역의 기구들, 프로그램들은 모두 예수님의 보혈로 정결케 되어야 한다. 예수님의 보혈로 우리 당회도, 제직회도, 교역자회의도 덮어야 한다.

담임목사로서 내 머릿속은 항상 교회가 미래에 나아갈 여러 가지 목회 계획과 프로그램들 생각으로 분주하다. 하지만 그 모든 계획과 프로그램을 예수님의 보혈로 덮어주시고 은혜를 달라고 기도한다. 그렇지 않으면 힘을 받지 못한다.

사역자의 마음을 정결케 하는 어린 양의 피

어린 양의 피를 통해 교회를 섬기는 사역자들의 마음도 정결해진다.

하물며 영원하신 성령으로 말미암아 흠 없는 자기를 하나님께 드린 그리스도의 피가 어찌 너희 양심을 죽은 행실에서 깨끗하게 하고 살아 계신 하나님을 섬기게 하지 못하겠느냐 히 9:14

여기서 '죽은 행실'은 엄밀히 말하면 '죽음으로 이르게 하는 행동들', 즉 하나님을 거스르는 행동을 말한다. 그 결국은 영원한 사망이다. 그런 악한 행동을 만드는 것은 죄에 사로잡힌 우리의 양심, 우리의 마음이다. 그러나 그런 부패한 마음도 그리스도의 보혈을 통해 성령께서 깨끗하게 해주신다. 마음이 보혈로 깨끗함을 입은 자라야 하나님을 제대로 섬길 수 있다.

우리가 크리스천으로 살고 사역을 하면서도 답답함을 느끼는 것은 은혜의 보좌로 나가는 보혈의 길을 잘 모르기 때문이 아닐까. 아니, 알면서도 그 길을 찾지 않기 때문이 아닐까.

이제라도 자세를 바로 하자. 그리스도의 피로 우리의 해묵은 답답함과 지루함을 씻어내자. 그러면 우리는 살아나서 하나님께로 나아갈 수 있다. 어린 양의 보혈에 잠길 때, 우리는 사냥꾼의 올무에서 탈출한 새처럼 죄의 권세에서 벗어나 참 자유를 경험할 것이다. 보혈로 그렇게 자유함을 입은 성도를 통해 교회는 생명력이 넘치게 된다.

서로 사랑하게 하는 어린 양의 피

어린 양의 피를 통해 우리가 서로 사랑하게 된다.

이제는 전에 멀리 있던 너희가 그리스도 예수 안에서 그리스도의 피로 가까워졌느니라
엡 2:13

사람의 죄는 하나님과 사람 사이를 갈라놓았을 뿐 아니라, 사람과 사람 사이도 갈라놓았다. 한 몸처럼 서로를 사랑했던 아담과 하와 부부는 죄를 지은 책임을 서로에게 떠넘기며 원망했고, 그들이 낳은 자식 가인은 형제를 쳐 죽였다. 하나님과 싸우게 되자 부부가 싸우고 형제가 싸우게 된 것이다. 하나님과 담을 쌓은 뒤부터 사람과 사람 사이에는 미움과 불신과 다툼의 담이 쌓이게 되었다.

그리고 사람들 사이의 다툼과 불신의 벽이 교회 안으로도 들어왔다. 초대교회 안에서도 유대인과 이방인으로 갈라져서 얼마나 싸웠는지 모른다.

그러나 예수님은 반목하고 대립하던 유대인과 이방인을 하나로 만드시며 화목하게 하셨다. 둘 사이에 있던 담을 '자기의 육체', 즉 십자가의 보혈로 허물어버리셨다. 교회라고 해서 저절로 서로 사랑할 수 있는 게 아니다. 우리는 오직 예수님의 보혈을 통해서 하나가 될 수 있다. 사람끼리 서로 화목하기 위해서는 먼저 하나님과 화목해야 한다. 예수님의 보혈은 바로 하나님과 사람이 화목하게 했고, 이것을 토대로 사람과 사람이 화목하게 했다.

이 글을 쓰고 있는 지금 이 순간, 나는 이 땅의 분열된 교회들을 위해 기도하고 있다. 최근 서울의 한 규모 있는 교회에서 내분이 일어나 담임 목사 지지파와 반대파로 나뉘어져서 서로 본당과 주차장을 점거하고 따로 예배를 드리고 있는 가슴 아픈 뉴스를 본 일이 있다. 이런 식으로 분열하고 대립하고 있는 교회들이 국내외에 한두 군데가 아닌 것으로 알고 있다. 한국 기독교의 가장 대표적인 신학교나 대표적 교단들도 최근 말할 수 없는 갈등과 분열 양상을 보이고 있어 가슴이 미어진다.

믿는 형제들끼리의 분열은 인간의 방법으로는 절대 해결이 안 된다. 예수님의 보혈이 덮어야 한다. 그러기 위해서는 모두가 주님 앞에 엎드려 회개하며 간절히 기도해야 한다.

백성이 군대가 되어 나오다

이스라엘 자손이 라암셋을 떠나서 숙곳에 이르니 유아 외에 보행하는 장정이 육십만 가량이요 수많은 잡족과 양과 소와 심히 많은 가축이 그들과 함께하였으며 그들이 애굽으로부터 가지고 나온 발교되지 못한 반죽으로 무교병을 구웠으니 이는 그들이 애굽에서 쫓겨나므로 지체할 수 없었음이며 아무 양식도 준비하지 못하였음이었더라 이스라엘 자손이 애굽에 거주한 지 사백삼십 년이라 사백삼십 년이 끝나는 그날에 여호와의 군대가 다 애굽 땅에서 나왔은즉 이 밤은 그들을 애굽 땅에서 인도하여 내심으로 말미암아 여호와 앞에 지킬 것이니 이는 여호와의 밤이라 이스라엘 자손이 다 대대로 지킬 것이니라 출 12:37-42

주전 1876년 야곱의 일족 70명이 요셉의 초대로 애굽에 들어간 지 430년이 지난 뒤인 주전 1446년, 이들은 2백만 명이 넘는 대민족이 되어 다시 애굽을 떠나게 된다. 이스라엘 백성들은 당시 장정만 60만 명, 여자와 아이들, 이방인들까지 합하면 대략 2백만 명 정도가 되었을 것이다.

　40절에서 애굽에서 살던 동안에는 '이스라엘 자손'이라고 표현했다가, 41절에서는 "사백삼십 년이 끝나는 그날에 여호와의 군대가 다 애굽 땅에서 나왔은즉"이라고 말한다. 한 번도 정규 군사 훈련을 받아본 적이 없는 이스라엘 백성들, 이제 막 애굽에서 탈출하는 피난민에 불과한 이들을 하나님은 '여호와의 군대'라고 하신다. 지극히 평범한 백성이 단 하룻밤 만에 하나님의 군대가 되었다. 어린 양의 보혈로 죽음을 이기고 출애굽의 승리를 획득한 그들은 이제 여호와의 군대가 된 것이다. 예수님의 보혈 공로를 믿고 구원받는 그 순간부터 우리도 여호와의 군대가 되었다. 이 땅에서 마귀의 세력을 물리쳐야 할 하나님의 군대다.

　당신은 예수 그리스도의 보혈로 거듭났는가? 교회를 아무리 오래 다녔어도 예수 십자가의 보혈로 확실히 거듭나지 않으면 하나님의 자녀가 아니다. 하나님의 군대가 아니라 영적인 오합지졸이다. 한 사람도 빠짐없이 예수님을 구주로 영접하여, 어린 양의 보혈로 거듭난 군대가 되기를 바란다.

　이스라엘 백성들은 알지 못했지만, 출애굽의 그날 밤 이미 하나님의 능력이 여호와의 군대인 그들에게 부어지고 있었다. 유월절 어린 양의 피는 여호와의 군대가 된 그들에게 회복의 능력을 주었다.

> 마침내 그들을 인도하여 은금을 가지고 나오게 하시니 그의 지파 중에 비틀거리는 자가 하나도 없었도다 시 105:37

2백만 명이 넘는 무리 중에 아파서 길을 못 떠난 사람이 한 명도 없었다. 인구 2백만 명이 넘는 도시에 요통, 두통, 관절염, 암, 근육 마비 등을 가진 환자가 단 한 명도 없다고 생각해보라. 이것이 얼마나 기적 같은 일인지 모른다. 처음부터 다 그렇게 건강하진 않았을 것이다. 게다가 힘든 노예생활을 하면서 어찌 아픈 사람이 없었겠는가?

여기에 대해 토미 테니 목사가 재미있는 분석을 했다. 출애굽 때가 되었을 때, 어린 양의 피의 능력으로 모든 이스라엘 백성이 죄의 속박에서 벗어나면서 육체의 병으로부터도 회복을 얻어 걸을 수 있게 되었을 것이라고 했다.

예를 들면, 팔다리가 비틀려 있었던 사람들에게 "갑시다! 약속의 땅으로! 하나님이 우리에게 명하셨어요"라고 하는 순간, 갑자기 그들의 몸에 힘이 들어오는 것을 느꼈을 것이다. "우두둑 두두둑" 허리가 갑자기 펴지고 회복된 팔다리로 능력이 들어왔다. 그들은 춤추며 여호와를 찬양하며 자유를 향해 나아갔을 것이다. 내가 설교 시간에 이 이야기를 했더니, 우리 교회 부교역자 한 분이 참 재밌다고 생각하면서 자기도 아픈 허리에 손을 대고 기도했다. 그랬더니 정말 기적같이 하나님이 아픈 허리를 고쳐주셨다고 한다.

유월절 어린 양의 피는 3천3백 년 전 이스라엘 백성들이 출애굽 하던 때나 지금이나 변함없이 능력이 있다. 우리는 어린 양 예수 그리스도의 보혈의 공로로 구원받았고, 그 피의 능력으로 지금도 살고 있다. 우리 교회에서 한 달에 한 번씩 행하는 성만찬은 우리를 위해 돌아가신 예수 그리스도의 십자가 사랑과 어린 양의 보혈의 은혜를 묵상하는 날이다. 성만찬을 할 때마다 잔을 들고 이렇게 기도해보라.

"주님, 예수의 보혈의 능력을 믿습니다. 그 피로 나를 씻기시고, 그 피로 나를 치유하시며, 그 피로 나를 지키시고, 그 피로 내게 힘을 주옵소서. 예수님의 이름으로 기도합니다. 아멘."

하나님은 예수 그리스도의 보혈을 사랑하고, 그 십자가 은혜를 사모하는 자들을 축복하신다.

17
하나 됨을
위해
헌신하라

크리스천에게 좋은 교회는 이 세상 무엇보다도 중요하다. 직장이 조금 힘들고, 가정이 힘들어도 교회에 와서 은혜를 받고 새 힘을 얻으면 견뎌낼 수 있다. 그러나 반대로 아무리 직장에서 잘나가고 가정이 행복해도 교회에만 오면 맥이 빠지고 답답하고 화가 나면 참으로 마음이 어렵다. 그래서 좋은 교회는 중요하다.

좋은 교회는 하나님께서 목회자와 성도들의 성경적 팀워크를 통해서 만들어가시는 것이다. 좋은 목사도 다 교인에서 시작한다. 좋은 교인이 좋은 목사도 될 수 있다. 그래서 성경이 말하는 좋은 교인이 되어 서로를 사랑하며 하나 되기 위해 헌신하는 것은 매우 중요하다.

세상에서 가장 안타까운 일이 주님의 몸 된 교회가 분열되고 서로 싸우는 상황이다. 마귀는 교회를 분열시키고 시험 들게 하기 위해서 불철

주야 뛰고 있고, 분열된 교회는 영적으로 병이 들어 무기력해진다. 이런 안타까운 처지에 놓인 교회들이 의외로 많다. 이렇게 되면 가장 손해를 보는 것은 교인 자신들이다.

그가 어떤 사람은 사도로, 어떤 사람은 선지자로,

어떤 사람은 복음 전하는 자로,

어떤 사람은 목사와 교사로 삼으셨으니

이는 성도를 온전하게 하여 봉사의 일을 하게 하며

그리스도의 몸을 세우려 하심이라

우리가 다 하나님의 아들을 믿는 것과 아는 일에 하나가 되어

온전한 사람을 이루어 그리스도의 장성한 분량이 충만한 데까지 이르리니

이는 우리가 이제부터 어린아이가 되지 아니하여

사람의 속임수와 간사한 유혹에 빠져

온갖 교훈의 풍조에 밀려 요동하지 않게 하려 함이라

오직 사랑 안에서 참된 것을 하여 범사에 그에게까지 자랄지라

그는 머리니 곧 그리스도라

그에게서 온몸이 각 마디를 통하여 도움을 받음으로 연결되고 결합되어

각 지체의 분량대로 역사하여 그 몸을 자라게 하며

사랑 안에서 스스로 세우느니라

엡 4:11-16

서로 사랑하라

주님의 몸 된 교회의 지체 된 성도들은 항상 교회의 연합을 위해 기도하고 노력해야 한다. 우리는 서로를 사랑해야 한다. 성도들끼리 서로 사랑해야 하고, 성도와 목회자가 서로 사랑해야 한다.

너희가 서로 사랑하면 이로써 모든 사람이 너희가 내 제자인 줄 알리라 요 13:35

사랑이야말로 우리가 받은 모든 말씀훈련, 기도훈련, 영성훈련이 진짜인지를 검증하는 주님의 리트머스 시험지다. 우리가 아무리 말씀훈련을 잘 받고, 사역을 많이 해도 서로 사랑하지 못하면 결코 교회에 덕을 세우지 못한다. 사랑 없이 훈련만 받으면 교인들이 공격적이 되고, 교만해지며, 자꾸 서로 의심하고, 서로 판단하려 하게 된다. 사랑이 없으면 교회가 세운 영적 권위에 자꾸 도전하고 흔들려 한다. 이는 훈련을 잘못 받은 것이다. '하나님은 사랑'이시라고 했다. '믿음, 소망, 사랑, 그중에 제일은 사랑'이라고 했다(고전 13:13).

우리는 교회의 머리이신 그리스도 안에서 함께 연결되고 결합되어 있다.

그에게서 온몸이 각 마디를 통하여 도움을 받음으로 연결되고 결합되어 각 지체의 분량대로 역사하여 그 몸을 자라게 하며 사랑 안에서 스스로 세우느니라 엡 4:16

우리를 서로에게 연결해주는 접착제는 예수님의 보혈이다. 성령님이시다. 때로는 부딪치고 감정적으로 어려워도 신비하게도 조금 있다 보면 다시 달라붙는다. 주님이 그렇게 하신다. 우리는 예수님을 중심으로 서로 하나 되는 것이다. 오직 주님이 주시는 힘으로 우리는 서로 사랑할 수 있다.

교회에서 하는 성만찬은 수직적 의미와 수평적 의미가 있다. 나를 용서하신 예수님의 보혈을 기억하면서, 그 보혈로 우리가 하나 되었음을 다시금 상기시키는 것이다. 보혈의 은혜로 우리는 서로의 단점이 보여도 덮어주고 기다려줘야 한다. 서로 오해가 있고 다툼이 있어도 그리스도의 보혈 안에서 다시 화해하고 새롭게 시작할 수 있다.

거룩한 대화를 하라

교회가 서로 사랑하고 하나 되기 위해서 우리는 거룩한 커뮤니케이션을 생활화해야 한다. 커뮤니케이션은 말하는 것과 듣는 것, 두 가지로 정의할 수 있다. 대개 사람들은 '커뮤니케이션'이라고 하면 말하는 쪽을 생각하지만, 의외로 사람들이 "대화가 안 된다"라고 할 때는 주로 "내 말을 제대로 들어주지 않았다" 혹은 "듣긴 들었는데 제대로 이해하진 못했다"라는 뜻이다. 말하는 기술과 경청의 기술 둘 다 잘 배워야 한다.

오래전 어떤 40대 중반의 재미 교포 아버지와 어릴 때부터 미국에서 자란 10대 딸이 이런 대화를 나눴다.

"애야, 왜 이렇게 힘이 없어 보이니? 무슨 고민 있으면 아빠한테 말해보렴."

"아뇨, 별거 아니에요. 아버지는 별일 아닌 것 가지고 그런다고 화내실 거예요."

"화를 내다니? 천만에. 사랑하는 내 딸을 힘들게 하는 문젠데, 아무리 하찮은 것이라도 아빠는 정말 심각하게 들을 거다. 자, 맘 놓고 얘기해봐."

"진짜 솔직히 말해도 돼요?"

"그럼, 그럼. 내가 누구냐? 이해심 많기로 소문난 아빠 아니냐? 안심하고 뭐가 문젠지 한번 말해봐라."

"사실은 요즘 공부가 너무 하기 싫어졌어요. 그래서 학교 가기가 싫어요."

"뭐, 공부가 싫어? 학교가 싫어? 아니, 이 녀석이 배부른 소리를 하고 있네. 아빠가 너만 했을 때는 어떻게 공부했는지 아니? 간신히 등록금만 겨우 낼 형편이라 책상도 없고, 참고서도 없이, 보리밥 긁어 먹으면서 정말 어렵게 공부했다, 이 녀석아.

그런데 넌 부모가 이 좋은 나라 미국에 데려와서, 죽어라 일해서 좋은 사립학교에 비싼 등록금 내고 보내줘, 네 공부방에 좋은 책상, 컴퓨터, 필요한 책들 다 사서 넣어줘, 맛있는 식사와 간식 계속 넣어줘…. 그런데 뭐, 공부가 싫어? 이 녀석아, 체첸공화국이나 소말리아에서 태어난 애들을 생각해봐라. 밥도 못 먹고, 공부하고 싶어도 못 하는 애들 천지인데 뭐가 어쩌고 어째? 교육은 네 인생의 디딤돌이 되는 거야. 공부하면 너 좋지 나 좋냐? 부모 위해서 공부하는 거냐? 넌 능력이 있는데 너무 게을러서 그런 거야. 마음을 굳게 다져먹고 하면 되는 거야. 정신을 바싹 차리란 말이다.

자, 그러지 말고 이제 진짜 네 문제가 뭔지 말해봐라."

이 희한한 대화는, 대화가 서로 다른 가치관의 충돌임을 보여준다. 이 대화는 서로 다른 여러 개의 가치관이 부딪치는 현장을 고스란히 보여준다.

첫째로 사십 대 아빠와 십 대 딸 사이에 있는 30년의 세대차다. 딸은 사춘기이고 아빠는 사추기(思秋期)이다.

둘째는 한국적 사고방식의 아빠와 어릴 때 미국으로 이민 가서 미국적 사고방식을 가지고 있는 1.5세 딸 사이에 벌어지는 한국 문화와 미국 문화의 충돌이다(나도 미국에서 청소년 시절을 보낸 1.5세인데, 한국에 다시 돌아와서 "괜찮아요"란 말의 의미를 제대로 깨닫는 데 한참 걸렸다. 예를 들어 아픈 교인을 심방하겠다고 했더니 "괜찮아요, 목사님"이라고 해서 안 가도 되는 줄 알고 안 갔다가 나중에 원망을 들었다).

셋째는 아버지는 경제적으로 못살던 시대에 어린 시절을 보냈는데, 딸은 잘사는 시대, 그것도 잘사는 나라 미국에서 어린 시절을 보냈다. 경제적 개념이 다르다. 헝그리하지 않은 세대에게 헝그리 정신을 기대할 수는 없다.

넷째는 성격 차이다. 아빠는 주도적이고 적극적인 성격인데, 딸은 수줍고 신중한 성격이다. 아빠는 본론부터 확 말해버려야 하는데, 딸은 준비부터 조리 과정을 거쳐서 요리를 하듯 점점 본론으로 서서히 접근해 간다.

다섯째는 아빠는 남자고 딸은 여자다. 아빠는 목적 지향적인데 딸은 관계 중심적이다.

그러니까 지금 아빠와 딸 두 사람이 대화하고 있는 것 같지만, 실은 열 개 이상의 다른 세계가 충돌하고 있는 것이다.

여기에 하나 더한다면, 아빠는 하루 종일 일하고 와서 피곤하고, 딸은 학교에서 하루 종일 공부하면서 백인 아이들한테 인종차별 놀림까지 당하고 와서 지쳐 있다. 두 사람 다 육체적, 감정적으로 상태가 안 좋은 상황에서 대화를 하니 날카롭게 충돌할 수밖에 없는 상황이다. 서로 상태가 안 좋을 때 중요한 대화를 하면 안 되는데, 그게 맘대로 안 되니 안타깝다.

모든 사람은 동일하지 않으며 각각 다른 성격 유형과 다른 사랑의 언어가 있다. 같은 것을 말해도 나한테는 상처가 되는 것이 저쪽에게는 별 상처가 안 될 수도 있고, 또 그 반대일 수도 있다(명절 때 청년들이 집에 가서 친인척들한테 가장 듣기 싫은 말이 "너 결혼은 언제 할래?"라는 말이라고 한다. 아니면 "너 아직도 직장 못 구했니?" 하는 말이다. 어른들한텐 아무 생각 없이 툭툭 뱉는 그 말이 요즘 같은 세대의 청년들에겐 아주 불쾌하고 예민한 말로 다가온다). 대패질도 나뭇결에 따라 밀어서 해야 하듯이 나의 성격 유형과 상대의 성격 유형을 아는 것, 나의 사랑의 언어를 알고 상대의 사랑의 언어를 아는 것은 커뮤니케이션의 돌파구를 여는 중요한 열쇠가 될 수 있다.

그리고 그 모든 것을 안다 해도 최근 상대가 가정과 직장, 교회에서 어떤 일을 겪고 어떤 마음 상태인지를 다 파악하기 힘들다. 그런데 그런 상황들이 상대의 생각과 감정을 결정하고, 그것이 상대가 왜 저런 말을 하고 또 왜 내 말에 그렇게 반응하는지를 결정한다. 그러니까 모든 것을 아시는 성령님께 항상 기도하며 대화의 지혜를 구할 수밖에 없다. 내가 상대를 다 안다고 생각하는 교만, 내 할 말만 다 해버리면 끝이라고 생각하는 것은 가장 무서운 커뮤니케이션 킬러다.

분별력 있는 경청

하나님이 우리와 대화하실 때도, 말씀하시기보다 듣기를 훨씬 더 많이 하시지 않는가? 예수님이 이 땅에 오셨을 때도 30년간 침묵하시다가, 마지막 3년에 거의 99퍼센트를 말씀하셨다. 30년 동안 우리의 상황을 깊이 살피시고, 삶으로 우리의 이야기를 들어주신 것이다. 비율로 치면 듣기와 말하기를 9대 1 정도로 하신 것이다.

그런데 우린 거꾸로다. 듣는 게 1이라면, 말하기를 9는 하려고 한다. 서로 자기 얘기만 크게, 자주 하려고 안달이다. 커뮤니케이션 돌파구의 첫 번째 열쇠는 들어주는 것이다. 부부 간에도, 부모 자녀 간에도 우리는 경청하는 인내와 기술이 필요하다. 경청할 때는 기도하며 영적 분별력을 가지고 경청해야 상대방의 말의 진의를 제대로 파악할 수 있다.

무작정 남의 말을 잘 들어준다고 경청의 기술이 있는 것이 아니다. 분별력 있는 경청을 해야 한다. 많은 사람들이 무책임한 말을 많이 퍼뜨리기 때문에, 어떤 말을 들었느냐도 중요하지만 누가 그런 말을 했느냐가 중요하다. 정말 신뢰할 만한 인격의 사람, 기도하는 사람이 그런 말을 했느냐가 중요하다. 그리고 그렇다 할지라도 당신이 직접 목격하거나, 경험하거나, 상대의 잘못으로 인해 피해를 입은 것이 아니면 될 수 있는 대로 사실을 철저히 확인하는 게 좋다.

그리고 상대의 입장에서 상대방이 왜 그런 말을 했는지를 한번 생각해 보라. 혹 상대가 굉장히 피곤하고 힘든 상황이었다면 그의 그런 신경질적인 말은 진심이 아닐 수도 있다.

오래전 내가 대학생일 때, 대학부 전체가 황금 같은 토요일 하루를 헌납하여 교회 대청소를 하게 되었다. 하루 종일 모두가 땀을 뻘뻘 흘리며 함께 청소하고 있는데, 형제 하나가 중간에 혼자 아무 말 없이 사라져버렸다. 마침 그때가 중간고사 기간이라 모두들 "혼자 공부하러 갔다"고 정말 이기적이라고 그 형제를 앞다투어 비난했다. 그런데 나중에 알고 보니, 가족이 급히 병원에 실려갔다는 연락을 받고 너무 놀라서 그냥 달려가버린 것이었다. 우리 모두가 얼마나 미안했는지 모른다.

우리가 어렸을 때는 부모님에게 불만이 참 많았는데, 커서 부모가 되고 난 다음에는 부모의 마음을 많이 이해하게 된다. 나는 우리 교회 목회자들에게 성도들 집이나 직장으로 심방 가면 설교는 10퍼센트만 하고 90퍼센트는 들어주라고 말한다. 성도들의 삶의 애환을 들어주는 것이 성도를 이해하고 설교하며 목양할 수 있게 해주기 때문이다. 청중의 상황을 이해하지 못하고 하는 설교는 일방통행식 커뮤니케이션이 되기 쉽다. 따라서 목사는, 특히 심방을 가서는 할 수 있는 대로 성도들의 이야기를 경청해야 한다.

꼭 필요한 말을 제때 정확히

지혜로운 경청을 충분히 몸에 익힌 다음에는 은혜롭게 말하는 법을 배워야 한다. 말하는 것도 양극단이 있는데, 너무 말이 많은 것도 문제고 너무 말이 없는 것도 문제다.

말을 너무 많이 하는 것은 좋지 않다. 말이란 한번 내뱉으면 주워 담을 수 없다. 특히 교역자나 제직들처럼 교회에서 영향력 있는 위치에 있는 사람일수록 말을 신중하게 해야 한다. 항상 정확하게 사실을 확인하고, 감정을 가라앉히고, 기도한 후에 말하라. 요새는 SNS 때문에 화날 때나 기쁠 때 그 즉시 메시지를 보내서 나중에 서로 후회하는 경우가 많다. 자기 말에 힘을 싣기 위해 사실을 과장하고, 다른 힘 있는 사람들의 이름을 빌리고, 사람들이 몰라도 되는 정보를 시시콜콜하게 너무 많이 흘러선 안 된다.

반면에 대화를 너무 안 하는 것도 교회 공동체를 경직시켜버릴 수 있다. 물론 타고난 성격이 내성적이거나 수줍음을 많이 타서 혹은 워낙 과묵한 성격이라서 그럴 수도 있다. 아니면 상대가 화낼까 봐, 그래서 관계가 깨질까 봐 두려워서 그러기도 한다. 부끄럽고 미안해서 대화를 하지 않을 수도 있고, 바쁘고 귀찮아서 안 할 수도 있다. 그러나 교역자나 교회 중직자로서, 자기 혼자 일할 때는 몰라도 서로 팀워크를 맞춰갈 때는 꼭 필요한 커뮤니케이션은 제때 정확히 해주어야 서로 오해가 생기지 않는다.

오직 사랑 안에서 참된 것을 하여 범사에 그에게까지 자랄지라 그는 머리니 곧 그리
스도라 엡 4:15

'사랑 안에서 참된 것을 하라'는 말은 영어성경에는 'speaking the truth in love', 즉 '사랑으로 진리를 말하라'고 되어 있다. 하나님은 하나님의 자녀들에게 입술의 권세를 주셨다. 성경은 "너희 말이 내 귀에 들린 대로 내가 너희에게 행하리니"(민 14:28)라고 하셨다. 그래서 성도는 항상 믿음의 말, 긍정적인 말, 사랑의 말을 해야 한다. 하나님이 우리의 말을 통해 역사하시기 때문이다.

특별히 서로 참된 말, 진리를 말해야 한다. 하나님은 진리의 영이시기 때문에 우리가 진리를 말하면 성령이 역사하신다. 그러나 우리가 거짓을 말하면 마귀가 역사한다. 특히 교회에 관련된 말을 할 때는 확인되지 않은 거짓된 말을 결코 입에 올려선 안 된다. 거짓된 언어를 통해 마귀가 교회를 분열시키고 깨뜨리기 때문이다.

또한 교회를 시험 들게 하는 거짓된 말은 듣지도 말아야 한다. 그런 말은 같이 들어주는 사람들 때문에 더 확산되는 것이다. 그런 말은 들으면 바로 중단시켜야 한다.

"형제님, 그런 말은 이제 그만하세요. 그것은 형제님을 위해서나 교회를 위해서나 덕이 안 되는 말이고, 하나님이 기뻐하실 말도 아닙니다."

나는 우리 교회 성도들에게 다른 교회나 목사님 비판도 일절 하지 못하게 한다. 특히 전에 있던 교회나 그곳 목사님의 비판을 절대 하지 못하게 한다. "다른 교회는 문제가 많지만 우리 교회는 다르다"라는 생각으로 다른 교회나 목회자를 비판하는 것을 방치하면 안 된다. 지상에 있는 모든 교회는 다 한 몸이기 때문에, 우리는 아픔을 같이 느껴야 한다. 문제가 있는 교회나 지도자를 위해서는 비판할 열심으로 열심히 기도해야 한다.

비밀을 지킬 것

일반 사회의 조직에서도 위로 올라갈수록 더 많은 비밀을 알게 되고, 그 비밀을 잘 관리할 수 있는 능력이 리더십의 중요한 역량 중의 하나로 간주된다. 주님의 몸 된 교회 안에서도 그렇다. 우리가 진실을 말해야 한다고 해서 모든 진실을 다 서로 공유해야 하는 것은 아니다. 이미 얘기했듯이 진실을 말해도 사랑으로 해야 하고 지혜롭게 해야 한다.

사랑과 지혜로 진실을 다루는 방법 중 하나가, 교회의 덕을 세우기 위해 혹은 말하는 자와 듣는 자의 영적 성숙을 고려하여 비밀을 지킬 줄 아는 것이다. 영적 리더는 비밀을 잘 다룰 수 있는 분별력이 있어야 한다. 이는 죄를 은폐하고 숨기라는 것이 아니다. 영적으로 성숙하지 못한 사람들이 오해하기 쉬운 것들이 많기 때문에, 지혜롭게 비밀을 다뤄야 한다는 뜻이다. 교회에서 나눠지는 여러 공지사항 중에는 성도 전체에게 광고할 수 있는 것이 있고, 소그룹 리더들에게만 전할 수 있는 것이 있으며, 제직회에서만 나눌 수 있는 것들이 있고, 당회나 교역자 회의에서만 나눌 수 있는 것들이 있다.

성경은 남의 비밀을 잘 다루지 못하고 함부로 말하는 사람들을 경계하고 그들과 거리를 두라고 말한다.

두루 다니며 한담하는 자는 남의 비밀을 누설하나 마음이 신실한 자는 그런 것을 숨기느니라 잠 11:13

두루 다니며 한담하는 자는 남의 비밀을 누설하나니 입술을 벌린 자를 사귀지 말지니라 잠 20:19

성경은 사람에게 비밀이 있음을 인정하고 그 비밀을 지켜주라고 권면한다.

광염교회 조현삼 목사는 교회에서 서로의 비밀을 지켜줘야 하는 이유로 사람의 비밀은 사람의 허물과 관계가 있기 때문이라고 했는데, 옳은 지적이라고 생각한다. 모든 사람은 각각 자기만의 상처가 있고 약점이 있고 허물이 있다. 이것을 자기 스스로 드러내지 않는 한, 우리는 알면서도 서로 덮어주어야 한다. 내가 생각할 때는 "그것쯤이야" 하는 것도 본인에게는 너무나 예민한 비밀일 수도 있다. 예를 들자면, 고아로 자란 것이나 고등학교를 중퇴한 것, 성형수술을 한 것, 이혼한 것, 국가고시에서 거듭 떨어진 것 등을 들 수 있겠다.

노아가 술 취하여 벌거벗고 자고 있는 것을 본 아들 함은 나가서 두 형제에게 그대로 이야기했다. 그러나 다른 두 아들 야벳과 셈은 옷을 들고 뒷걸음쳐 들어가서 아버지를 덮어주었다(그들은 결코 아버지의 벗은 몸을 보지 않았다). 나중에 깨어난 노아는 함을 저주하고, 다른 두 형제를 축복했다. 부모와 형제자매의 허물은 알면서도 덮어주어야 할 비밀이 있는 것이다.

요즘 보면 모든 것이 투명하게 공개되어야 한다는 미명 아래, 서로에 관한 모든 것을 낱낱이 밝히고 알려야 한다는 생각들을 한다. 그러나 투명한 것과 무례한 것은 분명히 다르다.

교회가 정직하지 않아야 한다는 것이 아니다. 아무리 사실이라 해도 그것이 상대의 아픔과 허물을 건드리는 것이라면 정말 지혜롭고 신중하게 다루어야 한다는 뜻이다.

베드로는 "사랑은 허다한 죄를 덮는다"라고 했다. '은혜'라는 말의 원어적 의미도 '덮어준다'는 뜻이라고 한다. 예수님의 보혈로 우리의 죄를 덮어주시는 것이 은혜다. 교회는 그 은혜의 정신으로 서로의 허물을 덮어주는 배려가 있어야 한다.

교회에 덕을 세우라

같은 내용의 말도 어떤 단어를 선택해서, 어떤 상황에서, 어떤 방식으로, 누구와 말하는가에 따라서 완전히 다른 결과를 낳는다. 우리는 기도함으로 하나님의 지혜를 구하고 나서 말해야 한다. 그 말을 지금 해야 할지 말아야 할지 구별해야 하고, 어떻게 말해야 할지 생각해야 하고, 소그룹에서 할 말과 전체 앞에서 할 말을 구별해야 한다. 지혜롭게 말하기 위해서는 기도해야 하고, 생각하고 준비해야 한다.

생각하고 준비하는 말의 대표적인 예가 회의다. 크고 작은 회의에서는 참으로 많은 말들이 오고 간다. 그래서 회의를 위한 준비를 철저히 해야 한다. 준비되지 않은 채로 회의를 하면 시간낭비, 감정낭비가 되어 모두 마음만 씁쓸하게 된 채 헤어지게 된다. 정말 잘 준비하고 기도하면서 회의를 해야 교회에 덕을 세울 수 있다.

특히, 사랑을 가지고 대화하는 것이 중요하다. 어떤 사람은 옳은 말을 하는데 사랑이 없이 냉정하게 말해서 상대에게 상처를 준다. 그러면 안 된다. 진리를 말하되 깊은 사랑을 가지고 부드럽게 지혜로운 말을 해야 한다. 교인들은 그런 거룩한 언어생활을 통해 주님의 몸 된 교회를 세워간다.

어떤 사람은 자신은 예수님을 믿지만 교회는 나가지 않는다고 한다. 교회마다 문제가 너무 많아서 가기 싫다는 것이다. 예수 믿는다고 꼭 교회에 속할 필요는 없지 않느냐고 한다. 그러나 절대 그렇지 않다. 신약성경에 바울이 쓴 목회서신들은 모두 고린도교회, 빌립보교회, 에베소교회 같은 지역 교회에 보낸 것들이었다. 요한계시록에 예수님이 언급하신 일곱 교회도 빌라델비아교회, 서머나교회같이 모두 정확한 지역 교회들이었다. 제각각 불완전한 교회들이었지만 완전하신 주님이 머리가 되셨기에 아름답게 쓰임을 받았다.

하나님은 반드시 구원받은 하나님의 자녀들이 지역 교회의 일원이 되기를 원하셨다. 그래야 영적으로 성장하고, 마귀의 공격으로부터 자신을 지킬 수 있으며, 지치지 않고 믿음의 경주를 완주하며, 하나님의 지상 명령을 감당할 수 있기 때문이다.

자신이 속한 교회를 사랑하고, 기도로 지켜나가라. 그러면 당신의 인생 전체가 복을 받고 행복해질 것이다.

18
기쁘게 달려오고 싶은 교회

몇 년 전, 가을야구 플레이오프 진출 결정전 LG와 넥센 경기에 어느 성도 분이 티켓을 주셔서 우리 교역자들이 함께 잠실구장에 간 적이 있다. 경기 시작 전부터 경기장 안은 발 들여놓을 틈도 없이 가득 찬 팬들의 응원 열기로 가득했다. 특히 오랜만에 가을야구를 하는 LG 팬들은 너무 좋아서 가보처럼 모셔놓았던 LG 유광 점퍼를 챙겨 입고 친구끼리, 가족끼리 나왔다. 모두 주차장에서부터 얼굴에 기쁨이 가득해서 신나게 자기 자리로 달려가고 있었다. 야구장에 가본 사람들은 알겠지만 좌석이 비좁고 불편하다. 그러나 그 좁은 데서 다들 치킨 먹고 피자 먹으면서 옆 사람에게도 권하기도 하고 서로 정보도 나누면서 한 명도 불편한 내색을 하지 않고 싱글벙글이다.

일단 경기가 시작되자 열기는 한층 더 뜨거워졌다. 중반부에서부터 경기가 역전에 역전을 거듭하니까 모두가 다 일어섰다. 한 사람도 앉아 있는 사람이 없었다. 그렇게 1시간 넘게 서서 박수 치고 노래하고 응원하는데, 한 사람도 "너무 오래 서 있어서 피곤하다, 힘들다" 하는 사람이 없었다. 안타 하나 터질 때마다, 또는 삼진 한 번 잡을 때마다 환호성을 지르며 서로 하이파이브를 했다. 초반에 대량 실점을 하면서 패색이 짙었던 LG는 극적인 역전승으로 경기를 마무리하며 플레이오프 진출을 확정지었다. 그 순간 수많은 LG 팬들이 펄쩍펄쩍 뛰었다. 춤추는 사람, 껴안는 사람, 우는 사람도 있었다.

경기가 끝났는데도 경기장을 떠날 생각을 않고 승리를 자축하며 LG 응원가를 부르는 팬들을 뒤로하고 경기장을 나오면서, 나는 생각했다.

'아, 교회도 이래야 되는데….'

사람들이 교회 가자고 하면 기뻐하고 흥분하고 신나 하고, 무엇보다 그냥 오는 게 아니라 달려오고 싶어야 하지 않을까. 예배드리고 사역하면서 시간 가는 줄 모르게 몰입하고 서로를 격려하며 기뻐하고 찬양하는 곳, 바로 그런 곳이 교회여야 하지 않을까?

정말 기쁘게 달려가고 싶은 교회, 그런 성도의 마음이 시편 122편에 담겨 있다.

사람이 내게 말하기를
여호와의 집에 올라가자 할 때에 내가 기뻐하였도다
예루살렘아 우리 발이 네 성문 안에 섰도다

예루살렘아 너는 잘 짜여진 성읍과 같이 건설되었도다

지파들 곧 여호와의 지파들이 여호와의 이름에 감사하려고

이스라엘의 전례대로 그리로 올라가는도다

거기에 심판의 보좌를 두셨으니 곧 다윗의 집의 보좌로다

예루살렘을 위하여 평안을 구하라

예루살렘을 사랑하는 자는 형통하리로다

네 성 안에는 평안이 있고 네 궁중에는 형통함이 있을지어다

내가 내 형제와 친구를 위하여 이제 말하리니

네 가운데에 평안이 있을지어다

여호와 우리 하나님의 집을 위하여 내가 너를 위하여 복을 구하리로다

시 122:1-9

이 시는 다윗이 쓴 찬양 시인데, 1절에 나오는 "여호와의 집"은 다윗이
언약궤를 안치한 장막을 의미한다. 광야 시대에는 장막이었고 솔로몬
시대 이후로는 예루살렘에 있는 성전이었다. 어느 조그만 섬 마을 학생
들이 교육부 주관으로 서울 방문 초청을 받았을 때, 아이들은 환호성을
지르며 기뻐하고 감격했다. 서울 방문이 처음이었기 때문이다. 지금 바
로 그와 흡사한 상황이다. 하나님의 성 예루살렘으로 가서 예배하는 것
은 다윗에게 최고의 감격이자 기쁨이었다.

1945년 한국이 해방되었을 때, 오랜 세월 해외에서 망명생활을 하던
독립투사들이 돌아왔다. 당시 기록을 보면 그들은 배에서 혹은 비행기

에서 내려 해방된 조국 땅을 밟자마자 감격에 겨워 "조국아, 내가 돌아왔노라" 하면서 땅에 입 맞추곤 했다고 한다. 바로 그것처럼 하나님의 전이 있는 도시 예루살렘 성문 앞에 도착하면서부터 다윗의 마음은 기쁨과 감격으로 들떠 있었다.

예루살렘아 우리 발이 네 성문 안에 섰도다 시 122:2

이 예루살렘은 신약 시대에는 그리스도의 핏값으로 사신 교회를 상징하며, 또 장차 우리가 들어갈 영원한 천국 도성을 상징한다. 우리가 교회에 들어갈 때 억누를 수 없는 벅찬 기쁨이 이런 것이어야 하지 않을까. 정말 살아 있는 교회는 성도들이 교회로 들어서면서 벅찬 기쁨이 터지는 곳이다. 출장 갔다가 아니면 휴가 갔다가 돌아와서 가장 먼저 달려오고 싶은 교회, 군대가 있어도 외국에 나가 있어도 늘 생각나고 가슴 벅찬 교회, 우리 교회가 성도들에게 그런 교회이기를 항상 기도한다.

말씀이 살아 있는 교회

식당은 뭐니 뭐니 해도 음식이 맛있어야 사람들이 몰린다. 교회는 뭐니 뭐니 해도 살아 있는 말씀이 넘쳐흘러야 성도들이 몰린다. 사는 게 힘들수록, 우린 하나님의 말씀을 집중해서 많이 들어야 한다.

나는 하나님의 말씀을 성도들에게 매주 전달하는 설교자로서 막중한 책임감을 느끼고 있다. 내가 영적으로 깨어 있어서 마르지 않는 샘처럼 끊임없이 하나님의 말씀을 성도들의 영혼 속으로 흘려보낼 때 하나님의 역사가 일어남을 알고 있다. 우리 안에 말씀이 들어가야 믿음이 생기고, 말씀이 들어가야 믿음이 굳세지며, 말씀이 들어가야 믿음이 성장한다.

나는 매 주일 설교와 특별집회 설교를 준비할 때마다 혼신의 힘을 다한다. 어떨 때는 탈진할 정도로 힘들지만, 은혜 받고 변하는 성도들을 보면 피곤이 싹 달아난다. 너무나 행복하다. 맛있는 음식 요리하는 게 힘들지만 그것을 사랑하는 가족들이 맛있게 먹는 것을 보면 요리한 엄마의 마음이 말할 수 없이 행복하듯이, 힘들게 준비한 말씀을 은혜를 사모하여 달려오는 성도들이 갈급함으로 받고 좋아하는 모습을 보면 목회자로서 참으로 행복하다.

내가 대학생 시절, 성경 말씀 한 군데 읽어 놓고 설교 내내 전혀 딴 이야기 하는 목사님 설교를 듣고 시험 든 적이 있다. 그래서 목사가 되기로 결심하고 나서 나는 철저하게 성경 중심의 설교를 하기로 마음먹었다. 주일 강단이나 새벽 강단에서 성경 본문에 충실한 설교를 한다. 그러면 성도들이 소그룹 예배에서 그 말씀을 다시 나누면서 가슴에 새기고 적용한다. 또 우리 교회 핵심 양육 프로그램인 일대일 기독교 교리 과정인 기독교 에센스(CES)는 성경을 제대로 해석하는 신학적 틀을 훈련받는 것이다. 우리 교회에서 뜨거운 사랑을 받고 있는 '커피 브레이크' 같은 다양한 성경 공부 프로그램들도 있는데, 성경 지식을 축적하는 것이 목적이 아니다.

하나님의 말씀을 통해 우리 각자의 영혼이 변해야 한다. 하나님의 말씀은 예리한 검과 같아서 우리 안에 남아 있는 세상의 잔재들을 사정없이 드러내고 파괴한다. 우리 안에 마귀의 교두보가 될 수 있는 요소들이 없어지는 것이다. 그래서 말씀은 처음에는 아프지만 결국은 영혼을 치료하고 회복시킨다. 하나님의 말씀이 흘러들어 와서 우리 안의 죄와 어둠을 씻어낸다.

말씀이 우리를 살린다. 하나님의 말씀을 통해 하나님의 생기가 사람들에게 들어간다. 말씀을 들으면 소망이 생기고, 기쁨이 생기며, 사랑이 생긴다. 말씀을 들으면 자살하고 싶은 생각이 떠나고, 거룩한 비전이 생긴다. 인생 가치관이 달라져 돈 쓰는 게 달라지고, 사람 대하는 게 달라진다. 말씀이 떨어지는 곳에 죽은 심령이 살아나는 역사가 일어나는 것이다. 말씀이 살아 역사하는 교회야말로 사람들이 기뻐서 달려오는 교회이다.

그런데 공을 아무리 잘 던져도 잘 받아주지 않으면 소용이 없다. 아무리 좋은 말씀이 교회를 통해 흘러가도 성도가 선하고 열린 마음으로 말씀을 받아주지 않으면 의미가 없다. 항상 하나님의 말씀을 사랑하라. 하나님의 말씀을 읽고 듣고 묵상하는 시간을 최대한 많이 가지라. "나는 이미 옛날에 충분히 말씀을 많이 읽었다"라고 하지 말라. 어제의 은혜로 오늘을 살 수 없다.

음식은 항상 신선할 때 가장 맛있다. 막 오븐에서 구워낸 빵이나 쿠키를 갓 로스팅한 신선한 커피와 함께 먹을 때의 맛은 정말 말로 표현할 수 없다. 펄펄 살아 뛰는 생선을 바로 회를 떠서 먹을 때의 그 싱그러운 맛은 기가 막히다. 이처럼 하나님의 말씀도 날마다 신선한 공급을 받아야 한다. 같은 말씀이라도 오늘 내가 처한 상황에서 읽으면 완전히 새롭게 다가온다.

날마다 말씀 앞에 겸손히 앉으면 하나님이 우리를 치유하시고, 격려하시며, 번뜩이는 하늘의 지혜를 순간순간 공급해주신다. 들은 말씀을 항상 묵상해야 한다. 히브리어로 '묵상한다'는 '중얼중얼 말한다'라는 뜻이다. 말씀을 묵상할 뿐 아니라 우리는 계속해서 그 말씀을 자기 자신에게, 서로에게 선포해줘야 한다. 예를 들면 "내게 능력 주시는 자 안에서 내가 모든 것을 할 수 있느니라" 혹은 "내가 죽지 않고 살아서 하나님의 영광을 선포하리라"와 같은 말씀을 묵상하고 웅얼거리며 자기자신에게 선포하는 것이다. 사람의 말은 우리의 힘을 빼는 경우가 많지만, 하나님의 말씀은 없던 힘도 생기게 한다.

기도가 가득한 교회

말씀을 사랑하게 되면 기도하지 않을 수가 없게 되고, 기도하면 말씀에 대한 갈망이 생긴다. 말씀과 기도는 영성의 쌍두마차와 같고, 교회를 교회 되게 하는 힘이다. 말씀을 받쳐주는 힘은 기도이다. 기도는 모든 것을 축복하고, 모든 은혜를 운반해오며, 모든 장애물을 물리치며, 모든 악의 공격을 막아준다. 기도는 우리에게 영향을 끼치는 모든 것에 영향을 끼친다. 바로 여기에 기도의 엄청난 가능성이 있다. 세계적 투자의 귀재 워렌 버핏과 한 끼 식사할 수 있다면 수만 불을 지불하겠다는 사람이 많다고 한다. 그런데 만군의 여호와이신 하나님과 독대할 수 있는 특권이 바로 기도인데, 왜 우리는 기도의 자리를 사모하지 않는가?

우리 인생의 얼마나 많은 고통이 기도에 의해 축복으로 변하는지 모른다. 얼마나 많은 연약한 사람이 기도에 의해 강해졌는지 모른다. 의심과 걱정과 두려움은 살아 있는 기도 앞에서 썰물처럼 물러간다. 우리는 우리에게 밀려오는 모든 일, 우리와 연관된 모든 일, 우리에게 일어나기를 바라는 모든 것과 일어나지 않기를 바라는 모든 것에 대해 계속 기도해야 한다. 어떤 어려움 속에서도 기도의 줄을 놓지 않고 있는 사람은 약한 것 같은데 강하다. 모진 비바람이 불어도 쓰러지지 않고, 넘어졌다가도 오뚝이처럼 금방 다시 일어난다. 부흥하는 교회들의 심장에는 항상 뜨거운 기도가 있었다.

예루살렘을 위하여 평안을 구하라 예루살렘을 사랑하는 자는 형통하리로다 네 성 안에는 평안이 있고 네 궁중에는 형통함이 있을지어다 시 122:6,7

"예루살렘을 위하여 평안을 구하라"는 것은 예루살렘이 평안하도록 기도하라는 것이다. 교회는 기도하는 성도들로 인하여 평안해진다. 6절에서 "예루살렘을 사랑하는 자는 형통하리로다"의 '형통하다'라는 말은 '번성하다, 안전하다'는 뜻으로, 하나님이 주시는 성공과 안전을 의미한다. 교회를 위해 기도하고 교회를 사랑하며 축복하면 하나님이 우리 각자의 삶도 안전하고 풍성하게 복 주실 것이다. 다윗이 하나님의 전에 오는 것을 이토록 기뻐했던 것과 예루살렘의 평안을 위해서 항상 기도한 다윗을 하나님이 축복하고 지켜주셨다는 사실을 기억하라. 성도는 하나님의 교회가 평안하도록 늘 기도해야 한다.

특히 영어성경을 보면 7절에서 '성'은 '벽'(wall)으로, '궁중'은 '요새'(citadel)로 나온다. 예루살렘을 요새로 표현하는데, 이것은 호시탐탐 공격해올 기회를 노리며 예루살렘을 파괴하려는 적군이 있었다는 얘기다. 호시탐탐 교회를 파괴할 기회를 노리는 마귀가 있다. 그래서 항상 우리는 끊임없는 기도로 교회를 덮어야 한다. 교회 곳곳에 강력한 영적 방어막을 쳐야 한다.

내가 아는 한 목사님이 십여 년 전 서울의 어느 역사가 오래된 중대형 교회의 담임목사로 부임하셨다. 그때 그 교회는 전임 목사님이 떠나시는 과정에서 여러 가지 큰 시험과 위기에 빠져 있었다. 다행히 새로 부임하신 목사님이 목회를 잘 하셔서 교회는 몇 년 만에 다시 안정을 되찾았다. 그런데 새로 부임하신 목사님에게 한 권사님이 오셔서 이렇게 말씀하시더란다.

"목사님, 제가 그때 우리 교회가 왜 그렇게 큰 시험에 들었는지 그 이유를 생각해봤는데요, 그 당시 우리 교회에 있던 오래된 기도실을 허물고 카페를 만들었거든요. 젊은이들도 모일 수 있는 문화공간을 만들려고 그런 것인데, 아무래도 그때부터 교회에 기도 열기가 식어들고, 그러다가 시험 드는 사건들이 터지면서 교회가 힘들어진 것 같아요⋯."

그 이야기를 들은 목사님은 정신이 번쩍 들었다. 그리고 당장 당회를 소집해서 기도실을 재건했다고 한다. 교회를 지키는 것은 앞에서 말 많이 하는 사람들이 아니라, 뒤에서 기도하는 사람들이다. 특히 영적 지도자의 기도는 교회를 지키는 보이지 않는 큰 힘이다.

사무엘상 7장 13절에 보면 "사무엘이 살아 있는 동안에 하나님께서 이스라엘을 지키셔서 블레셋이 침범하지 못했다"고 했다. 블레셋이 감히 이스라엘을 치지 못한 예는 눈에 보이는 정치 지도자 사울 왕의 재위 기간이 아니라, 사무엘이 살아 있는 동안이었다. 영적 전쟁에서 마귀가 두려워하는 것은 겉으로 드러난 사울 같은 지도자가 아니라, 보이지 않는 기도의 골방을 지키는 사무엘 같은 하나님의 사람이다.

영권은 오로지 기도에서 나온다. 사울 왕이 이루었던 승리도 실은 사무엘의 기도의 보호막이 있었기 때문에 가능한 것이었다. 기도하는 지도자의 다스림을 받으며 그와 한 시대를 같이 산다는 것은 축복 중에 축복이다. 하나님은 기도하는 영적 지도자를 통해 하나님의 백성에게 승리와 부흥과 영광을 주신다. 나는 기도하는 목사님, 장로님, 권사님, 집사님들을 통해서 교회가 지켜진다고 믿는다.

교회의 지도자들은 특별히 이 점을 기억해야 한다. 당신이 안수받고 목사, 장로, 권사, 집사가 될 때는 이 교회와 성도들을 위한 평생 중보기도자가 되기로 헌신한 것이다. 당신이 그 사명을 끝까지 다할 것인지를 하나님이 지켜보고 계신다. 당신이 기도하지 않는 하루는 마귀가 양들을 마음 놓고 공격하는 빈틈이 된다. 그런 빈틈을 결코 허락해선 안 된다. 하나님의 백성을 위하여 매일 중보기도하라.

그리스도의 군대로 서라

교회는 그리스도의 군대다. 군대는 계속적인 훈련으로 전투력을 다듬어간다. 영적 전쟁을 치르고 있는 교회는 기도를 계속해야 영적 전투력이 향상될 것이다. 기도는 오직 직접 기도하면서 익히는 것이다. 가능한 많이 기도해야 한다. 우리는 항상 기도에 목말라하며, 조금의 여유 시간이라도 나면 기도하기를 즐거워하고, 다른 것을 희생해서라도 더 많이 기도하기를 즐거워해야 한다.

하나님은 우리에게 "쉬지 말고 기도하라"고 하신다. "나는 너희들을 통해 역사하고 싶다. 나의 영광을 흘려보내고 싶다. 그러니 내가 쉬지 않고 일할 수 있도록 너희들은 쉬지 말고 기도하라"고 말씀하고 계신 것이다. 바꾸어 말하면 "너희들의 기도가 멈추면 나도 멈출 것이다. 내가 계속 움직이게 하려면 너희들도 계속 기도해야 한다"는 뜻이다. 우리가 일하면 우리가 일하는 것이지만, 우리가 기도하면 하나님이 일하시는 것이다. 또한 하나님의 일하시는 능력은 우리보다 탁월하기 때문에, 현명한 사람은 일하는 시간보다 기도하는 시간을 더 늘릴 것이다.

나는 솔직히 담임목사의 자리가 너무 두렵다. 담임목사이기 때문에 매일 내려야 되는 교회의 크고 작은 결정들을 감당할 일이 두렵다. 두렵기 때문에 항상 기도의 자리로 달려간다. 새로운교회를 개척하여 목회해 오면서 크고 작은 어려운 일들이 너무 많았다. 쉬지 않고 기도하지 않고는 근심, 걱정, 두려움으로 견딜 수 없었다. 그래서 항상 "저를 불쌍히 여겨주십시오"라고 간절히 기도했다. 손 모아 기도하다가 잠들어버리는 경우가 많았고, 새벽에 눈을 뜨면서도 주님의 이름을 부르며 일어나곤 했다. 그러다 보면 태산같이 힘든 문제들이 하나씩 뒤로 지나가 있었다. 나는 앞으로도 항상 모든 문제를 기도로 해결하는 교회가 되도록 늘 주님 앞에 겸손히 서려 한다.

나라와 민족을 위해 기도하라

특별히 "예루살렘을 위하여 기도하라"는 말씀에서 나는 교회가 나라와 민족을 위해 비상하게 기도해야 한다고 믿는다. 사탄은 오랫동안 진을 치고 악한 영들을 집결시켜 이 나라를 어지럽게 하고 있다. 깨어지는 가정들이 너무 많고, 사회 문화가 너무 음란하고 폭력적이며, 돈만 밝히는 세속주의로 가득하다.

한국교회가 잠시 정체기에 접어들면서 영적 경계심을 늦춘 사이에, 그 기도의 공백을 뚫고 어둠의 세력들이 너무 깊숙하게 들어왔다. 이때 하나님의 승리를 가져오려면 우리가 깨어서 나라를 위해 기도해야 한다. 교회적으로 우리는 나라와 민족을 위해 지속적인 기도를 계속하기로 헌신하자. 나라가 없으면 개인도, 가정도, 교회의 안녕도 지켜질 수 없다. 교회는 이 민족의 아픔, 이 혼돈의 역사에 대해 책임을 통감하고 기도해야 한다.

"주여, 이 나라와 이 민족을 불쌍히 여겨주옵소서. 우리에게 성령을 부어주옵소서. 성령의 생기가 죽어버린 이 땅 곳곳에 흘러들어가 살리시고 치유하옵소서!"

우리가 다 이렇게 기도해야 한다.

기쁨이 가득한 교회

한국교회의 위기는 젊은이들이 교회를 떠나고 있다는 것이다. 한국 대학 캠퍼스의 복음화율은 3퍼센트가 채 안 된다(이건 미전도 종족 수준에 가깝다). 젊은이들에게 왜 교회를 떠나느냐고 물으면 가장 많은 대답은 "지루하다" 혹은 "재미가 없다"는 것이다. 또 "교회 가면 너무 심각하고 딱딱하다"는 것이다. 그러나 예수 믿는 것은 결코 지루한 일이 아니다. 가장 흥분되고 가장 즐거운 일이다. 예수님의 영이 충만한 교회는 가장 기쁘고 즐거운 곳이어야 한다. 반대로 교회가 영적으로 시험이 들면 가장 먼저 기쁨이 떠난다. 그 대신 분노와 슬픔과 다툼과 따분함과 침체가 그 자리를 메운다.

성령의 아홉 가지 열매 중 첫째가 사랑이고 둘째가 기쁨이다. 시편 122편 1절에서 다윗은 사람들이 "여호와의 집(교회)에 올라가자 할 때에 내가 기뻐하였도다"라고 했다. 그냥 기뻐하는 것이 아니라 좋아서 펄펄 뛰는 기쁨이다.

나는 우리 교회가 하나님의 기쁨이 충만한 곳인 줄 믿는다. 담임목사인 나부터 항상 기쁨 마음으로 목회하려고 한다. 우리 교회에서는 일 년에 두 번씩 조용한 자연 속으로 교역자 리트릿을 가는데 정말 기쁘고 즐거운 시간이다. 같이 해수욕도 하고, 박물관도 가고, 찜질방도 가고, 등산도 하고, 바닷가 카페에서 서로 웃고 떠들고 커피 마시며 속 이야기들을 나눈다. 우리 목회자팀이 기뻐서 신나게 설교하고 사역할 때 성도들도 기쁠 것이다. 나는 우리 교회 장로님들과 제직들과 순장들과 주일학교 교사들이 은혜 받고 영적 기쁨이 충만하기 바란다. 그러면 모든 성도에게 그 기쁨이 번져나갈 것이다.

나는 성가대도 늘 기쁨 충만하게 찬양하기를 바란다. 지금도 주일날 1부 예배부터 4부 예배까지 성가대가 찬양하는 모습을 보면 얼굴이 하늘의 기쁨으로 환하게 빛난다. 주차봉사하고 안내하고 선교할 때 억지로 하지 말고, 신나게 기쁨 충만해서 하길 바란다. 안 그래도 힘든 세상에서 지치고 상처받고 온 성도들이 교회에서 기쁨을 얻지 못한다면 어디서 얻을 것인가.

기쁨은 억지로 만들려고 해서 만들어지는 게 아니다. 하나님이 부어주시는 것이다. 우리는 이미 기도와 말씀의 중요성을 언급했다. 기도와 말씀으로 은혜를 공급받고 있는 교회에는 영적 기쁨이 샘물처럼 솟아난다. 기쁨이 가득하면 시키지 않아도 전도하게 된다. 교회에서 은혜를 흠뻑 받고 영적 기쁨이 충만한 성도들은 자신감을 가지고 전도한다. 단기선교를 가서 말과 문화가 다른 사람들을 만나도 스스럼없이 힘 있게 사역한다. 어렵고 힘든 사역을 맡겨도 짜증 내지 않고 신나게 한다. 하나님이 주시는 거룩한 기쁨이 우리 안에 충만하면 사역이 힘들지 않다. 신나고 즐겁다.

거룩을 유지하라

교회에 기쁨이 가득하게 하기 위해서는 거룩을 유지해야 한다. 다윗이 밧세바와 불륜을 저지르고 선지자 나단을 통해 하나님으로부터 무섭게 꾸중 들었을 때 다윗은 "구원의 기쁨을 회복시켜 달라"고 부르짖었다. 구원은 잃어버릴 수 없지만, 구원의 기쁨은 잃어버릴 수 있다. 죄를 지으면 하나님과 우리와의 관계에 벽이 생기고, 우리 안에 영적인 기쁨이 사라진다. 그러면 견딜 수 없이 괴롭다. 특히, 한때 성령 충만을 체험했던 사람, 영적 기쁨이 가득했던 사람일수록 그렇다. 기쁨이 사라지면 메마르고 격식만 갖춘 종교인으로 전락한다. 신앙생활이 재미도 없고, 힘도 없고, 열매도 없을 것이다.

그러므로 거룩을 잃어버린 사람은 회개함으로 거룩을 회복해야 한다. 그래야 기쁨이 다시 충만해진다. 교회는 완전한 사람들이 모인 곳이 아니라 회개하는 죄인들이 있는 곳이다. 우리는 날마다 주님의 보혈 앞에 나와 우리의 죄를 씻음 받아야 한다. 그리고 나면 엄청난 영적 기쁨이 우리 안에서 솟아난다. 하나님의 백성들은 죄를 끌어안고서는 결코 행복할 수 없다. 그러나 하나님의 말씀을 듣고 자기 죄를 자복하며 회개하면 하나님이 주시는 기쁨으로 가득하게 된다.

그러므로 너희가 회개하고 돌이켜 너희 죄 없이 함을 받으라 이같이 하면 새롭게 되는 날이 주 앞으로부터 이를 것이요 행 3:19

새롭게 되는 날은 영적 기쁨과 은혜가 회복되는 날이다. 나는 성도들이 모든 예배에서 거룩을 회복하고 기쁨이 충만해지는 경험을 하기를 바란다.

사랑이 가득한 교회

내가 내 형제와 친구를 위하여 이제 말하리니 네 가운데에 평안이 있을지어다

시 122:8

여기서 '내 형제와 친구를 위하여' 에루살렘의 형통을 바란다고 했다. 교회가 건강하게 부흥하면 형제와 친구들이 서로 사랑하고 축복하게 된다. 기독교 신앙의 완성은 사랑이다. 제자도의 극치는 사랑이다. 주님께서는 이 땅을 떠나시기 전에 그 무엇보다 자기 사람들을 "사랑하시되 끝까지 사랑하셨다"고 했다. '너희가 서로 사랑하기만 하면 사람들이 보고 이로써 너희가 내 제자인 줄 알 것'이라고 했다. 교회가 성장할수록 사랑지수가 높아져야 한다. 큰 교회라고 반드시 차가운 것이 아니고, 작은 교회라고 반드시 따뜻한 것이 아니다. 정말 말씀과 성령이 살아 있는 교회, 주님이 다스리시는 교회라면 교회가 크건 작건 성도 간에 사랑이 충만할 것이다.

인생의 폭풍이 밀려올 때 혼자서는 견뎌내기가 힘들다. 그때 우리는 함께 버텨줄 거룩한 공동체가 절실히 필요하다. 얼마 전, 내 아버님이 천

국에 가셨을 때 수많은 교회 성도가 상을 치르는 3일 동안 베풀어주신 위로와 사랑을 잊을 수가 없다. '아, 좋은 교회에 있으니까 이 힘든 시기에 내가 이런 축복을 받는구나' 생각하니 얼마나 감사했는지 모른다. 우리가 함께 모여 있을 때, 인생의 크고 작은 시련을 버텨낼 수 있는 힘을 하나님이 주신다.

교회는 예수님의 보혈로 맺어진 영적 가족이다. 때로는 부딪치고 오해하고 상처를 주고받는 일이 있지만, 우리는 가족이기 때문에 결코 헤어질 수 없다. 교회를 떠나는 걸 쉽게 생각하지 말라. 예수님도 '두세 사람이 내 이름으로 모이는 곳에 내가 함께 있을 것'이라고 하시며, 교회 공동체에 붙어 있으라고 하셨다. 그래야 영적 전쟁의 고단함을 이겨내며 오래 버틸 수 있다.

이 책 서론에서도 다루었듯이, 맹수가 항상 공격하는 동물은 무리로부터 떨어지는 동물이다. 우리가 은혜가 있는 교회 공동체 안에 있으면 공격할 수 없기 때문에, 마귀는 항상 우리 사이를 이간질하고 교회로부터 떨어뜨리려 할 것이다. 그럴수록 우리는 더욱 기도하면서 서로 사랑하고 격려하며 나가야 한다.

앞에서 언급한 플레이오프 진출 결정전을 보러 야구장에 갔을 때 내가 인상 깊게 본 것이 있다. 선수 하나하나가 타석에 등장할 때마다 불러주는 그 선수만을 위한 독특한 응원가가 있다는 것이다. 만화 주제가를 개사하거나 유명한 대중가요나 동요를 개사한 곡을 수많은 관중이 함께 부르는데 그 파워가 대단했다. 우리가 믿음의 싸움을 싸울 때 천국에서 하나님과 천사들과 믿음의 선진들이 우리를 위해서 그렇게 응원가를 불러주며 힘을 실어줄 것이라는 확신이 들었다.

동시에 이 땅에서, 교회 안에서 우리가 서로를 위한 응원가를 불러주어야 한다고 나는 믿는다. 사람에 따라서 불러줘야 할 독특한 응원가가 있다. 어떤 사람에게는 따뜻한 말 한 마디를, 어떤 사람에게는 격려와 확신의 박수를, 어떤 사람에게는 지혜로운 조언 한 마디를, 어떤 사람에게는 뜨거운 중보기도를, 어떤 사람에게는 진심을 담은 포옹을…. 교회는 목회자와 성도들 간에, 또 성도와 성도 간에 그런 다양한 격려와 사랑을 주는 곳이어야 한다.

비전이 성취되는 교회

예루살렘아 너는 잘 짜여진 성읍과 같이 건설되었도다 시 122:3

여기서 '잘 짜여진 성읍'은 꽉 묶인 나무처럼 '견고하다, 탄탄하다'라는 의미이다. 예루살렘이 하나님의 임재로 말미암아 거룩한 통치와 질서가 잘 이루어져 있었다는 것이다. 영적으로 균형 잡혀 있고 거룩한 능력과 은혜가 가득한 교회, 영적인 실력이 있는 교회였던 것이다. 지금까지 언급한 말씀과 기도가 충만한 교회, 거룩한 기쁨과 사랑이 가득한 교회가 바로 그런 교회다.

하나님께서 그렇게 영적으로 단단한 교회를 통해 놀랍게 역사하신다.

기적 같은 은혜의 사건들이 계속 생긴다. 먼저 각 개인이 하나님의 기적을 경험한다. 사도행전 3장에 나오는 성전 문 앞에서 40년 넘게 앉아서 구걸하던 앉은뱅이를 기억하는가? 그가 성령의 사람 베드로와 요한을 통해서 나사렛 예수의 이름으로 일어나 걸었다. 뛰었다. 그리고 찬양했다. 수십 년간 절망과 나태의 굴레에 묶여 있던 그의 인생이 그날 성전 미문 앞에서 단 한순간에 변했다. 교회는 그런 기적 같은 변화들이 일어나는 곳이다.

지난 9년간 새로운교회를 통해서 예수의 이름으로 일어난 앉은뱅이 같은 인생들이 얼마나 많은지 모른다. 수많은 남자들이 술과 담배를 끊고, 새벽기도를 드린 후에 출근하며, 믿음의 가장이 되어 가족을 사랑하게 되었다. 수많은 다음 세대 어린이들과 청소년들이 스마트폰 중독, 왕따 문화를 극복하고, 뜨겁게 하나님을 예배하는 아이들이 되었다. 구름떼같이 많은 대학생 청년들이 말씀으로 인생의 가치관이 송두리째 바뀌어 자신의 인생을 하나님께 헌신하겠다고 한다. 육체의 병, 마음의 병이 기적같이 치유받고 회복된 분들이 수없이 많다.

이 모든 간증을 다 기록한다면 수백 페이지가 될 것이다. 이렇게 변화받은 영혼들의 간증 스토리들을 읽고 하나님을 찬양하는 것이 담임목사인 나의 최고의 취미생활이다. 실제로 자기 가족이나 친구가 크게 변화되는 것을 보고 "도대체 어떤 교회길래?" 하면서 호기심에 왔다가 교회에 정착한 이들도 많다.

하나님의 사람의 삶은 각자 달리 가는 것 같지만, 실은 서로가 서로에게 얽혀 있다. 부흥과 기적이 한 사람에게 임하면 그것이 주위 형제들에게 전염된다. 기적을 체험한 개인들이 모인 소그룹과 공동체, 사역팀들이 하나님의 기적을 함께 체험하기도 한다.

현재 우리 교회에 3백 개가 넘는 순(소그룹)이 있는데, 올해에도 특별한 기적과 은혜를 체험할 부흥의 순들이 있는 줄 믿는다. 순 예배 때마다 기도 제목들이 놀랍게 응답되고, 성령의 불을 체험하며, 순원들이 함께 전도하는 사람들이 다 하나님을 믿는 역사가 일어나는 그런 순들이 있을 줄 믿는다. 그리고 아홉 개가 넘는 지역 공동체와 대학 청년 공동체들이 있는데, 나는 작년 여름 교역자 리트릿에서 목사님들에게 도전했다.

"목사는 자신의 사역 현장에서 부흥을 직접 체험해봐야 합니다. 부교역자 때 부흥을 체험해봐야 담임목사가 돼도 부흥의 역사를 계속 재창조해 나갈 수 있습니다. 여러분의 공동체에서 이번 학기에 부흥을 체험하기를 바랍니다."

지금까지 우리 교회의 역사는 부흥의 역사요, 기적의 역사였다. 하나님이 하셨다고밖에는 할 수 없는 엄청난 기적과 부흥과 성장의 스토리였다. 그러나 나는 이것이 겨우 시작에 불과하다고 믿는다. 하나님께서 더 놀랍고 엄청난 일을 행하실 것이라고 믿는다. 교회는 지금껏 경험했던 기적을 묵상하면서, 미래에 하나님이 더 크게 역사하실 것을 기대하며 새로운 꿈을 꾸고 도전해야 할 것이다. 유명한 교회가 되는 것보다 더 중요한 것은 하나님이 기뻐하시는 교회가 되는 것이다.

하나님이 기뻐하시는 교회는 하나님이 주시는 힘을 하나님이 원하시는 대로 올바르게 쓰는 교회다. 이제 우리는 보다 적극적으로 전도하고 선교하는 교회가 되려고 한다. 가난한 이웃을 더 적극적으로 돕고, 한국과 디아스포라 교회 그리고 선교지 교회 차세대 목회자들의 훈련을 돕는 데도 더 정성을 쏟으려고 한다. 우리 교회가 열방으로 은혜를 흘려보내는 축복의 통로가 되기를 간절히 소원한다.

알다시피, 요즘 목회 현장이 만만치가 않다. 여러 가지 현실적으로 어려운 상황을 생각하면 온갖 두려움과 걱정이 밀려온다. 하지만 우리가 아직 모르는 하나님이 예비하신 길이 있다고 믿는다. 기도하면 두려움과 근심 대신, 오히려 흥분되고 기대가 된다. 우리가 성령과 말씀을 붙잡는 길을 계속 간다면, 서로 사랑하고 격려한다면, 그래서 주님의 마음을 기쁘시게 하는 교회가 되고자 몸부림친다면 주님께서는 우리 앞의 어떤 장벽도 뛰어넘게 해주실 것이다.

각 교회가 나라를 위해 끊임없이 기도하는 교회가 되길 원한다. 그래서 나라 구석구석마다 하나님의 사람을 파송하는 교회, 우리가 사는 도시의 성시화를 위해 기도하고 선포하며 나아가는 교회가 곳곳에서 일어나길 바란다. 이 나라와 이 민족을 책임지고 기도하는 교회가 되길 간구한다.

청년들에게 소망을 주고, 다음 세대가 당당하게 일어서며, 선교사를 파송하는 복음적인 교회들이 많이 일어나 힘을 내길 바란다. 정결하고 거룩하게 회복되어 주님께 쓰임 받고 인정받는 교회가 더욱 많아지길 원한다.

그래서 하나님을 경외하는 지도자들이 세워져 거룩한 하나님의 사람들이 정치, 경제, 의료, 교육, 문화, 예술 분야 곳곳에서 하나님의 거룩을 선포하고, 깨끗한 콘텐츠를 만들며, 아름답고 긍정적이며 따뜻한 하나님의 메시지가 이 땅 곳곳에 흘러넘치게 되길 소원한다.

바로 당신이 나라와 민족을 향한 새 꿈을 품고, 이 땅에 푸르고 푸른 그리스도의 계절이 오기까지 쉬지 않고 기도하는 하나님의 백성으로 우뚝 서길 기도한다.

19

생존이 아니라 부흥을 꿈꿔야 한다

한국 교회가 어려운 상황에 있는 것은 누구나 다 안다. 그러나 나는 이런 어려운 때일수록 우리 한국교회는 생존이 아니라 부흥을 꿈꿔야 한다고 믿는다. 부흥은 도대체 무엇인가. 부흥은 영어로 리바이벌(revival), 즉 '다시 살아나는 것'이다. 생명이 다시 들어간다는 뜻이다. 아무리 거대한 풍채를 가진 사자라도 죽어가고 있으면 비참하기 짝이 없다. 아무리 아름다운 외모를 가진 미인도 죽은 시체로 누워 있으면 너무 끔찍하다. 아무도 그 옆에 가고 싶어 하지 않을 것이다. 생명체는 살아 있어야 한다. 인생도, 교회도, 국가도 아무리 외형적인 모습이 웅장할지라도 죽어가고 있다면 아무 소용이 없다. 어떻게든 영적으로 다시 살아나야 하는데, 이것을 부흥이라고 한다. 부흥은 살려주시겠다는 하나님의 비전의 실현이다.

특히 교회는 살아 있어야 한다. 교회가 살아 있어야 세상이 건드리지 못하는 거룩과 힘, 영광이 있을 수 있다. 교회라고 한다면 마귀가 두려워할 정도의 영적인 야성과 거룩한 권위가 있어야 한다. 그게 진짜 교회다. 하나님은 하나님의 백성이 강하고 힘 있는 군대로 이 세상을 살아가길 원하시지, 마른 뼈 같은 비참한 모습으로 사는 것을 원치 않으신다. 그러므로 힘을 잃은 모든 이 땅의 교회들은 부흥의 불을 간절히 필요로 한다.

그런데 진정한 부흥의 시발점은 인간이 아니다. 부흥은 우리의 힘으로 되는 것이 아니다. 오직 하나님의 결심과 하나님의 능력으로만 가능하다. 그 하나님의 능력을 끌어내는 것은 가난하고 겸손한 마음, 부흥을 사모하며 간절히 기도하는 사람들이다.

나의 종 야곱, 내가 택한 이스라엘아 이제 들으라

너를 만들고 너를 모태에서부터 지어낸

너를 도와줄 여호와가 이같이 말하노라

나의 종 야곱, 내가 택한 여수룬아 두려워하지 말라

나는 목마른 자에게 물을 주며 마른 땅에 시내가 흐르게 하며

나의 영을 네 자손에게, 나의 복을 네 후손에게 부어주리니

사 44:1-3

진정한 부흥의 역사

부흥은 전도가 아니다. 전도는 부흥의 열매일 뿐이다. 전도는 예수님을 믿지 않는 사람들에게 복음을 전해서 예수님을 믿게 하는 것이지만, 부흥은 예수님을 믿지만 첫사랑을 잃어버린 사람들, 영적 능력과 감동이 식어버린 사람들을 다시 살려내는 것이다. 하나님이 주님의 은혜를 사모하는 마음을 사람들의 가슴에 새롭게 부어주시는 것이다.

부흥은 성령의 불이 먼저 교회 안으로, 하나님의 사람들 안에 들어와서 정결케 하는 것이다. 교회 안에 가장 많은 죄인이 있다. 가장 많은 위선과 교만, 미움과 거짓과 분열이 교회 안에 있다. 우리 안에 있다. 그러나 성령의 불이 기도하는 가운데 우리를 정결케 하신다. 부흥의 불은 먼저 교회 안에서 일어나서 사람들을 회개하게 하며, 새롭게 한 뒤에 교회 밖으로 흘러나가 세상을 변화시킨다.

기독교 역사를 보면 부흥이 아무 때나 일어나는 것이 아니라 어떤 특별한 시기에, 어떤 특별한 장소에서 일어나는 것을 볼 수 있다. 부흥의 때, 부흥의 장소에 있다는 것은 정말 축복이다. 20세기 초, 1900~1910년까지의 10년은 바로 글로벌 부흥의 시기였다. 이때 지구촌 곳곳에서 일어난 부흥의 불길은 정말 놀라왔다. 총신대 박용규 교수의《세계부흥운동사》에 이 10년 동안의 글로벌 부흥에 대해서 자세히 소개되어 있다.

영국의 웨일즈 부흥운동

예를 들어, 1904년과 1905년에 발흥한 영국의 웨일즈 부흥운동은 20

세기 접어들면서 나타난 가장 강력한 성령의 역사요, 엄청난 영적 대각성 운동이었다. 이 부흥은 인도, 미국, 한국, 호주, 중국, 아프리카에 이르기까지 그로부터 10년 안에 전 세계적으로 진행된 모든 부흥운동의 진원지가 되었다.

영국 웨일즈는 특별한 은혜가 있는 지역이었다. 1859년 이후부터 웨일즈 곳곳에서 크고 작은 부흥의 조짐들이 계속 일어났다. 그러다가 1903년에 접어들면서 4명의 웨일즈 청년들이 매일 밤 웨일즈의 부흥을 위해 기도하기 시작했다. 이 기도 모임이 점점 커져서 다양한 연령층의 사람들이 매일 밤 웨일즈의 부흥을 위해 기도하기 시작했다.

그러다가 마침내 1904년 엄청난 성령의 불길이 웨일즈 전역을 휩쓸었다. 이 웨일즈 부흥의 주역은 이반 로버츠라는 26세의 젊은 신학생이었다. 광부이자 대장공 일을 하던 청년은 목회자가 되기 위해서 신학 수업을 준비하고 있었는데, 12살 어린 나이에 탄광에서 일할 때부터 저녁 때 집에 돌아오면 성경을 읽었고, 식사하는 것도 잊고 기도에 전념했다. 웨일즈 부흥이 일어나기 10년 전부터 부흥을 위해 기도했다. 그는 10만 명을 그리스도께 인도할 것이라는 비전을 받고 매일 밤늦게까지 기도하면서 성령의 은혜에 흠뻑 젖어들었다.

1904년 10,11월 로버츠는 지역 젊은이들의 집회에서 설교했는데, 곳곳에 성령의 임재가 가득하면서 회개의 기도 소리가 터져나왔다. 매일 더 큰 장소로 옮겨서 집회를 가질 때마다 몰려드는 사람들로 인산인해를 이루었는데, 광부들은 늦게 가면 자리를 못 잡을 것을 우려해서 탄광에서 나오기가 무섭게 작업복을 입은 채로 집회 장소로 달려갔다. 울며 죄를 회개하다가 기절하듯 땅바닥에 쓰러진 사람들, 통회의 눈물을 흘리는 악명 높은 죄인들과 술주정꾼들, 그동안 원수처럼 지내다 서로 화해한 사람들로 집회 장소는 날마다 기적의 연속이었다.

로버츠는 보통 아침 7시 30분 기도회, 오전 10시 예배, 오후 2시 예배, 그리고 오후 7시 집회까지 네 번의 집회를 열었는데, 마지막 집회는 보통 한밤중이나 다음 날 이른 아침까지 계속되었다. 멀리 런던에서부터 이 집회에 참석하기 위해 사람들이 몰려왔는데, 저녁 집회의 경우 예배당이 꽉 차서 들어가지 못한 사람들이 수백 명씩 밖에 서 있을 때도 있었다.

로버츠를 중심으로 시작된 부흥은 파도처럼 번져나가 북 웨일즈와 남 웨일즈 전역을 뒤덮었다. 스무 살밖에 안 된 성경교사 에반스 존스, 중년의 농부 부인 메어리 존스 여사 등이 각 지역의 부흥의 주역으로 놀랍게 쓰임받고 있었다. 이들이 각 지역 교회와 가정들을 다니면서 복음을 전할 때마다 강력한 성령의 역사가 임했다. 남 웨일즈에서 놀랍게 쓰임받은 이반 로버츠가 북 웨일즈로 와서 몇 개월간 집회를 인도했을 때는 그가 현장에 도착하기 전, 몇백 명이 회심하는 역사도 일어났다. 로버츠가 내건 슬로건은 "성령께 순종하라!"였다. 성령께서 이끄시는 집회는 평화롭고 질서 정연했다. 로버츠는 부흥의 비결은 겸손하고 간절한 기도밖에 없다고 했다.

특히 웨일즈 부흥 운동에는 찬양이 큰 역할을 했다. 사람들은 자유롭게 시편을 노래하고 찬송을 불렀는데, 회중 전체가 찬양대를 결성한 것처럼 아름다운 찬양이 울려 퍼졌다. 〈샘물과 같은 보혈은〉, 〈주 달려 죽은 십자가〉 같은 찬양을 어떤 반주나 지휘 없이 부르는데도 충만한 은혜가 넘쳐흘렀다.

부흥으로 수많은 사람들의 삶이 변했다. 집집마다 가정불화가 치유되었고, 술집들이 텅텅 비어서 차례로 문을 닫았다. 사람들이 빚을 갚았고, 공장 직공들은 훔쳐간 회사 물건을 갖다 놓기 시작해서 이를 쌓아둘 창고를 따로 지어야 할 정도였다. 원수와 원수 사이, 교단과 교단 사이의 장벽도 무너져 내렸다. 무신론자들이 회심했고, 수많은 술주정뱅이, 도둑, 도박꾼들이 구원받았다. 성경책이 품절되었고, 욕설과 음담패설로 가득 찼던 탄광들이 하나님을 찬양하는 장소로 변했다.

인도의 부흥

당시 웨일즈 부흥운동의 소식은 인도에서 활동하고 있던 웨일즈 선교사들을 통해 알려졌다. 이 소식을 가장 먼저 접한 인도 카시 지방에서 놀라운 부흥이 일어나더니, 곧 인도의 여러 지역에서 차례로 엄청난 부흥이 일어났다. 그러다가 놀라운 기도의 사람인 미국 선교사 존 하이드(John Hyde)를 통해 인도의 편잡 지역에도 뜨거운 부흥의 불길이 옮겨갔다.

회심자가 하나도 없는 그 지역에서 '기도의 사도'라 불렸던 하이드와 그의 동료 사역자들은 기도실 두 개에 교대로 들어가서 기도했는데, 한

번도 이 기도실을 비운 적이 없었다고 한다. 그는 스포트라이트를 받는 자리보다 아무도 보지 않는 자리에서 밤을 새워 기도하기를 즐겨했다.

실제로 그는 말씀을 전해달라는 초청을 받으면 자신이 말씀을 전하기보다는 다른 사역자를 천거하고 자기는 뒤에 남아 그 사역자를 위해 밤새우며 중보하는 자리를 선택했다. 그는 마을들을 순회하며 가난한 자들을 보면 자신의 옷을 벗어주고, 그들의 험한 음식을 같이 먹으며, 들판에서 천막을 치고 자면서 전도했다.

하이드는 초인적인 철야기도와 금식기도로 자신의 건강이 쇠하여지기까지 기도했다. 그는 하나님과 가장 가까운 자리에서 친밀하게 교제했다. 그는 어떤 마을이든 전도하러 가기 전에 불신 영혼들을 위해 여러 날 금식하며 밤새워 눈물로 기도했다. 그는 녹슬어 버려지기보다는 기도로 닳아 없어지기를 소원했다. 그가 36시간 쉬지 않고 꿇어 엎드려 기도하는 모습은 그의 동료 선교사들까지 놀라게 만들었다.

20년 동안 그는 인도에서 기도 사역을 계속했다. 그 결과로 놀라운 부흥이 일어나서 단 몇 년 만에 엄청난 신자들이 생기는 놀라운 역사가 일어났다. 그가 중보한 집회에서는 반드시 오순절의 부흥이 일어났다. 그가 말씀을 전할 때는 엄청난 자복의 회개가 터져나왔다. 거듭남의 파도가 사람들을 불같이 휩쓸었고, 사람들의 삶이 변화되었다. 이 부흥의 역사는 인도 남부로 계속 번져가서 어떤 지역에서는 매해 3천 명씩 30년간 세례를 베풀어야 할 정도로 놀라운 교회 성장을 보이기도 했다.

미국의 부흥운동

웨일즈 부흥운동의 소식이 전해진 바로 1904년 12월, 미국 필라델피아에 거주하는 웨일즈인들 사이에서 부흥이 일어났고, 이것이 다음 해 1905년 미 전역으로 번져 나가는 부흥의 시작이 된다. 1905년 1,2월 동안 필라델피아와 피츠버그, 뉴저지 애틀랜틱시티 같은 곳에서 수많은 회심자들이 몰려들어 교회가 만원을 이루었다. 켄터키 루이빌에서는 한 번에 4천 명이 회심하는 역사도 일어났다. 1905년 봄까지 부흥은 미시간을 덮었고, 남부를 가로질러 텍사스에 도착해 도박 소굴들이 문을 닫았다. 수많은 미국 대학 캠퍼스에서도 부흥운동이 일어났다. 이로 인해 수많은 미국 젊은이가 선교사로 헌신했다.

흑인 노예의 아들이었던 윌리엄 시무어(William Seymour) 목사는 웨일즈 부흥과 같은 부흥의 역사가 미국 캘리포니아에도 임하게 해달라고 기도했다. 그리고 성령께서 그 기도에 응답하셔서 1906년 4월 9일, 초대교회 오순절 다락방에 임한 것 같은 불같은 성령의 부흥이 미국 LA 아주사 거리 2층 건물에서 일어났다. 부활절 기간 동안 사흘 밤낮을 오순절 사도행전의 부흥을 달라고 교인들과 함께 기도할 때, 강력한 성령의 역사가 그들에게 임했다. 아침 10시부터 자정까지 계속되는 강력한 오순절 부흥을 체험했다. 악기도 없었고, 성가대도 없었으며, 집회 광고도 하지 않았지만, 워낙 성령의 임재가 강력했다. 참석자들이 성령세례를 체험하고, 방언으로 말하기 시작하며, 병든 자들이 고침을 받았다. 무슨 일인가 하여 구경 온 사람들까지 성령을 받았다. 흑인, 백인, 히스

패닉 할 것 없이 인종을 초월하고, 남녀노소를 초월하여 성령을 받았다. 한 형제는 자신의 기차가 도시로 들어오기도 전에 부흥의 능력을 감지할 수 있었다고 했다.

아주사 부흥운동은 이후 북미 대륙과 중남미, 유럽과 아시아를 비롯한 전 세계로 확산되는 오순절 성령운동의 기폭점이 된다. 무엇보다도 곧 평양 대부흥으로 연결되는 불이 되었다.

평양 장대현교회 대부흥운동

부흥의 릴레이 바통 터치는 이제 아시아로 옮겨오기 시작한다. 하워드 존 스톤이라는 선교사님은 인도 부흥운동의 현장을 목격한 뒤, 1906년 서울을 방문하여 선교사 사경회를 인도했다. 그는 웨일즈 부흥의 영향을 받아 인도 카시에서 일어난 놀라운 부흥운동의 소식을 전해주었다. 이에 많은 선교사들과 한국인 성도들이 한국에도 부흥이 임하기를 간절히 기도하기 시작했다. 존 스톤은 웨일즈 부흥이 통성기도에 있었다는 소식도 전해주었는데, 그 후 통성기도는 한국에 더 깊은 뿌리를 내려 한국교회 기도의 트레이드마크처럼 정착되었다.

이후 존 스톤은 평양 장대현교회로 가서 선교사들과 한국인들이 참석한 가운데 사경회를 인도하면서 다시 한번 웨일즈와 인도의 부흥운동 소식을 전해주었다. 웨일즈 부흥운동의 주역 이반 로버츠처럼 부흥의 주역으로 쓰임받기를 원하는 사람은 손을 들어보라고 하자, 길선주 장로가 손을 번쩍 들었다. 과연 그때 길선주 장로에게 성령의 감동이 임했고,

그는 이듬해인 1907년 1월에 일어난 평양 장대현교회 대부흥운동의 주역 중 한 사람이 되었다.

1907년 1월 6일, 평양의 장대현교회에서 일주일간의 부흥성회가 열렸다. 이 집회를 위해서 이미 부흥사로 명성을 떨치고 있던 길선주 장로(그는 한국 최초의 장로교 목사 안수를 목전에 두고 있었다)와 교회의 핵심 멤버들은 매일 새벽, 준비 기도모임을 가졌다. 처음엔 길선주 장로와 다른 장로 한 분이 시작했던 그 새벽기도는 금방 7백 명의 사람들로 늘어났다. 부흥성회 첫날, 1500명의 사람들이 장대현교회 본당을 가득 메웠다. 집회가 계속되면서 무엇보다도 자신들의 죄를 회개하는 일들이 일어났는데, 선교사들과 한국인 성도들 간에 서로 미워했던 일들을 고백하고 회개하기 시작했다.

한 교인이 또 일어나 자신의 죄를 자복하기 시작했는데, 그는 음란과 증오, 특히 자기 아내를 사랑하지 못한 죄뿐만 아니라 일일이 다 기억할 수 없는 온갖 죄를 자복하였다. 그는 기도하면서 스스로 억제할 수 없을 정도로 크게 울었고 온 회중도 따라 울었다.

부흥성회 기간 동안에 있었던 회개의 역사는 이러한 개인의 내면적인 죄만을 고백하는 데 그치지 않았다. 사회 도덕적으로 이웃에게 입힌 행위에 대한 깊은 뉘우침과 용서를 비는 실천적 회개운동도 함께 진행됐다. 남에게 신체적, 재정적 손실을 입힌 사람들은 이날의 성령 체험을 계기로 피해자들을 찾아다니며 손해를 배상하고 사과하는 등 구체적인 변화의 모습도 적지 않게 나타났다. 평양 시내의 모든 신학교, 미션스쿨,

대학들로도 부흥운동이 불같이 번져나갔다. 단 2년 만에 한국교회의 교세는 268퍼센트의 경이적 성장을 했다.

평양 대부흥운동을 통해 한국의 소돔과 고모라로 통했던 기생과 환락의 도시, 평양이 동방의 예루살렘으로 바뀌었다. 이에 중국 목회자들이 와서 부흥운동의 현장을 직접 관찰하고 돌아가서, 중국에도 부흥의 역사가 있게 해달라고 기도했다. 이에 만주에서도 평양에서 일어난 강력한 회개와 각성 운동이 일어났다.

기도하는 사람이 부흥을 부른다

20세기 초반 1904년의 웨일즈 부흥운동을 시작으로 단 10년 안에 영국과 인도와 미국과 한국에서 동시다발적으로 엄청난 부흥의 불길이 일어났다. 놀라운 부흥의 시대였다. 하나님께서 특별히 성령의 불을 이곳에서 저곳으로 계속 옮겨붙게 하셔서 글로벌 부흥으로 이끄셨다. 부흥의 불은 항상 전염된다. 우리는 우리 현실만을 보지만, 하나님은 전체 큰 그림을 보신다. 우리가 부흥의 불을 경험하면 다른 지역의 형제자매들에게도 이 불길이 옮겨갈 수 있다. 부흥을 체험한 사람은 다른 곳에 가서도 반드시 그 부흥을 재창조해 낸다.

그리고 부흥운동의 구심점이 된 인물들이 있었다. 웨일즈 부흥은 이반 로버츠, 인도 부흥은 기도의 사람 존 하이드, 미국 아주사 거리 부흥은 윌리엄 시무어, 한국 평양 장대현교회 부흥은 길선주. 이렇게 구심점이 된 인물들이 있었는데, 이들은 모두 인간적 배경만 놓고 보자면 별 볼 일 없었다. 20대 신학생, 흑인 노예의 아들 등이었다.

그러나 그들은 부흥을 위해 어릴 때부터 간절히 기도해온 사람들이었다. 그들은 한결같이 자기를 드러내지 않는 겸손한 사람들이었다. 예를 들어, 웨일즈 부흥의 구심점 이반 로버츠는 부흥이 정점에 달했던 시기가 끝난 뒤 사역에서 물러나 25년을 기도에만 전념하다가 하늘나라로 갔다. 부흥은 그런 분들의 기도를 모판으로 하여 폭발하는 것이다.

부흥은 단순히 교회 안에서만 끝나는 것이 아니라 사회 전반으로 흘러나가는 것이다. 교인 숫자를 늘리는 게 목적이 아니라 교회가 새롭게 되어, 사회를 변화시키는 능력이 되는 것이었다. 웨일즈가 그랬고, 인도가 그랬고, 평양 대부흥이 그랬듯이, 부흥의 불길을 체험한 사람들로 인해 그 도시가 거룩으로 뒤덮였다. 가정이 화목게 되고, 술집, 도박장, 사창가들이 차례로 문을 닫고, 공장의 훔친 물건들이 되돌아오기 시작했다. 하나님의 성령의 기름 부으심은 교회와 가정과 사회를 전부 변화시키는 능력이 있다.

오늘날 우리가 드리는 영적 대각성을 위한 기도는 전 국가적인 부흥을 위한 기도로 나타날 것이다. 한국 기독교사에 길이 남을 대사건인 여의도광장의 엑스플로(EXPLO) 74 집회나 1980년 '세계복음화대성회'에서 백만 명에 달하는 사람들이 모여서 장대비 속에서도 불같이 기도하는 역사가 있었다. 그때 김준곤 목사님을 비롯한 한국교회의 지도자들은 교회의 부흥과 나라와 민족의 부흥을 위해 함께 기도했다. 교회는 사회와 국가의 운명을 책임진다는 의식이 있었다. 중보의 거룩한 사명을 띤 성도와 교회가 있는 도시와 사회에는 반드시 변화가 일어난다.

모든 부흥은 기도하는 사람들로부터 시작되었다. 짧게는 1, 2년, 길게는 10, 20년, 아니 몇 세대를 걸쳐서 기도하는 사람들로 인해, 그리고 그 기도의 후손들로 인해 부흥의 불길이 일어났다. 사도행전 오순절 다락방의 성령강림 사건이 기도하는 120명의 성도로 인해 시작되었듯이, 기도하는 사람들만이 부흥의 불길을 가져올 것이다. 새벽을 기도로 깨우는 이들이 바로 자신의 가정과 교회, 이 사회에 부흥의 불길을 가져올 것이다. 마지막 날에 성령께서 우리 위에 불처럼 바람처럼 임하셔서 부흥의 불길을 타오르게 하실 줄 믿는다.

"좋으신 하나님,
이 마지막 때에 우리에게 웨일즈의 부흥,
아주사 거리의 부흥, 평양 장대현교회의 부흥과 같은
놀라운 불 같은 부흥의 은혜를 주시옵소서.
한국교회에 존 하이드 같은
놀라운 기도의 종들을 더 많이 보내주시옵소서.
이를 위해 우리가 마가 다락방에 모였던 120명의 성도들처럼
불같이 기도하는 교회가 되게 하여 주시옵소서.
온 교회 위에 성령의 불이 임하게 하여 주시옵소서.
서로 사랑하는 교회가 되게 하여 주시옵소서.
성령의 임재가 교회 곳곳에 가득하여 악한 마귀가 머물지 못하게 하며,

불 같은 기도의 은혜와 능력이

삶의 자리 곳곳에 가득하게 하여주시옵소서.

그리하여 내가 살아나고, 교회가 살아나고,

이 나라가 영적으로 살아나는 기적을 체험하게 하옵소서.

불처럼 바람처럼 성령께서 우리를 휘감으시니 감사합니다.

부흥의 구경꾼이 아니라

부흥을 직접 체험하는 사람들이 되게 하옵소서."

거룩한 기쁨으로 가득한 교회

"우하하하…."

"어허허허…"

본당을 가득 메운 성도들은 그야말로 허리가 끊어지도록 웃었습니다. 공동체 대항 찬양축제는 순서 하나하나가 진행될 때마다 우리 모두를 웃음과 감동의 도가니로 몰아넣었습니다.

어떤 공동체는 아이들부터 어른들까지 다 뛰어나와서 헤즈콰이 워커(Hezekiah Walker)의 파워풀한 흑인 소울 찬양 〈Every Praise〉(모든 찬양)를 격렬한 바디워십으로 표현하여 청중을 열광시켰습니다.

또 어떤 공동체는 트로트 찬양자 구자억 목사의 〈내게 강 같은 평화〉 뮤직비디오를 패러디하면서 자신들만의 독특한 안무와 콰이어까지 섞어서 폭발적인 웃음과 흥을 선사했습니다. 거기서 주연 역할을 맡은 장로님은 평소의 과묵한 이미지를 완전히 깨버리며 선글라스에 반바지 차림으로 격렬한 랩까지 소화하며 우리의 웃음보를 터뜨렸습니다.

또 목회자들은 각각 개성 있는 어플을 이용하여 포복절도의 스마트폰 셀카 영상을 만들어 성도들을 응원했습니다.

어떤 장로님의 표현대로 그날 우리 모두는 목이 쉬도록 웃고 기뻐했습니다. 모두가 어린아이처럼 함께 웃고, 박수 치고, 일어나서 춤추고 뛰었습니다.

축제가 끝난 후 교회에서 제공한 설렁탕으로 식사하며 교제하는 성도들 틈으로 다니며 격려했는데, 온 교회가 주님이 주시는 기쁨으로 가득한 것을 느낄 수 있었습니다. 세상 그 어느 곳에서 그 무엇을 한들 이렇게 다양한 연령층과 환경의 사람들이 함께 어울려 이렇게 기쁠 수 있겠습니까. 교회가 어렵고 힘들었던 시절이 생각나면서 너무 감사해서 눈물이 났습니다. 어떤 성도가 저를 붙잡고 흥분해서 말했습니다.

"목사님, 우리 교회 정말 최고예요. 아무리 힘들었다가도 교회에 오면 힘을 받고 갑니다."

우리의 몸에 병이 들면 힘이 빠집니다. 사업이 망해도 힘이 빠집니다. 시험에 낙방하면 힘이 빠집니다. 사랑하는 사람에게 모진 말을 듣거나 이별 통보를 받으면 힘이 빠집니다. 소원이 더디 이뤄지면 힘이 빠집니다. 이런 면에서 보면 세상 산다는 것은 우리를 힘 빠지게 하는 상황들과 끊임없이 직면하는 것입니다.

그러나 하나님은 우리에게 새 힘을 주십니다. 특히 주님의 몸된 교회 공동체를 통해서 주십니다. 살아 있는 교회에 속해 있으면 내 감정이나 상황과 상관없이 흘러드는 하늘의 능력이 있습니다.

교회에 은혜가 떨어지면 교회에서도 힘이 빠집니다. 그러나 교회가 교회 되면 내게 힘을 주는 교회가 됩니다. 말씀과 기도로 가득 찬 교회는 거룩한 기쁨이 가득 찬 교회가 됩니다. 그런 교회는 내게 힘을 주는 교회가 됩니다.

이 글을 읽는 모든 독자 여러분의 교회가 그런 교회 되기를 바랍니다.

내게 힘을 주는 교회

초판 1쇄 발행	2018년 7월 10일
초판 2쇄 발행	2018년 7월 16일
지은이	한 홍
펴낸이	여진구
책임편집	이영주, 김윤향
편집	김아진, 안수경, 최현수
책임디자인	마영애 ∣ 노지현, 조아라
기획홍보	김영하
마케팅	김상순, 강성민, 허병용
제작	조영석, 정도봉

해외저작권　기은혜
마케팅지원　최영배, 정나영
경영지원　김혜경, 김경희

이슬비전도학교　최경식
303비전장학회 & 303비전꿈나무장학회　여운학

303비전성경암송학교　박정숙

펴낸곳　　규장

주소　06770 서울시 서초구 매헌로 16길 20(양재2동) 규장선교센터
전화　02)578-0003　팩스　02)578-7332
이메일　kyujang0691@gmail.com　　홈페이지　www.kyujang.com
페이스북　facebook.com/kyujangbook　　인스타그램　instagram.com/kyujang_com
카카오스토리　story.kakao.com/kyujangbook
등록일　1978.8.14. 제1-22

ⓒ 저자와의 협약 아래 인지는 생략되었습니다.
이 출판물은 저작권법에 의해 보호를 받는 저작물이므로 무단 전재와 무단 복제를 할 수 없습니다.

책값　뒤표지에 있습니다.
ISBN　978-89-6097-547-7　03230

규ㅣ장ㅣ수ㅣ칙

1. 기도로 기획하고 기도로 제작한다.
2. 오직 그리스도의 성품을 사모하는 독자가 원하고 필요로 하는 책만을 출판한다.
3. 한 활자 한 문장에 온 정성을 쏟는다.
4. 성실과 정확을 생명으로 삼고 일한다.
5. 긍정적이며 적극적인 신앙과 신행일치에의 안내자의 사명을 다한다.
6. 충고와 조언을 항상 감사로 경청한다.
7. 지상목표는 문서선교에 있다.

하나님을 사랑하는 자 곧 그의 뜻대로 부르심을 입은 자들에게는 모든 것이 合力하여 善을 이루느니라(롬 8:28)

규장은 문서를 통해 복음전파와 신앙교육에 주력하는 국제적 출판사들의
협의체인 복음주의출판협회(E.C.P.A:Evangelical Christian Publishers
Association)의 출판정신에 동참하는 회원(Associate Member)입니다.